RAPPORT《ラポール》最強の心理術

謙虚なネズミが、
独善的なライオンを動かす方法

The Four Ways to Read People

ローレンス・アリソン　エミリー・アリソン
内藤諠人 訳

三笠書房

ヒースへ
——あなたは私たち夫婦の最高の存在です
愛をこめて

母さんと父さんより

プロローグ

ラポール――人間関係を動かす原則

Emily

1996年。22歳だった私は、4人の男たちと同じエレベータに乗っていた。

4人は暴力行為で有罪判決を受けており、4人とも精神的な問題を抱えている。私は、病院で働くケアワーカー。私たちは遊技施設内の地下にあるレクリエーション・ルームへ向かうところだった。そこへ行くということは、安全な場所から、3つもの鍵に守られた安全なドアを抜け、不快で狭く、たえず漂白剤の匂いがするエレベータを使って、地下へ下りてゆくことを意味していた。私はエレベータに乗ると、映画で見るような、巨大で古びた鋼鉄の食堂列車をいつでも思い出したものだ。

私はコントロール・パネルのそばのエレベータの後ろに立っていた。4人の男たちは、私の前でぎゅうぎゅう詰めになっている。4人とも、施設に来る前は、本当にひどいことをしてきた。にもかかわらず、私は彼らと一緒にいるのが楽しかった。彼らはとても興味深く、複雑さを持った人間で、とても丁寧なところもあった。

ウィル。彼は、5件の野蛮なレイプ事件で有罪判決を受けた。ウィルの腕には、5つの小さな星型の入れ墨があり、それを目にすると私は眉をひそめた。ウィルは、「自分が犯した5件の犯罪を忘れないためだ」と言い張っていたが、上司の心理学者によると、そのタトゥーは自分の犯罪をひけらかすトロフィーのようなものだという。ウィルの隣にはアイサックが立っていた。アイサックは、奇妙に足を引きずって歩く。アイサックは、納屋の扉のような四角い体格をしていて、会話が少し苦手だった。彼は、心の悩みを年老いた父親としゃべっている最中に、父親を絞め殺したのだった。アイサックは、自分の靴ばかりを見つめ、視線を上げることはめったになく、だれかに話しかけられたときにだけ訥々《とつとつ》と話した。レクリエーション・ルームでは、何時間も満足そうにトランプをするのだが、たいていは黙っていた。

「地下のボタンを押してくれない？」

私は、3人目の男、チャールズに声をかけた。チャールズはひょろりと背が高く、統合失調症で、放火の常習犯だった。チャールズは何度も自宅そばの下草に火をつけていたが、さらにエスカレートして小学校の南校舎にも火をつけてしまったのだ。幸運なことに、日曜の朝だったので、だれも学校にはいなかったが、何千万ドルもの損失を与えてしまった。警官が駆けつけてきたとき、チャールズは校庭のぶらんこに座って学校が燃えるのを静かに見つめていた。チャールズはとても丁寧で、親しみやすい若者だ。私はチャールズが、食堂の壁にかけられた室内の温度調節器に向かって冗談を話しているのをしばしば目にした。

「わかりました」とチャールズは答え、地下のボタンを押してくれた。ドアが閉まる。

4人の男たちはゾッとするほど静かで、私は何かよくないことが起きるのではと思った。私が知らないうちに、肉のとりあいでもしたのだろうか。だれも口を開こうとしなかった。エレベータが下がるにつれ、私は空気に緊張が走るのを感じた。それはまるで音もなく弾ける静電気のようだった。エレベータが止まり、ドアが開くと、3人は歩き始めたが、残る一人は出てこない。

4人目の男、ジェロームは、身長は183センチを超え、体重は98・5キロ。ジェロームはエレベータのドア付近で彫像のように立っていた。ジェロームもまた、統合失調症だったが、物静かなチャールズに比べると、はるかに怖い雰囲気を持っていた。ジェロームには暴力傾向と、感情的な爆発の病歴があった。19歳のとき、ジェロームは年配の隣人女性を殺して有罪判決を受けた。その女性は自分を監視していて、CIAのために自分の会話を録音しているのだとジェロームは思い込んでいた。ジェロームはある日の午後3時、その女性宅のドアを叩き、彼女が出てきたところを、くぎ抜き金槌で12回も殴りつけた。彼女は82歳だった。

「いくわよ、ジェローム。エレベータから出て」

私は無線でまた応援の人を呼ぶことになるのかと考えた。

「いいや」

ジェロームは答えた。「レディ・ファーストですよ」。彼の顔はゆっくりと、少し気味の悪い笑顔になり、私を先に行かせようとした。

「ジェローム」

私は首の後ろの髪の毛が逆立ったようになった。

「規則は知ってるわよね。私は最後にエレベータを出ないといけないの。覚えてるでしょ？」

「うん、ああ、そういう規則は好きじゃないな」

そう言うと、彼の顔は、いきなり雷雲のようにどす黒くなった。彼は私の真正面に立った。私はひとつの指をドアの「開く」ボタンにかけ、別の指は応援を呼ぶための無線に乗せた。私は喉が締めつけられるように感じた。

「規則が好きじゃないのはわかるのよ、ジェローム。でも、私はみんなの後についていかないといけないの。みんなが出るまで、私は出られないのよ。そういう決まりなの」

できるだけ落ち着いて言った。口の中いっぱいに恐怖が広がる。

「こんなところにいるより、レクリエーション・ルームに行きましょう。そのほうが楽しいでしょ？」

私はこわばった笑顔を見せ、ジェロームを落ち着けようとした。

長い沈黙があった。ジェロームは私をじっと見つめている。目を見開き、唇は怒りで引き結んだようになっていた。ジェロームに殴りかかられるかもしれないと思うと、本当に怖かったが、私はできるだけ落ち着いている姿を見せた。耳の中で、血がどくどくと流れている大きな音が私には聞こえたので、この音がジェロームに聞こえないのが不思議なくらいであった。

「あなたが出るまで、私も動きませんよ、ジェローム」

私は静かな声で、しかしはっきりと、彼の目を見つめながら言った。

ジェロームは渋い顔を歪《ゆが》めて、目を光らせた。それから私に近づき、私を見下ろすと大きく息を吐き出した。彼の両手は、身体の脇で、目に見えるほどぶるぶると震えていた。

「無線で人を呼んだほうがいいかしら。いえ、そんなことをしたらおしまいよ。ジェロームは私を殴り殺すわ。それは愚かなやり方よ。人が駆けつけてくれるまで2分はかかるし、私は30秒で殺されてしまう。ジェロームの手を見てごらんなさい。木槌のようじゃない」

私はそんなことを考えた。

ジェロームは膝を折り、私の顔の前で言った。

「俺は、ああしろ、こうしろって言う女は好きじゃないんだ。それで嫌な思いをしたからな。覚えといてくれ」

彼は、私の顔に指を向けながら、唸《うな》るように言った。

「わかったわ、覚えておく、ジェローム。約束する」

私は、彼の目をじっと見つめながら落ち着いて答えた。心臓が口から飛び出しそうだった。

それからふと彼は向きを変え、エレベータから出ると、大股でレクリエーション・ルームに入っていった。

口にあがってきた胆汁をごくりと飲み下すと、手の震えは止まった。私はスタッフのメンバーに降りてきてもらうよう無線で伝え、病棟まで男性たちを連れていく手伝いをお願いした。

それ以来、病院はやり方を変更し、3人以上の患者を連れていくときには2人以上で行うことになった。

振り返ってみると、ジェロームとの心のつながりを維持しつづけていたことは、とても大切なことだったと思う。ジェロームは、静かにしているか行動を起こすか、私と話しつづけるか、私を果肉になるまで殴り殺すかを決めなければならなかったからだ。もし私が声を荒らげて、私の言うことを聞かせようとし、無線で応援を要請していたら、私もジェロームもどちらも違った結末を迎えることになっていただろうと思う。

ジェロームは、私に命令などしてほしくなかった。私も命令などしたくなかった。ジェロームがしてほしくないと思っていることなど、私もしたくはなかった。だから私は、穏やかに落ち着いてその場にいることができたのだと思う。たいていの場合、私はジェロームと何とかしてつながろうという必要性を感じていたので、ジェロームも私を、障害物や敵ではなく、一人の人間として見てくれた。胃の中がひっくり返るように感じていたときでさえ、毅然として、それでも穏やかに見せたことがよかったのであろう。心の中では助けを呼ぼうとして叫びまくっていたが、穏やかな話し方をしたことがよかったのであろう。私はジェロームの怒りをエスカレートさせなかった。さらに重要なことは、エレベータから出るよう、強制しなかったことだ。その代わり、私は我慢してジェロームが何を求めているかに耳を傾けた。ジェロームは指図されたくない、という本音を持っていたのだ。

当時、私はまったく心理的な技術を知らなかった。私はただ、自分の直観的な本能に従っていただけだ。ラポールのおかげでエレベータから生還できたのだ、と今の私は思っている。目に見えないクモの糸のように、私の穏やかな話し方がジェロームにまとわりついて、強固な結びつきを形成することができ、ジェロームは私に殴りかかろうという気持ちを抑制したのだ。だから、私たちはエレベータから出ることができた。どちらも誇りを失わず、どちらも身体的に接触することもなく。私たちは2人とも、エレベータの中にずっと夜までいたいとは思っていなかった。もしジェロームが私をそこにいさせたのなら、彼を止めるチャンスはほとんどなかっただろう。もし私が困って無線で応援を呼んでいたら、私たちはおそらくもっと長い時間、その場で時間を費やすことになっていたであろう。

このように極端な事例においてさえ、心の結びつきを形成する機会はたくさんある。いったんだれかと心の結びつきを構築すれば、その人はあなたを攻撃することをためらうようになるだろうし、口論しようという気持ちも起こさないだろうし、ウソをつこうという気持ちも持たなくなることを私たち夫婦は発見してきた。私たちの研究が示すところによれば、ただ自分の本能の命ずるままに動くよりも、心の結びつきを形成するほうが利益になる。**心の結びつき、すなわちラポールを形成するための公式には、具体的な「構成要素」があり、私たち夫婦は20年以上もかけて、その要素を研究してきたのである。**

「自分が一番」から「相手が一番」へ

ラポールという用語は頻繁に使われているが、具体的に定義するのは難しい。いったい「だれかとラポール形成する」とはどういう意味なのか。2人の人間がいて、心が「カチリ」と音を立てて結びつくことがラポールだと、たいていの場合には理解されている。辞書を引くと、ラポールとは、「お互いの同意、相互理解、および共感によって特徴づけられる調和的関係」ということがわかる。言い換えれば、**ラポールとは2人の人間がお互いに「知り合う」ことで形成されるのだ。**

こう言うと、なんだ、単純でわかりやすい話ではないか、と思われるかもしれない。たとえラポールという言葉を定義できなくとも、ラポールができているのか、できていないのかはおそらく認識できるであろう。しかし、たまたまだれかとラポール形成ができたとして、「どのようにして」ラポール形成できたのか、みなさんはわかるだろうか。もしラポールを失ったとき、「なぜ」つながりをなくしてしまったのかがわかるだろうか。だれかと関係を持ちにくいなと感じるとき、どうして事態がそんな風になっているのかを診断することができるだろうか。読者のみなさんは、だれかとあっという間に、しかも簡単につながりを持つことができたという事例を、いくつ思い浮かべることができるだろうか。

毎日毎日、私たちはだれかと関係を形成し、維持しているのだが、私たちの人付き合いがうまくいっているとき、その背後にはラポールがきちんと働いている。にもかかわらず、それに気づくことはほとんどない。どのようにして私たちは人間関係を形成しているのか、どのようにして維持しているのか。面識のない人との天気についてのたわいないおしゃべりもあれば、複雑で、何層にも入り組んだ非常に親しい間柄とのやりとりもある。しかし、たいていの人は、それらすべてをそっくり「ラポール」と呼ぶことで片づけてしまっている。これでは、ラポールの公式を学ぶことはできないし、自然発生的にラポールが形成できないときに、どうやってラポールを作りだせばいいのかを理解することはさらに難しいであろう。

私たちは、ラポールの作り方を学ぶことができるのだろうか。心理学者としての私たち夫婦の研究によると、答えは完全にイエスだ。**ラポール形成の公式を学べば、みなさんはどんな人が相手でも、今より満足できる関係を築くことができる。**ラポール形成をするには、相手に共感する技術、あるいは相手に自分を合わせる技術など、たくさんの人間関係の技術を必要とする。それらの技術のうちで、もっとも大変なのは、**自分のことばかりを考えるのではなく、自分の労力を費やして他の人に耳を傾け、相手のことを理解しようとする技術である。**

多くの人にとって、これはものすごく難しい。私たちは、自分が一番ということに慣れているので、だれよりも大きな声を出し、他の人を黙らせるからである。相手が何を欲しているのかに耳を傾け、相手を理解しようとすることは、後部座席に座っているような戦略だと感じるかもしれない。しかし、相手に耳を傾けることで、みなさんは相手の望みが何かを知ることができ、その人と仲良くやっていけるか、それとも自分とぶつかり合う人なのかどうかを判断できる。相手が求めていることを理解することにより、うまく妥協点を見つけられるかどうか、あるいは、いくらかぶつかることがあっても自分の言い分を相手にわかってもらえるかどうかの判断ができる。

自分の言い分のほうを先に相手にわからせようとするのではなく、まずは相手の言い分を聞き、理解してあげることこそ、ラポールを形成するうえで、もっとも単純な、しかしもっとも重要なステップなのである。

テロリストの心を開いた、拷問よりすごい方法

他人と心を通わせることは、確固とした、親密な関係を形成するうえでの必要不可欠な技術だ。日常生活でもそうであるし、また、仕事上でも重要である。「ラポール」という言葉は、フランス語の「ラポルテ」(rapporter)に由来する。ラポルテとは「何かを持ち帰ってくる」とか「報告する」という意味である。私たち夫婦は、警察官、軍人、あるいはその他の職種の人たちに、どうやってインタビューすれば、信頼できる証拠や知識を得ることができるのかを

アドバイスすることに、そのキャリアを費やしてきた。ラポールは、人間関係をうまくやるための基本であるばかりではない。ラポールは、気難しい人たちから情報を引き出すうえでの最良のやり方でもあるのだ。

本書のアプローチは、どんな戦略をとれば、人の心を開かせ、話をさせることができるのかについての科学的な調査に基づくものである。映画業界の人たちや政治家たちがやるような、家族を脅《おど》したり、鉄拳を食らわせたり、口に水を流し込む拷問のようなやり方は、正解ではない。正解は、ラポールである。

2012年、私たち夫婦は、テロリストの容疑者から情報やデータを効果的に引き出す戦略を調べるため、高価値抑留者取調委員会(HIG)の一員としての権限を与えられた。この委員会は、バラク・オバマ大統領(当時)によって2009年に設置されたもので、テロリストの容疑者を逮捕直後から取り調べる方法を向上させ、アメリカやその同盟国に対する将来的なテロ行為を抑制するのに役立ってきた。委員会は、政府のための最良のやり方や教訓や研究の貯蔵庫としての役目も果たしている。この委員会は、政府機関のうち、FBI、CIA、国防省、国土安全保障省、国家安全保障会議といった政府機関からの人員で成り立ち、取調べにおける世界的な科学研究の中心である。

私たちの研究は、拷問に代わり得る方法を探ろうという精神のもとで行われている。委員会は、私たち夫婦が他の犯罪容疑者のカウンセリングにおいて何年も行ってきたことが、高価値抑留者にも効果的なのかどうかを知りたいと願っていた。

昔の取調べにおいては、苛酷なテクニックが使われていた。いわゆる「強化取調技法」である。「強化取調技法」とは、睡眠剥奪、ストレス付与、教育的なメッセージを聞かせつづけること、虫や水でいっぱいの部屋の中に閉じ込めることなどが含まれていた。しかし、これらのやり方はまったく効果がないということが研究で明らかにされている(1)。

強化取調技法は、まったく効果がないばかりか、偽りを含んだ情報を引き出してしまうか、容疑者が完全に口をつぐんでしまう、というケースがほとんどであった。さらに、拷問の使用は、政府の国家安全にかかわる機関や、拷問にかかわった心理学者の評判を、これ以上ないというくらいに貶《おとし》めてしまった。また、世界は安全ではなく、とても恐ろしい場所だという意識も高めてしまった(2)。私たち夫婦の経験は、アメリカとイギリスの軍隊のどちらともにおいて、学ぶべき価値があることが示されている。真面目に、心を開いて学ぶべきであると感じてもらえたのだ。読者の中には、私たちの研究がアフガン戦争やイラク戦争の最中にも利用されていた、という記述に衝撃を受ける人がいるかもしれない。

しかしながら、私たち夫婦、そして数多くの他の研究者たちが明らかにしてきたように、本物の取調官は、ラポールを形成すること、すなわち心の結びつきを作ることが、相手から情報を引き出すうえで、もっとも信頼できるやり方であることをわかっている。相手を尊敬することが大切で、力や強制が有害であることを理解し、拷問の使用を唱導することなど絶対にないし、受け入れることもない。

拷問が取調室に入り込むことはなかった。なぜなら、取調官は自分の袖をまくりあげ、自分が携帯している大きな銃を取り外していたからだ。銃を取調室に持ち込むのは、戦争映画に出てくる素人か、偽者である。銃を持ち込むのは必要悪でないばかりか、完全に効果のないやり方である。銃を持つと、私たちはすぐに自分の支配力を高めたくなり、私たちをアブグレイブ刑務所（訳注：イラク戦争における大規模な捕虜虐待事件が起きた）や、グアンタナモ基地（訳注：アフガニスタン戦争時、捕虜虐待が起きた）などの暗く、恥ずべき場所へと導いてしまう。そして、相手を敵と見なし、禁止されている拷問を始めてしまうのだ。

しかしながら、人はそれほど単純ではない。拷問をしても、テロリストから信頼に足る情報は引き出せないし、彼らから一杯のお茶やひとかけらのビスケットすら、手に入れることはできない。相手に対して絶対的な支配力を高める必要性がある状況もあるし、服従させなければならない状況もある。相手から情報を引き出すことに生死がかかっている、というきわどい状況もある。これらの状況においては、「あらゆる手段が必要だ」という主張も、なるほど理解できる。

それでも、私たち夫婦が、自分たちのモデルをこの分野に応用しようとすると、法のルールに従わなければならないし、心理学者として私たちが誓っている倫理的な義務にも従わなければればならないし、効果的であることが立証された科学的な証拠の裏づけもなければならない。何をしてはならないかを話すだけでは問題は解決できない。きちんと実行できる解決法を示さなければならない。

学術的な研究は、いつでもそんなに問題解決志向ではない。私たち夫婦は、エリートの研究者だけが理解できる概念を論じるというよりは、最前線で働く実務家が直接的に応用できるような研究を提供することに、常に関心を持ちつづけていた。私たち夫婦の仕事は、現実世界にかかわり、現実の人間を手助けするものでなければならない。ある学生に5ドルを支払ってテロリスト役になってもらい、別の学生にはやはり5ドルを払って警官役になってもらい、テロリスト役には、情報を出すことに抵抗してもらうといった研究室実験よりも、さらに現実的な迫真性がなければならない。私たちは、この問題は学生を使って役を演じてもらうだけでは解決できないことがわかっていた。

私たち夫婦は、本物のテロリスト、本物の警察の取調官に目を向ける必要があった。そのため、実際に有罪判決を受けたテロリストを相手に取調べを行った警察官の大規模なデータベースを調べることにした。

研究に先だって、私たちは本書で紹介されている戦略、すなわち、殺人、レイプ、強盗といった犯罪容疑者に取調べで使っていた戦略を、子どもと問題を起こしている両親を支援するための戦略として応用する、という直接的な経験をした。

けれども、同じやり方はテロリストにも有効なのだろうか。世の中のすべてに敵意を感じているテロリストにも、ラポールに基づいた作戦は有効なのだろうか。10代の若者に、自分の日常生活について話をさせるようなやり方で、テロリストにも話してもらえるのだろうか。

私たちは、自分たちの理論を裁判の取調べにおいて、2千時間以上も検証し、答えを得ることができた。その結果は驚くべきものであった。私たちが開発してきたラポールに基づく理論は、敵意を持った人とのやりとりにおいても有効だったのである。取調べのときにラポール理論に基づいた接し方をすると、容疑者たちは口を開こうとし、大きな影響力を及ぼすことができたのだ。このやり方をすると、非常に意味のある発言をたくさん引き出すことができた。ラポールは、人に話をさせることを保証するだけではない。ラポールは、非常に困難な状況においてさえ、一番うまくいくやり方なのである(3)。

上司と部下、夫婦、親子……関係改善の鍵

私たち夫婦は、自分たちの訓練がインタビュー実験の参加者というよりは、人間としての彼らに影響を与えるという結果に驚いた。警察官、軍人、緊急サービスの担当者の中には、この訓練が、仕事でインタビュー相手とどう関係を結ぶかを考えさせてくれるきっかけになっただ

けでなく、個人的な人間関係も見直すのに役立ったと言ってくれる人もいた。私たちが教える技術は、配偶者、10代の若者、あるいは上司といった、以前にはやりとりが困難だった相手にも応用できることがわかることも珍しくはない。このように幅広く応用できることは、私たちの理論を、本書を通じてたくさんの読者に知ってもらおうという意欲を私たちに与えてくれた。

ラポール形成には2つの鍵となる点があり、本書ではそれを取り上げるつもりだ。**最初にラポールの4つの基礎、すなわち、正直さ、共感性、自律性、そして反射について述べる。**この中でも反射の原則は、他人とのやりとりを向上させ、多くの利益をもたらすのに役立つ。**次に、会話における4つの基礎的なスタイルについて学ぼう。**私たちは、この4つのスタイルを説明するのに、4つの象徴的な動物を挙げることが多い。

・ティラノサウルス

対立を扱う方法。口論したり、相手に立ち向かうときには、素直に、率直になろう。攻撃的になったり、皮肉をいったり、懲罰的になってはいけない。

・ネズミ

降伏する方法。譲歩したり、敬意を示す必要があるときには、謙遜と忍耐を示そう。ただし、弱さや不確かさは避けること。

・ライオン

支配を確立する方法。優れたリーダーは、指示が明確で、責任をとり、目標を定め、メンバーを助ける。そして、あまりにも多くのことを要求したり、独善的であったり、物知り顔で人を馬鹿にしたりはしない。

・サル

協力的になる方法。相手と協力したいと望むのなら、温かさ、気遣い、一体感を示そう。しかし、あまりにも親密になりすぎたり、不適切な接近には注意しなければならない。

本書において、私たちはこの4つのスタイルをさらに広げて、さまざまな可能性のある状況において、いつそれぞれの動物を使えばいいのかを論じていくつもりだ。読者はまた、「どの動物が」自分にとってもっとも好ましいやり方かを選びだすこともできる。読者は、自分の人間関係の技術を高めつつ、ラポール形成の習得ができるだろう。

ラポールとは、相手に口を割らせることを保証するものではないし、相手が嘘をついているかどうかを判断するものでもない。ラポールがあっても、確実にそういうことができるわけではない。けれども、ラポールがあれば、相手から非常に有益な情報を引き出す機会を高めてくれる。警察の取調べにおける研究では、数多くの熟練犯罪者たちと接した。彼らは取り調べられることに慣れていて、何もしゃべらないという強い気持ちを持っていた。一番顕著な犯罪者は、録音が始まるやいなや、服のジッパーを口元にまで上げて、そのままずっと黙っていたものだ。こちらと心理的な距離をとり、協力的な姿勢を見せない相手に、どうしてラポールの原則が使えるのだろうか。絶対に話そうとしないなら、ラポールを形成する努力をすることに意味があるのだろうか。

面白いことに、やりとりが困難な世慣れた犯罪者たちは、ラポールの原則に基づいて接してみると、録音テープが回っている間こそ一言も口をきこうとしないのだが、テープのスイッチを切ると、有益な情報を話してくれることが多かった。ある犯罪者などは、インタビューが終わった後で、地図をくれないかと要求し、3つの場所にマルをつけて、それを戻してくれた。マルをつけられた3つの場所を警察が調べたところ、そこで死体を発見することができたのだ。彼は、自分が大切に扱われているということに応えるため、死体を遺棄した場所を明かしてくれたのだろうと警察は理論づけている。大切なことは、犯罪者に口を割らせようとすることではなく、価値ある人間として扱うことである。犯罪者ネットワークや、テロリストネットワークを明らかにするために私たちが仕事をしていたときにも、ラポール形成が常にいつでも重要であった。

ラポールを用いたアプローチは、そのつながりが意識的なものであれ、無意識的なものであれ、私たちの心の奥深くにあるものを結びつける。私たち夫婦は、お互いに心理学の専門家なので、ラポールを形成しているし、結婚生活20年を過ぎて、お互いにラポール戦略をいまだに使っているが、効果的である。私たちには10代の息子が一人いるが、その息子ともラポールを形成している。息子も私たちがラポールを使っていることを知っている。そして、息子も私たちにラポールを返してきたりするのだ。ラポールによるアプローチの良さは、偽善を必要とすることもなく、込み入った策略を必要とすることもないことである。何かを秘密にしておくことがある場合でさえ、依然としてラポールは有効である。

本書は、欲しくもないモノを買わせるようなやり方を指南するものではない、という点に注意してほしい。心理的なトリックを使って、本当は言いたくもないようなことを言わせるようなやり方を伝授するものでもない。相手に正しく接するということは、相手の思考を奪うものであってはならない。中古車販売店でよくあるような、「何が起きたんだ？　俺は騙されたのか？」ということがあってはならない。

真実のラポールとは、心からのつながりを形成するものであり、部屋を出たとたんに魔法が消えてしまうような短期的な策略ではない。**ラポールは、相手がどのような振る舞いをしてこようが、それでも相手に対する敬意、尊厳、思いやりを維持することである。思いやりや献身といった相手が必要としていることを、相手にしてあげることである。**あなたの心には、ポジティブな気持ちはあるであろうか。

心理的な結びつきを生む「最強の武器」

最新の研究によると、私的な関係でも、仕事上の関係でも、深く、意味のある結びつきを持てることが精神的な健康や寿命に関係することが明らかにされている。ラポールを学ぶ必要があるという理由は、これで十分だろう(4)。

本書で語られるラポールの秘訣を学べば、読者のみなさんは、

- **新しい友人関係や結びつきを築くことができ、社会的な孤立を避けることができる**
- これまでのさまざまな人生の段階で築いてきた、配偶者、子ども、友人、両親といった人たちとの**既存の関係を、さらに強固にし、深化させることができる**
- 同僚とも、上司とも、大切な顧客とも直接的な結びつきが持てるようになり、コミュニケーションが改善されることによって、**効果的なビジネス関係を築くためのドアの鍵が開かれることになる**
- 読者のみなさんはわからないかもしれないが、自然に他者を理解する能力が高まり、困難で厄介な状況においても、破滅的なやり方ではなく**生産的なやり方で取り組めるようになる**

ラポールは、健康的な人間関係の基礎であり、効果的なコミュニケーターになるための秘密の武器である。本書を読み終える頃には、それを達成するために必要なあらゆる道具をそっくり手にしているであろう。

第1章において、どうして真実の結びつきがそれほど重要なのかを述べよう。また、真実の結びつきが、健康、幸福、成功にとっての鍵になっており、より長生きするための秘訣になっているということも明らかにしよう。

contents

2 chapter
脅しでも攻撃でもなく、重視すべきは「言葉」

3 chapter

HEARの原則——正直さ・共感性・自律性・反射

4 chapter
反射――良き聞き手として、相手の真意をつかむ技術

5 chapter 動物サークル――人間関係を快適にする4つのスタイル

6 chapter

ティラノサウルス——率直／攻撃的

7 chapter

ネズミ――謙虚／追従

10
chapter

ラポールに磨きをかけ、「融通のきく人」になる

本文DTP／株式会社Sun Fuerza

chapter 1

親密な人間関係がもたらすメリット

どのような生活をすれば、長生きできるのか。その関連性がわかれば、今までとは違った選択をするのも容易になる。友人や家族に費やす時間を単なる浪費と見るのではなく、こうした人間関係は、自分の心の健康と長生きのもっとも重要な決定因であると考えよう。

ディーン・オーニッシュ
（カリフォルニア大学医学部臨床教授。予防医学研究所の設立者であり所長）

「人とつながる」努力を怠ってはならない

Laurence

内向的な人にとっては、不愉快なニュースかもしれないが、最近の研究が明らかにしたところによると、**人とのやりとりは、精神的健康と身体的健康を維持するうえで重要な要素である。**私自身、根っからの内向的人間である。私は、仕事や執筆のために他の人から距離をとって引きこもれる時間が長くあると、これこそが幸せになるためのレシピであろう、といつでも感じている。外向的な人にとっては孤独だと思われるようなことも、内向的な人にとっては至福の時間であることは間違いない。しかし、孤独を楽しむことはあっても、私は依然として、定期的に他の人とかかわりを持つ必要がある。

19世紀のユーモア作家ジョッシュ・ビリングスは言っている。「孤独は訪れるにはいいところなのだが、そこにとどまろうとすると悪いところになる」と。

しばらく孤立していると、ありとあらゆる人間関係が突如として前より困難になることに、私は気がついた。スーパーマーケットでの決まりきった会話でさえ、とても大変で苦痛だと感じる。人とのやりとりの技術は、筋肉のようなもので、定期的に動かす必要があり、そうしないとやせ衰え始めるのである。私は自分の経験から、自分が欲するような人生やキャリアを手に入れたいのなら、内向的な私にとっては自然なことではないけれども、たくさんの人との関係を持たなければならないということを学んだ。

学生の頃、情けないほど内気であった私は、それを克服しなければならない、居心地のいい内向的な世界から飛び出さなければならない、ということを理解するようになった。人間の核となる性格は、はっきりとした境界線を持っているわけではなく、努力と訓練によって、自分が心地よいと感じる領域を外へ外へと広げることができる。人とのつながりを持つ能力に関しては、それを運まかせにしてはいけないし、時間の浪費と考えてもならない。それは現に、人生を送るうえで必要不可欠な技術なのだ。

他人との結びつきは健康長寿を約束する

人から遠ざかることでほっとすることは、現実にきわめて有害である。1951年、マギル大学の心理学者ドナルド・ヘッブは、孤立が精神的健康に与える影響について調査した(1)。ヘッブは、朝鮮戦争時にソビエトが捕虜に対して感覚剥奪を使用したことに対する防衛策を生み出そうと試みていたのである。彼の研究チームは、数多くの男子大学院生を小さな部屋に入れて、あらゆる感覚刺激を奪った。何も見えず、匂いも音もなく、すべての感覚を剥奪したのである。実験参加者たちは完全に目隠しをされ、耳にはあらゆる音を遮断する防音の装置がつけられた。この実験は、6週間にわたって孤立監禁することの影響を調べるために仕組まれたものである。しかし、一番長く耐えられた人も、7日間が限界だった。

7日目には、すべての参加者の思考能力がはっきりと失われ、もはや何も決断ができなくなったと述べた。実験が行われる前、参加者たちは楽観的で、孤立によって至福の時間が過ごせると興奮していた。多くが、専門論文を計画したり、自分の研究を修正したり、考える時間に充てるつもりだと述べていた。

しかし、ヘッブの研究チームは、参加者たちがあっという間に現実認識を失うことに気づいた。参加者の多くが、幻覚を見始めた。一人の院生は、犬の群れが自分に向かって吠える場面が見え、吠え声がくり返し聞こえるのだと言った。別の院生は、激しい妄想症になり、政府か、他の勢力が自分を標的にしていると思い込んだ。参加者たちは、基礎的な作業、たとえば単純な算数もできなくなった。感情的に不安定になり、落ち着かなくなった。また、非常に被暗示性が高まり、どんなことにもやすやすと従うようになった。結論は、はっきりしている。**孤立は、人を不安定にし、暗示にかかりやすくさせ、扱いやすくさせるのである。**明らかに精神的な健康にとって有害だ。

他にもいくつかの心理学的な研究が、孤立監禁された囚人に具体的な焦点を当てている。収監された何百人もの人とのインタビューによって、精神科医のスチュアート・グラシアンは、マギル大学で行われた研究と似たような結果、すなわち、孤立監禁は、幻覚、不安発作、妄想症を引き起こす、という結果を得ている(2)。囚人たちは、思考困難になり、集中できなくなり、物事を記憶する能力が激しく損なわれた。これらの結果は、現在の我々の刑務所の制度を考えた場合に、とても気がかりである。なぜなら、アメリカの刑務所の制度では、8万人から10万人もの囚人が一度は孤立監禁を経験しているという推計もあるからだ（この問題についてさらに知りたい方は、ケラメット・レイターの説得力のある、不安を喚起する著書『23／7：ペリカン湾刑務所と長期的な孤立監禁の発生』を参照のこと　※未邦訳）。

孤立監禁が与える生理的、心理的な影響は、囚人が解放されてからも非常に長く継続することが研究によって示されている。心理学者クレイグ・ハニーによると、孤立監禁させられた人は、「普通の社会」に戻ってからも、適応がきわめて困難、すなわち、他の人と健康的なつながりを形成することがまったくできなくなり、しばしば絶望や無気力を感じやすくなるそうである(3)。彼らの対人技術と、他人と結びつく能力は、修復可能な度合いを超えて損なわれることも多く、社会全体から漂流させられてしまうという。孤立監禁の長かった囚人は、地域共同体にうまく自分を溶け込ませることができなくなり、仕事を見つけるうえでも、家族を作るうえでも、他の人と意見がぶつかったときにそれをうまく処理するときでも、明らかな障害になる。他の囚人たちから、ある囚人を隔離することは効果的であることもあるが、刑期を終えたときに人生をやり直すことが難しくなるように思われる。

他人とのつながりを失うと、それが自分の選択によるものであれ、相手側の理由によるものであれ、孤独と抑うつが起きて、それがしばらく続く。このような状態になると、もう一度人とつながろうという努力も一層困難になる。いったん孤立と抑うつの悪循環にとらわれてしまうと、人と結びつこうとあがくたび、より孤独や抑うつを感じるようになる。すると、さらに人と結びつくことが困難になり、抑うつは深まり、孤独感は強まる。このスパイラルはどこまでも止まらない。

孤独――心身を蝕む、怖ろしい殺人鬼

孤独は、「一人でいること」と同じではない。孤独を感じると、あらゆる有意義な人間関係から切り離されたように感じる。身の回りの人たちに理解してもらえない、まったく親密な感情を抱くことができない、という症状として現われる。家族がいるときもあれば、多忙な仕事を抱えていることもあれば、毎日、何十人もの人に出会うこともあるかもしれないが、それでも深い孤独を味わう。なぜなら、あなたが内面でそのように感じていることなど、だれにもわからないし、理解することもできないからである。

現代のように忙しい人生を送っていると、親密な関係を築いて、それを維持することは難しいかもしれない。親密な関係を結ぶには、相手を理解するのに、時間、労力、エネルギーを必要とするからである。私たちのようにグローバルな生活習慣を持ち、メールが溢れ、ソーシャルメディアにかかわって忙しいスケジュールで動いていると、私たちは意味のある会話から切

り離され、見捨てられているように感じる。私たちはすべてのエネルギーを自分自身の問題につぎ込んでいるので、他の人の問題を理解するのに必要な時間や労力などない、と思っている。

孤独はしばしば年配者と関連づけられて論じられることが多いが、あらゆる年代の人に影響していることを指摘しておくことも大切だ。２０１８年、ＢＢＣラジオ4は、ウェルカム・トラストと共同である調査を行った。調査対象者はのべ５万５千人。それによると、75歳以上のうち、25％は「よく」あるいは「非常によく」孤独を感じているが、16歳から24歳までの回答者では、信じられないことに40％がそれに当てはまったのだ(4)。家族や愛すべき人との伝統的な結びつきは減少し、孤独な人はますます増えつづけているように思われる。英国の単身世帯は、ここ50年で2倍に増え、アメリカでは約3倍に増えている(5)。世界中の都市で、単身者は信じられないほど多い。パリでは50％、ストックホルムでは58％であり、マンハッタンのような都市では80％をゆうに超えている(6)。

孤独と社会的孤立が心理面だけでなく、身体的健康にも大切だということは、嘆かわしいほどに過小評価されている。ブリガム・ヤング大学のジュリアン・ホルト・ランスタッドと研究者たちは、発表されている１４８の研究（対象者は30万人にのぼる）を統合的に検証し、孤独は、ダイエットや運動やさらには喫煙をしのいで、**より早死にに影響する要因であることを特定している**(7)。この結果は、どの年代、性別、初期健康の度合いでも当てはまっていた(8)。**孤独はまた、認知症の発症リスクを高めることにもつながる。**シカゴにあるラッシュ・アルツハイマー病センターのロバート・ウィルソンと共同研究者たちは、研究に参加したときには認知症がまったく見られない823人の高齢者を調べた。孤独であればあるほど、一連の記憶と知覚作業でよりひどい成績であった。それから5年以上が経って、社会的に孤立していると答えた高齢者たちは、認知得点が減少しつづけ、76%が実際に認知症になっていた。しっかりと社会的な結びつきを持っている、と答えた人たちでは、これは当てはまらなかった[9]。要するに、孤独は私たちの心と身体に重大な影響を及ぼすことが明らかにされたといえる。

しかし、これらの説得力ある研究にもかかわらず、クイーンズランド大学のキャサリン・ハスラム教授は、社会的な支援を受けること(「あなたにはどれくらい有意義な関係を持つ人がいますか?」)、社会的統合(「あなたは自分の地域や社会的グループとどれくらいつながっていると感じますか?」)は、平均寿命を予測するうえで、もっとも「関係がない」要因だとしている。ただし、ハスラム教授は、自分の新刊の著書でその理由を次のように述べている[10]。

> このことは健康に対して医学的なアプローチをしていることに理由がある。外科医や、主要な医学研究者たちは、健康のアドバイスにおいて、社会的な人間関係が重要だと述べることは、ほとんどない。

社会的な「健康」は、身体的な健康にかかわる問題にとっては、個人的なもの、私的なものと考えられてしまうことが多い。家族や友人と過ごす時間は、現代人にとっての他のプレッシャーに比べると、優先順位が低いものと見なされている。しかし、社会的な結びつきをじっくり調べると、結びつきがある人ほど病気に対して免疫がつき、早死にしにくくなる、唯一の重要な要因だということがはっきりと研究で示されている。社会的健康は、一般人に、あるいは医学界で想定されているより、はるかにずっと「医学的意義」があるように思われる。人と親密になることは、時間のムダではない。むしろ、健康と長寿の最重要な要因である。

薄っぺらな社会的関係では、親密さの欲求を満たすことはできない。同様に、心配の多い、ストレスフルな、付き合いにくい関係では、ポジティブな効果を期待できない。アメリカで行われたムーラン・ハリスとヤング夫妻による、詳細で広範な生涯研究では、**健康的な社会的関係を持っている人（他者を支援する気持ちがあって、共感的であって、批判的でない、という特徴を持つ人）は、高血圧にならず、腰回りが太くならず、体重も増えず、身体の炎症なども起こらないことが明らかにされた。**これらの特徴は、みな長生きにつながるものである(11)。

健康増進しようとすると、私たちはまず腰回りを気にし、次に心肺機能を気にすることが多い。しかし、自分は愛されていると感じること、大切に扱われていると感じること、他の人と結びついていると感じることは、感情的にも身体的にも、健康を維持するうえでのもっとも大切な要因である。もし、ダイエットやエクササイズにかけるエネルギーを、社会的な結びつきにつぎ込むようにすれば、私たちは、より幸福、健康になり、病気になりにくく、認知症や早死にを避けることもできるだろう。

読者自身の人生において、大切な人間関係を維持するのに、現在、どんな優先順位をつけているのかを考えてみてほしい。友人と夜に出かけたり、家族に電話したり、昼間、子どもたちと遊んだりすることが、仕事が大変だという理由のため、優先順位リストの下のほうにきているのではないだろうか。おしゃべりをする間も、コーヒーを飲む間もなく、次から次へと仕事に追いまくられ、次の締切ばかりに目を奪われ、友人関係や同僚との結びつきができていないことに気づくのではないだろうか。休憩するときでさえ、だれかと話そうとするのではなく、疲労困憊《こんぱい》しすぎているせいで、毛布にもぐり込み、ただただ冬眠したいと思ったり、テレビを見たいと思ったりするのではないか。

自身の人間関係を見直すことは、人生の優先順位にとって大切である。日々の人生の質を高めるだけでなく、長期的な健康のためにも重要である。これと同じ原理が、個人的な関係だけでなく、仕事での人間関係にも当てはまる。

「養鶏場」のような職場で社員は燃えつきる

組織というものは、従業員の社会的健康が生産性にとって重要だとは考えないものである。クリスティナ・マスラッシュという研究者は、従業員が、感情的にも生産的にも、仕事にもはやひとつも投資できなくなることを**「燃えつき」**と名づけた。マスラッシュの初期の研究は、緊急サービス業の人たちを対象に行われた。この種の仕事に携わる人々は、長時間のシフト、トラウマになりそうな事故、人を助けて命を救う重荷に押しつぶされそうに感じていることが多い。

マスラッシュは、彼らに見られる燃えつきが、それほどには極端でない会社でも見られるかどうかに関心を持った。しかし、マスラッシュの研究チームが数多くの大企業で調べると、**燃えつきを引き起こすのは仕事それ自体の重さではなく、職場の人たちとの社会的な関係であることが明らかになった。**つまり、競争、派閥、嘲笑、陰口、ゴシップ、不公平、会社に認めてもらえないこと、といったすべてのことが燃えつきに影響していたのだ(12)。マスラッシュらはまた、いくつかの企業では、社員たちの競争をわざと促すために意図的な戦略をとっていることも発見した。目標値を落とさせるために地位を格下げしたり、成果の測定基準を変えたりして、脅迫的な方法を導入している会社さえあった。

このような制度の会社は、そのやり方が長期的な結果、すなわち、社員の健康や疲労、睡眠不足、仕事と生活の摩擦、自己価値の喪失、最終的には社員の燃えつき、にどう影響するのかなど、おかまいなしであった。むしろ、燃えつきるような人は、消耗品であり、処分済みとして見なされるのであった。では、燃えつきた人はどうするのか。離職である。そこで会社は新しい人員をリクルートし、現行のやり方は保持する。こちらのほうがコストもかかるし、時間もムダになるのだが。もちろん、新しい人員を入れても、会社の制度が変わっていないのだから、また人は辞めてしまう。この流れはいつまでもつづく。

こうした組織では、社員は「農場の畜産動物」と完全に同じである。生産を最大にし、コストを最小にするというやり方では、「労働力」の生命など関係ないのである。ここには興味深い類似点もある。畜産動物は、病気への感染が増え、体調が悪く、寿命が短くなりやすいのである(13)。こういう企業文化を持つ会社が増えていることにより、病欠で休む人が増え、創造力や革新性が失われ、燃えつきて離職する人が増えていることが研究で示されている。養鶏場のニワトリのように扱われたい人などいない。マスラッシュは、燃えつきた人を、鉱山に連れていかれたカナリアと同じだと述べている。カナリアは、職場の環境が有害なときには警告を発して鳴くのである。

こうしたことにならないよう、マスラッシュは仕事の量を継続可能にし、可能な限り社員が選んで自律性を保てるようにし、公平な報酬と承認の制度を作り、職場に公平、尊敬、正義をもたらす企業文化を確立すべきだと忠告している。マスラッシュの推奨するマネジメント哲学はこうである。**「私たちはチームなのであり、一体なのだ」**

皮肉な人なら、そんな哲学をあざ笑うかもしれない。私たちの多くは、大変な要求ばかりで、個人としてまったく配慮してくれない企業に傷つけられている。もし有害な職場環境で、養鶏場のニワトリのように扱われているなら、自分の役割の仕事が自分の人生にどう作用しているかについて、十分に認識すべき時がきているのかもしれない。自分の心理的、身体的健康を優先するのは、理にかなったことである。そのほうが自分のためにも、会社の生産性や効率性にとってもよい影響をもたらす。みなさんの心理的な健康に配慮してくれるのは、経営者ではなくて、みなさん自身である。

私たちの職場の文化は、心理的、社会的な健康を優先していないことが多くとも、驚くべきではない。子ども時代を思い出してほしい。将来、社会に出て競争するための準備として、みなさんは、人間関係の技術を磨こうとしたり、友人と仲良くする方法を学んだりすることに、力を入れていただろうか。そうではなくて、良い成績をあげることや、賞をとることに力を入れていたのではないか。

子どもたちに、「没頭する時間」はあるか？

もしみなさんが親であるなら、子どもが大人になるためにどんな優先順位を置いているだろうか。子どもたちが友達を作れるように、そしてその関係を維持する努力ができるように、遊ぶための時間をうまくやりくりできるような手助けをしているだろうか。子どもたちが、友達に思いやりや親切な心を示せるように促すことに、エネルギーを使っているだろうか。学校の成績と同じくらい、子どもの社会的健康に高い価値を置いているだろうか。

親切な心を持っていても、大学に進学できないではないか、と言い返したい人もいるだろう。自分のことを振り返ってみても、子ども時代の人間関係など、もやがかかったようで、不確かな記憶しかないと感じる人もいるだろう。しかしそれでも、子ども時代の人間関係は信じられないほどに重大であることを覚えておく必要がある。**子どものときの人間関係は、私たちの性格、自尊心、そして自分の核となる感情を形成するからである。**それらが将来において、結局は、子どもたちが自信を持って物事に対処できる力になる。

若者たちが報告するストレスや不安が高まりつつあることにかなりの注意が払われるようになってきている。そのほとんどが学業のプレッシャーと競争にかかわるものである。最近の研究が示唆しているところによると、果てしない試験の連続と、自由に遊ぶ時間が欠けていることが、子どもたちの心と認知の発達に悪影響をもたらしている(14、15)。

標準化された試験の成績と、学内順位に焦点を当てた学校制度は、文字通り、学習をどれくらい楽しんでいるかを「測定する」ものである。著者の一人であるローレンスは、25年以上も大学で教鞭をとっているが、教え子たちには、研究を進めて、司法心理学者として働きたいと思うのなら、学業成績に目を向けるだけでは不十分だとアドバイスしている。創造的で、批判的な思考ができる必要がある。称賛を追い求めるだけではいけない。**学校での指標など、ぶち壊すくらいでなければならない。**もっぱら試験で測定されるものなど、個人の創造性、誠実性、世界を変えていこうという意欲の指標にはならない。教え子たちは、たくさんの警察官、あるいは犯罪者とやりとりできる対人スキルを持っているだろうか。情け容赦のない試験は、十分に円熟して、弾力性のある、有能な子どもや大人を生み出す道ではない。なぜ、私たちの教育制度は、競争の枠組みや、学業的適応ばかりを促進するのだろうか。私たちはそういう流れの中にいるが、変えることは可能だろうか。

私たちの現行の教育制度を、フィンランドの制度と比較してみよう。標準化された試験で、情け容赦なく評価するのではなく、フィンランドの制度は、青少年の個人的発達のすべての側面、たとえば、人格、創造性、道徳性、社会性といったすべてを等しく重視する(16)。『美しき失敗』(Beautiful Failures)の著者ルーシー・クラークは、子どもの教育と発達が何にかかわるべきかについて見直しの試みを計画している(17)。彼女は、子どもの人生にかかわる大人たち、すなわち、両親、先生、社会のリーダーたちが、プレッシャーを減らし、現在の狭い成功の定義を広げるための解決策を出すべきだとしている。彼女は、子どもたちが日常のスケジュールの中に、自分が好きなことのできる時間を設けるべきだと忠告している。創造的なことや趣味、子どもとしての楽しみができる時間である。そうした経験が、大人になったときの子どもたちの自信、元気、勇気を形成する。親や教育者たちは、学業能力や課外活動を伸ばすことに焦点を当てるだけでなく、全体としての子どもを支援し、価値を置く必要があると述べている。また、**親や教育者たちは、子どもたちが学ぶことを楽しみ、創造的に、独立的に考えることができているかを考える必要がある。**人付き合いの技術を学び、確固とした友人関係を形成することは、課外活動や、学校で良い成績をとることと同じくらい、健康的で、有能な大人になるためには重要である。

友人関係を築くことは、成長するにつれて、ますます重要になってくる。子どもが成長するにつれて、これらの大切な人間関係が消え始めてしまうことも多いからだ。化学の成績で「Aプラス」をとることは、人生の黄金時代にいる子どもたちにとって、意味あることではない。他人とかかわりを持つように育ててあげることのほうが重要だ。

男性の孤独、自殺を減らす取り組み

その著書『ブルー・ゾーン』(The Blue Zones)において、ダン・ビュイトナーは、沖縄県民は、世界でもっとも平均寿命が長いと述べている(18)。男性は平均して、84歳まで生き、女性は90歳近くまで生きる。どこに住むかによって、他の国々より5歳から10歳も寿命が違ってくることになる。

しかし、沖縄県民は、ただ長生きするというだけではない。彼らはまた、より健康的に長生きするのだ。彼らは欧米人の致死率を高めるような心臓病やガンといった病気になりにくい。

そして、認知症になる割合は半分である。もっとも、「ブルー・ゾーン」によっていくらかの差異やバリエーションはあるのだが。もちろん、栄養や身体的な活動もまた影響しているであろう。

あらゆるブルー・ゾーンで唯一の共通点は、強く、ポジティブな人間的結びつきがあるということである。ブルー・ゾーンに住む人々は、あらゆる世代で、人付き合いに精を出し、地域とつながりがあるのだ。イギリスでは、高齢者を対象にして結びつきを支援する、同じような枠組みが作られる努力がなされている。たとえば、ロンドンにある、「高齢者女性共同住宅」（OWCH）がそれである。この施設では、高齢の女性たちが、一人で独立して生活するのではなく、社会的に結びつくような生活を送ることが促されている(19)。この施設で暮らす女性は、心理的な健康度が高まり、日常の活動も増え、人生満足度も高くなることが報告されている。

男性もまた、見捨てられているわけではない。「男性の小屋」（Men's Sheds）運動は、男性の孤独や自殺率を減らすために、最近になってかなりの注目を集めるようになっている。オーストラリアに組織を持つ「男性の小屋」は、男性たちが、一緒に作業をし、一緒にプロジェクトを行いながら、社交性を磨くためのワークショップを提供している。現実的なプロジェクトによって、自然発生的に結びつきや友情が形成されることが、研究者によって明らかにされている。プロジェクトに参加するというやり方は、しばしば男性が友達作りをするのに向いている方法である。ロンドン大学キングス・カレッジによって行われた評価では、男性の小屋を訪れた参加者たちが、小屋を訪れていない比較群に比べて、精神的な健康でも、身体的な健康の指標でもより高い得点をあげ、さらには自信、明晰な思考、陽気さ、といった指標でも高得点をあげることがわかっている(20)。

人間は、生まれつき社会的動物であることは明らかだ。**私たちの健康、幸福、充実感は、他人とのやりとりによって得られる**ことからも、それはわかる。しかし、多くの人たちは、ポジティブで、建設的なやり方で、他の人たちとおしゃべりしたり、結びついたりすることに困難を感じている。結果として、人間関係は、自分の人生にとって支援的な基礎というよりは、むしろストレス、怒り、不幸の源泉だと感じてしまうのである。

居心地の良いコミュニティの落とし穴

多くの人たちが参加する、より大きくて有意義なコミュニティに所属しているという感情は、私たちの心と体の健康にとって、重要な構成要素である(21、22)。有意義なコミュニティに所属するということは、個人的なつながりを持つことでもいいし、学校の友達を維持するのでもいいし、スポーツチームやクラブに参加するのでもいいし、もっと広く、国家、文化、信仰を通じて、そこから一体感を得るのでもいい。抑うつから、薬物乱用まで、幅広い問題に対する心理的な健康を維持するうえで、社会的なグループが重要な役目を果たしていることに、多大の注意が向けられている(23、24)。社会的なグループは、主要な人生のイベントや移行期、たとえば、高校から大学へ進学するときや、初めて親になるときや、重病から回復したときや、定年退職を迎えたときや、配偶者との死別があったときなどに、私たちの心を手助けするのに特に意味がある。

社会的グループは、定期的にヨガのクラスに参加するとか、ジョギングのクラブに参加するといった活動を通じて、私たちの人生を有意義にしてくれる。また、バイク愛好者のクラブに参加するとか、コーギー犬オーナーのクラブに参加することで、共通の一体感も生まれる。あるいは、社会的グループは、共通の目標、たとえば、刃物による犯罪を撲滅する運動や、環境保護運動といった目標を追求することにも役立つ(25)。私たちが自分で選んだ社会的グループの一員になることは、私たち自身の価値観や目標にもつながる。私たちは、同じ心を持った人たちと、自分の価値観や目標を共有したいと思うし、同じ心を持った人がいるということは、私たちを勇気づけてくれたり、支えてくれたりする。

しかしながら、自分と似ていると感じる人々と集まることには注意も必要だ。グループに属することは、包まれているという感情を生み出すが、その感情が、そのグループがどんな価値観を持っていて、どんな価値観を持ってはいけないのか、の仕切りを生み出す。悲しいことに、私たちは、ある意見を表明することが、その意見に反対する人やグループからの直接的な怒りを引き起こしてしまう、という世界に住んでいる。

ソーシャルメディアに力を入れると、人は人種、宗教、政治に基づいたキャンプでそれぞれが別々に暮らすことになり、より深層にある価値観や信念の衝突が意図的に促進されてしまうという反応を引き出す。私たちの社会には、仕切りができてしまうことがよくあるが、ソーシャルメディアが普及することにより、一緒にいるという感情よりも、むしろ相違点が強調されてしまっている。何を食べるのかの選択によっても、人を暴力に向かわせてしまうことがある（たとえば、『デイリーメール』の見出しにはこうある。「日雇い労働者は他の仕事に行け、と語った絶対菜食主義者が、殴打されて瀕死」）(26)。

自由な発言をしようとしてはならない。敵意を含んだ発言は、既存の仕切りの多い世界において、その仕切りをより大きくするだけである。たとえば、英国のＥＵ離脱、ドナルド・トランプ、反ワクチン運動、キツネ狩り抗議運動、移民、政府による監視、絶対菜食主義者用ソーセージといった、幅広いトピックについてのツイッターでのつぶやきは、極端に口汚い罵り合いになる。弁護士のジーナ・ミラーは、２０１８年に英国のＥＵ離脱について反対したところ、一連の悪意あるツイッター反応が返ってきた。反応は異常なほどに攻撃的で、性的な脅威を含み、暴力的で、敵意に満ちたものであった。ツイッターは、身体的、性的な暴力と同じような犯罪となる。このようなツイッターのコメントは、脅しであり、下劣であり、イジメに他ならない。

同様に、侮蔑を投げつけることは生産的な議論をしようという気持ちを奪う。侮蔑は人の思考や感情を単純化してしまい、ますます人との距離を広げ、社会的孤立を大きくする。侮蔑は、反論や議論を生み出すものではない。それは、結びつきを強めるのではなく、むしろ人を分断させてしまう。

このような理由により、私たちは超人的な努力を要するかもしれないが、他者を理解しようという気持ちを持たなければならない。特に、**自分と異なる意見を持つ人を理解し、距離をとるのではなく、むしろ結びつきが持てる点を探らなければならない。私たちは、お互いに泥を投げつけあって満足するように進化してきたのではなく、結びつくように進化してきたのである。**自分の議論を相手に聞いてもらったり、考えてもらいたいのであれば、ツイッターでうっぷん晴らしをすることは、実行可能な作戦ではない。そのようなやりとりをする人は、理解や結びつきを求めるというよりは、他人を脅し、その心を変えてやろうとすることによってお互いに切り離されてしまう。

私たちは、非常に親密な関係が、私たちの生活の質、自分の心理的健康、身体的健康、平均寿命を高めるのにいかに重要であるかを見てきた。社会的な結びつきと一体感は、幸福、満足、長寿の基礎である。

本書の全体を通じて、私たちは、長くつづき、お互いに助け合うような関係を構築するためのラポールの技術を述べていくつもりだ。そういう関係ができれば、衝突、不一致、反対といった出来事を弱めることができる。このことを心に留めておけば、私たちは、近しい人だけでなく、**嫌悪や恐怖を感じる人に対してさえ、よりよく理解を示すことができる。**

教訓
LESSON

1 人間関係は「数」ではなく「深さ」

外向的な人であろうが、内向的な人であろうが、人間は相手を必要とする。ラポールの技術は、より深い結びつきの形成に役立つ。それは必ずしも友達を増やす、ということではない。大切なのは、関係の深さであって、友人の数ではない。一緒にいることで、より深く、意味のある関係が持てるような人を探すことに力を注ごう。ある人が自分の元から去ったことに後悔しているのなら、その人ともう一度結びつきを復活させよう。人は、一人ではいられないし、そうすべきでもない。

2 ラポールの筋肉を鍛える

孤独感、他者との結びつきの欠如は、心理的な健康だけでなく、身体的な健康にも悪影響であることがいくつかの研究で示されている。

ダイエットやウォーキング、あるいはジムに通うことに力を注ぐのもいいが、人間関係を築くことにも同じくらい力を注ごう。自分の価値観や関心を共有してくれる人を探そう。クラブや地域のイベント、ボランティアなどに参加することで、そういう人を探そう。

3 世界はひとつであり、人間はひとつの種族である

話す言葉や肌の色が違うからといって、お互いに仕切りを設けるのを避けよう。

他人を攻撃することで、その相手を小さくし、自分を大きく見せようとするのをやめよう。あらゆる点で自分の価値観に反対するような敵にさえ、理解を示そう。無理に好きになろうとしなくてよいし、相手の意見に同調しようとしなくてもよいが、それでも理解だけは示してあげるのである。他者に理解を示してあげることが、私たちを分断させてしまう問題を解く鍵である。相手をイジメたい、敵意に満ちた侮辱をぶつけたい、という誘惑がどれほど強くとも、それに屈してはいけない。そうした行動は、相手の品位を落とすのではない。あなた自身の品位を落としてしまう。

4 他者と結びつき、配慮の心を持つ

若者であっても、年配者であっても、社会的なサークルの中での結びつきや思いやりを高める努力をしよう。

世代を超えた結びつきがあることは、その地域が健康的であるという証拠だ。すなわち、隣人に会ったり、隣人の子どもたちの名前を覚えたり、隣人が年配者なら、郵便物を持って行っ

てあげたり、正面の芝を刈ってあげたりしよう。現代のような忙しいスケジュールで動く人にとって、それらの努力が重すぎるというのなら、少なくとも間接的な結びつきの努力はしよう。自分のクラブや、価値観を感じるいくつかのコミュニティに金銭的な寄付をしてあげるのである。

5 近しい人と結びつき、親密さを深めよう

子ども、両親、祖父母の言葉に心から耳を傾け、どんなことを大切にしているのかを理解してあげよう。

ただ宿題があるとか、歯医者に通っているとか、薬を飲んでいる、という話を聞くだけではダメである。本書の後半では、意味のある会話を引き出すのに役立つ具体的なテクニックもお教えするつもりであるが、今の段階では、人間関係を改善する必要があるということだけは覚えておいてほしい。

chapter 2

脅しでも攻撃でもなく、重視すべきは「言葉」

言葉。それはもともと純粋で無力だが、辞書にもあるように、その扱い方次第では、善にも悪にもなり得る。

ナタニエル・ホーソーン

冤罪を招いたレイプ殺人事件の極秘捜査

Laurence

1993年、大学を卒業したばかりの私は、英国サリー州のギルフォードにある小さなオフィスで働いていた。6つある黒色の箱型ファイルは、書類で溢れんばかりであった。この山のような書類は、私が司法心理学者としてかかわる最初のケースの資料である。箱型ファイルには、それぞれ側面に黒色のマーカーペンで、「R・V・スタッグ」と書いてあった。

スタッグは、若い母親レイチェル・ニッケルの殺人事件において、メトロポリタン警察では第一容疑者とされていた。レイチェルは、ウィンブルドン広場で、2歳の息子アレックスを胸に抱きしめて、47か所も刺されていたのである。アレックスは、血にまみれた母親の身体にしがみつき、「ママ、起きて」と嘆願していたのであった。スタッグは、目撃証言と、ポール・ブリットンによって作られたインチキな「犯罪者プロファイル」に基づいて逮捕されたのである（ブリットンは、他の多くの事件でも心理学者として、また犯罪者プロファイラーとして警察と共同で仕事をしている）(1)。

コリン・スタッグは、ローハンプトン団地に一人で住んでいた。その場所は、ウィンブルドン広場からは石を投げれば届くほどの距離で、彼は日常的にそこで犬の散歩をしていた。当時、彼はお酒も飲まず、麻薬もやらず、広場に一人でいたのである。30歳のスタッグは、ずっと童貞で、人間関係には絶望していた。警察が彼の自宅を訪れたとき、小さなアパートの中はすべてが真っ黒く塗られ、そこに白のチョークで、悪魔、あるいは悪魔的なイメージが描かれているのを見て、警察官たちは動揺した。描かれているものが、実に、魔術崇拝のようなシンボルだったのである。

スタッグが逮捕される前に、犯罪プロファイルを作ったブリットンは、警察が探している犯人は、おそらく一人で暮らしていて、奇妙な性的関心があり、ウィンブルドン広場のそばで暮らしており、20代後半か30代前半であろう、と主張していた。警察は、取調べ中のスタッグが、いくら控えめに言っても奇妙であることに気づいた。スタッグはブリットンのプロファイルに一致しているように思われたし、警察の取調べ場面の映像を確認したブリットンは、スタッグが犯人像にぴたりと一致していると思う、と確信を持って答えた。

ある極秘の捜査（これは「エゼル捜査」として知られている）が仕組まれた。身分を隠した警察官、「リジー・ジェイムズ」というコードネームをつけられた女性が、親しくスタッグに近づき、殺人者しか知ることのできない証拠を吐露するかどうかを確認してみたのである。捜査は、まずスタッグとの手紙で始まり、次に電話、それから最終的には何度もデートすることによって行われた。

私は、この事件における数多くの特徴を分析するように求められたのだが、これが司法心理学者としての私の最初の仕事になった。当時、私は20代前半であった。ある年配の警察官は、私に釘を刺していった、「これはスコットランドヤード（ロンドン警視庁）の大きなヤマなんだ、ローレンス」。彼は厳しい口調で、「もし弁護側についたりしたら、二度と警察とは仕事ができないようにしてやるからな」と言った。彼の警告にもかかわらず、私は、事件をしっかりと調べる必要があると感じた。

私が分析を求められた主要な点は、スタッグとリジー・ジェイムズとのやりとりであった。そこで、2人の間でかわされた手紙、電話でのやりとり、デートをすべて注意深く分析してみた。資料を厳密に調べるにつれ、この男性が野蛮なレイプ犯で、殺人者なのかどうかに疑問を感じるようになった。警察は、彼の真実の姿を明らかにしているのだろうか。無実の男性が、意図していないようなことを言わされるように誘導されたのではないか。

約25年経つが、私は今でもこの痛ましい事件について、鮮明に思い出すことがたくさんある。特に2つの出来事を思い出す。私は、非常に膨大な殺人現場の写真を見ている。それは視覚的に私に不快感を与える。ゾッとするような写真がつづき、最後の一枚が、レイチェル・ニッケルが殺された場所の全景を写したものであった。

奇妙なことに、この最後の一枚が私の記憶の中で鮮明に残っている。ウィンブルドン広場の端には風車小屋の建物のある駐車場があり、そこで不気味に撮られたものである。駐車場を見下ろすように、印象的な風車小屋の陰に隠れて、一台の車が停めてある。もちろん、レイチェルの車だ。このありふれた日常の写真は、私に激しい悲しみを引き起こしたことを覚えている。風車小屋に隠れて、突然、取り残されることになった自動車。母のレイチェルと息子アレックスは、公園で楽しく散歩し、それからその車で家に戻るつもりであったろう。そんなことを頭の中でイメージしたことを覚えている。まったくありふれた日常の出来事が、信じられない恐怖と惨状で終わるという悲劇。そんなことを考えたことを覚えている。

2つ目の記憶は、警察がスタッグにレイチェルの殺人を自白させようと、露骨な操作をしたことに純粋なショックを受けたことだ。リジー・ジェイムズは、スタッグからの自白をとるために、性的に誘惑し、恋愛感情を引き出したのである。スタッグは、女性からそのように扱われることを心から欲していたのであった。スタッグは、社会的にナイーブな男性で、タバコもお酒もクスリもやらなかったし、暴力事件を起こした記録なども一件もない。リジーは、ブロンドの美しい女性で、思わせぶりにスタッグに近づいたのである。彼女からの注意を得るため、スタッグが必死になったことは容易に想像がつく。

スタッグの自白した内容は、もっともらしく彼に罪を負わせるために、潜入捜査を行ったリジーによって多くが作為されたものであり、彼女の影響を受けたものであることを、私は分析によって明らかにした。スタッグは、セックスをさせてもらえるという約束で（もちろん、それが実行されることはなかったが）、自白するように説得を受けたのである。リジーはくり返し、辱《はずかし》めを受けることや、無防備な感じが私を興奮させるのだとスタッグに語っていた。スタッグは、彼女の欲求を満たすために、ある種の話を頑張ってデッチあげようとしていた。しかし、その話は、恐怖を引き出すような物語ではなく、しばしば湿ったレタスのようなものであった。極秘の捜査官は、自暴自棄になってきたのか、ますますスタッグを誘惑して自白させるという、馬鹿げたものになった。ある日のデートで、スタッグは何度も何度も、レイチェルを殺したと言うのはイヤだと拒絶しているのに、「もしあなたがレイチェルを殺していたら、なんて素敵なんでしょう。あなたがそんな男性だったらいいのにな」とリジーは言うのであった。「ごめん、リジー。でも僕はそんな男性じゃないんだよ、ごめん」とスタッグは答えた。それから延々とつづくやりとりでも、スタッグは一度も殺人を自白などしなかった。

これらのやりとりに関しての私の心理的評価によって、首席裁判官のオグナールはこの事件を最終的には不起訴にした。オグナールは、警察とポール・ブリットンに対して、「過度に熱を持ちすぎ」で「もっとも下品で、当てにならないやり方」を使ったことを非難した。メディアも一般人も、殺されたレイチェル・ニッケルの家族でさえ、裏切られたと感じた。動物のように野蛮な性犯罪者で、異常な捕食者であるスタッグが、再び野放しになり、殺人を犯すだろうと人々は考えた。警察が正しく、人々は、スタッグが殺人を犯した唯一の男だと信じた。ただし、彼は犯人ではなかった。

17年後、別の男性が現われた。司法科学の進歩によって、ロバート・ナッパーが最終的に殺人者であることが特定された。ナッパーは実に100件を超えるレイプの犯人であった。彼は、「緑の多い場所での連続レイプ事件」を行って有名になったが、そのうちの一件の被害者がレイチェルだったのである。多くの事件で、彼は子ども連れの若い母親をターゲットにしていた。彼は、子どもがいる母親のほうが、さらに恐怖や支配性を高めることができることを楽しんでいたようであった。

息子の目の前でレイチェル・ニッケルを殺した後、ナッパーは別の母親と子どもを殺している。サマンサ・ビセットと、その4歳になる娘のジャスミンである。2人が残忍な殺され方をしたのは、ちょうど1年後であった。その殺害現場があまりにもひどかったので、切り裂きジャックと並べられたほどだった。

ハニートラップを仕掛けて、強要、操作、虚偽の証言をさせるという捜査チームの決断は、無実のスタッグを刑務所送りにし、14か月も勾留させる結果となった。300万ユーロ以上の税金が無駄に使われ、もっとも悲劇的だったのは、真犯人をそのままにしておいたので、彼が別のレイプと殺人事件を引き起こしたことである。リジー・ジェイムズは、偽りとぺてんによってスタッグと結びつこうとした。これでは詐欺である。甘い言葉と、強要によって、スタッグから自白をとろうという策略であった。スタッグよりも、弱くて、傷つきやすい人間であったなら、その策略に落ち、偽りの自白をしたかもしれない。そして、司法科学の進歩によって最終的に真犯人が捕まるまで、17年間も刑務所で過ごさねばならなかったかもしれない。

ウソの約束をしたり、プレッシャーを与えることで人を操ろうとすれば、思い通りの発言をさせたり、行動をとらせることができるかもしれない。しかし、それはしょせんトリックなのであって、厳密な調査が行われれば、脆《もろ》くも崩れ去ってしまう。人とのやりとりは不正なものになり、長期的に維持することができなくなる。

ラポールは決して、トリックではない。ラポールは、正直さと共感性に基づく、意味のあるつながりだからだ。**人は、ラポールが形成されれば、真実を話す。**自分が何者なのか、自分がどんなことをしてきたかを語ってくれる。ウソをつくように強要されたり、作り話をデッチあげるように求められたのでなければ、たとえそれが恐怖を催すものであったとしても、真実を語ってくれる。もしだれかが、あなたに何かを語ろうと決心してくれたのなら、それは、彼らがそうしようと決めたからであって、あなたがトリックを使って何かを言うように仕向けたからではない。

スタッグの事件に取り組むことは、私にとって非常に意味があった。つづく私のすべてのキャリアにおいて、私は人とのやりとりの仕方を考えるようになった。この事件はまた、言葉の使い方が、大変な結果に結びつくという、厳しい現実を明らかにもしてくれた。

狂暴な大男を「言葉だけ」で逮捕した女性警察官

Emily

ウィスコンシン大学マディソン校で、行動科学と犯罪学を学んでいたとき、私はまったく幸運なことに、地元の警察官メアリー・アニー・ターバーの車に乗せてもらったことがある。彼女は、1979年に大量の女性を初めて警察に雇い入れたということで、草分け的な警察官であった。定年を迎える少し前、彼女は、地元紙でのインタビューで、自分の警察官としての哲学は、「親切な心を持つことが、普遍的な言語」だと語っている。

1993年に、私は彼女と短いやりとりをしたことがあり、この教訓を詳しく吸収させてもらった。警察官の彼女は、よく晴れた秋の日に、自分のパトカーに私を乗せてくれた。私は19歳で、神経質だった。彼女は、小さなエネルギー発電機のような人で、たえず笑っていた。豊かな黒髪の下には、きらめくような瞳があった。彼女は、私に車の後部座席にある防弾チョッキを手渡しながら言った。「万一に備えて、それを着ておいて」そして私にウィンクをしてみせた。

「何に巻き込まれてるんだろう?」私は、深く息を吸いながら考えた。

現場へ向かう途中、地元のホームレス支援所から電話があった。支援所で働く女性が、元彼氏に脅されているらしい。元彼氏は酔っ払っていて、ドアに向かって喚《わめ》いているという。支援所にいるスタッフとホームレスたちは、建物内にバリケードを作り、すべてのドアを封鎖し、金属製のシャッターを下ろしていた。元彼氏は、女性に向かって殺すぞと脅し、もし出てこないのなら、「このクソみたいな建物を焼いてやる」と言っているのだ。女性は、目に見えるほど怯えていた。建物内の人すべても怯えていた。電話のオペレータが無線で私たちに伝えてきた最後の言葉は、「元彼氏は、本当に大きな男です」であった。

メアリー・アニーは、「う〜ん」とつぶやいてから、「もし危険そうならパトカーの中にいてね。心配いらないから」と言ってくれた。私は、彼女の大きな目を見つめた。彼女は私を安心させようとしているようだ。私たちは、駐車場に車をすべり込ませた。そこでは、非常に大きな灰色熊のような男が、金属製のシェルターをドンドンと殴ったり、蹴りつけたりしていた。男性は、野蛮で、酔っていて、とても怖かった。

メアリー・アニーは、私のほうを見ると、「車を停めたら、外に出て。パトカーには近づかないで。反対側のほうにいて、私が言うまで動かないこと。わかった?」彼女は、しっかりとしていて、自信があり、とても落ち着いていた。私は、彼女が万一に備えて私にパトカーから離れていてほしいのだろうと思った。彼女は、男をパトカーの中に連れてこなければならないのだろうと確信した。

「わかりました」と私は勇気を振り絞って答えた。外に出ると、男性の喚き声が聞こえた。

「ここから出てきやがれ。俺を騙しやがって、いまいましい売春婦め。お前の命を踏みつけにしてやるからな。このクソみたいなドアを開けろ！　さもないと、火をつけるぞ！」

男はとても酔っていて、ドアから侵入しようとしていた。男は、私たちがパトカーから出てきたことにさえ気づいていないのではないかと思った。

「ねえ」とメアリー・アニーは男に向かって声を出した。「そんなことはやめて、こっちに来て、私と話そう」

男は振り返って、血走った目で見つめてきた。びっしりと汗をかいた額の下には、彼女を睨《にら》みつける顔があった。

「何がしてえんだ、女？」男は怒鳴り返してきた。

「ねえ」とメアリー・アニーは言った。「意地悪しないで、ただ私と話そうよ。何が起きたのかな。これはどういうことなの？」

男は、彼女が自分を捨てたことについて罵り始めた。一生ずっと一緒にいると約束していたのに、と叫んだ。それから突然止まった。まるでたった今メアリー・アニーが警官であることに気づいたかのように。

「チクショウ、ともかく、お前はただ俺を逮捕するつもりなんだろうが！」目をぎょろりとさせながら言った。それは野生の雄牛が突進するときのような目だった。

メアリー・アニーは、彫像のように落ち着いて、穏やかだった。「もしそうする必要があるなら、そうするけど、私はただあなたに何が起きているのか話してほしいだけなの。名前は？」

「トーマス」彼は険しい口調で、疑いながら答えた。

「ええ、トーマスね。どんなことが起きたのか、私は知る必要があるのよ」メアリー・アニーは穏やかに言った。

「イヤだ」トーマスは口ごもった。

「わかったわ、ポケットのものを出してね、いい？」

「ああわかったよ。クソみたいな説教だろ」

彼は、ジーンズのポケットから小さな白い旗のようなものを出しながら怒鳴り返した。

「何が起きているのか、話してくれない？」メアリー・アニーは安心させるような声で言った。

「俺はただ女と話してえんだよ。だけど、出てこようとしやがらねえ。俺に会いたがらねえ。電話にも出ねえんだ、クソッ。どうしたらいいのか、お前わかるのかよ。俺はクソみてえな世界から、締め出されたんだよ。まあ、あんたにはわからねえか……」トーマスは、早口で不明瞭に答えた。

彼は依然としてとても感情的になっていたが、メアリー・アニーを殺そうというよりは、むしろ泣きつきたいような目で見つめた。

「なるほど、あなたはとても腹が立っていて、とても自暴自棄になってしまったのね。だからここに来て、彼女と話そうとしたのね。恋をすると、人はほんの少しおかしなことをしてしまうこともあるわ。でもね、トーマス。あなたが彼女を殺すと脅したり、建物を焼こうとしたら、私はあなたを連れていかなきゃいけなくなるの」

「ああ、だけど、それは女が出てこねえからだ」トーマスは、子どものような自己弁護をした。

自分のしていることがまったく正しい行為だとでもいうように。

「ここに来る前に、お酒を飲んだ？」メアリー・アニーは尋ねた。

「ああ、ええと、少しな」彼は口ごもった。

それからさらに2人は10分ほど話した。声が落ち着いてきたので、ほとんど私には聞こえなかったが、トーマスの態度が変わり始めていることに私は気づいた。トーマスは、緊張が解けて、壁にもたれて、メアリー・アニーと視線を合わせていた。2人は建物の階段から離れると、パトカーのほうに向かってきた。

メアリー・アニーはトーマスに言った。「さあ、トーマス。私と一緒に来て。警察に行きたくないなんて、叫んだりしてはダメよ」

彼は、逃げることを考えたかのように動きを止めた。しかし、「わかった、わかったよ」と言った。

そのとき、別のパトカーがやってきて、2人の男性警察官が降りてきた。メアリー・アニーがいつ無線で彼らを呼んだのか、私は気づきもしなかった。

「クソみてえな男たちが、俺を捕まえに来やがった。そうだろ？」トーマスは、再び怒りを高めながら言った。

メアリー・アニーは言った。「トーマス、自分のことを見てよ。あなたは180センチ以上もある大男でしょ。レンガ造りの家みたいじゃない。だから、私は応援の電話をしたわ。でも、やることは同じ。わかった？　手錠をかけるけど、それは全然たいしたことでもないの。何もないから。驚かないでほしいの」

トーマスはイヤだというように頭を横に振った。

「そうね、わかったわ。一緒に警察署には行くけど、それで全部おしまい。それでいい？」メアリー・アニーは安心させるような声で言った。

トーマスは、しぶしぶと頷いた。

なんと驚くべきことなのかと私は思った。この小さな女性の警察官が、野獣のような、酔っ払った大男を手なずけてしまうとは。トーマスは、ついに逮捕されることに同意したのだ。どんなことをメアリー・アニーはしたのだろう。どうやって自分に協力してくれるように納得させたのだろう。

男性警察官の一人が、彼に手錠をかけるためにパトカーのそばに来た。その警察官は、トーマスをパトカーのトランクの上に押しつけ、ズボンをまさぐった。トーマスは怒って、汚い言葉を使ったが、ただ口で言うだけで、手は出さなかった。それがしばらくつづいた。

突然、素早い一瞬の動作で、警察官はトーマスの頭をつかみ、車のトランクに鋭く叩きつけた。まさに一瞬であった。バン！　すると、地獄が始まった。

トーマスは、だれかれかまわず、蹴ったり、打ちのめそうとした。メアリー・アニーを含む3人の警察官は、一斉に彼に飛びついた。3人は、すぐに巨体の酔っ払いを押さえつけるために、トーマスの腕や足を地面に押しつけた。

最後に、私はパトカーの後ろから、警察官たちがトーマスを確保するのを見た。トーマスは地面に顔を押しつけられていた。警察官たちは、焼き上げられたブタのように彼を持ち上げ、パトカーの後部座席に乗せた。トーマスは、それでも罵り言葉をやめなかったが、彼らはパトカーのドアをバタンと音を立てて閉めた。

メアリー・アニーは、私のほうに向かって歩いてきた。髪の毛は乱れ、顔には泥がついていた。「まあ、思ったよりうまくできたわね」と彼女はため息をついた。「なんてバカなんだろう」彼女が容疑者と話そうとしているのに、同僚の警察官たちは、トーマスの頭をゴムボールのようにトランクに叩きつけたことが信じられなかった。

やりとりとしては、失望をもたらす結果であったが、私は、「元彼女を殺すと脅し、ホームレス支援所を焼こうとした男性には、まったく共感を覚えない」と考えたことを覚えている。

私の心に残されているのは、メアリー・アニーが穏やかに、我慢強く、言葉だけでやっていた方法である。言葉だけ。それだけで、自分よりもはるかに大きな体格を持ち、腕力があり、攻撃的で、酔っ払った、暴れまくる男性を、手なずけてしまったのだ。彼女は、私たちのパトカーに、何の問題もなく乗せることができたと思った。男性警察官の応援などまったくいらなかったのではないか、と考えたことを覚えている。応援の必要はなかったのである。彼女は、現場で一番の力を持っていた。150センチほどの体格で、声を荒らげることもなく、銃も使わなかったが、それでも彼女が一番強かった。

このようにもっとも危険な状況においてさえ、メアリー・アニーは、どうにかして結びつきを持とうとした。忍耐強くラポールを形成し、トーマスに従ってもらえるようにした。ラポールこそ、強力な武器だ。暴力で自分の思い通りにしようとしたトーマスのやり方より、はるかに効果的なやり方。それが言葉の力だ。

ラポールに基づく人間関係は、他者に対して心から関心を持つことである。相手が何を考えていて、どんな感情や基本的価値観を持っているのかを知ろうとすることである。会話の手綱はしっかりと握っていなければならないが、人の話には、しっかりと耳を傾けなければならない。

メアリー・アニーは、トーマスからその行為の背景にある物語を忍耐強く引き出し、信頼を形成し、大切に扱った。トーマスとの会話で、彼女は、脅すこともなく、強要することもなく、偽りもなかった。逮捕などしないから、とは絶対に言わなかった。トーマスも、彼女が逮捕するつもりであることはわかっていたであろう。なぜなら、彼女はトーマスに向かって逮捕はする、と言っていたのだから。

彼女は、トーマスの嫌な行動に関しては目を向けないようにしていた。そして、徐々に、自分のほうに引き寄せ、協力的な立場をとらせたのである。このやり方は、ほとんどうまくいっていた。

「どうしてこんなに面倒なやり方をしなければならないのだ」と読者は思うかもしれない。トーマスは、危険な人間で、暴力的であった。どうしてメアリー・アニーは、銃を取り出して、顔を地面に押しつけろ、と命じなかったのか。現在のような風潮、特にアメリカにおける風潮では、そういうやり方のほうが普通であると私も思う。しかし、そういうやり方では何が起きるのか。もし彼が拒絶したらどうするのか。次に何が起きるのか。彼を射殺してしまうのか。それがだれにとっても最良の結果になるのか。

誤解しないでほしい。もしトーマスが、少しでも危険な動きをしていたら、メアリー・アニーも武器を出していたに違いない。射殺しなければならなかったかもしれない。必要があれば、彼女もそうしていただろうと思う。しかし、彼女にとっては、それは最終的な手段であり、彼女の「ラポール作戦」とは異なる（脚注：警察官が力によるやり方でなく、対人スキルを用いた別の例としては、タイにあるバンコク警察のアニルット・マリー（Anirut Malee）を参照のこと。彼はナイフを持った男性に言葉で武器を捨てさせ、彼を抱きしめた。https://www.youtube.com/watch?v=qv-OSyQkPXM）。彼女は、自分の対人技術を使って、まずはトーマスの置かれた状況をエスカレートさせないようにする準備をした。１８０

センチもあり、不満が溜まって暴れまくる灰色熊のような男性が相手でも、彼女は落ち着かせようとした。

この事例は、言葉こそが強力な武器であることを示している。**言葉を使えば、人にプレッシャーを与えることもできるし、強要することもできるし、逆に、落ち着かせることもできれば、意思疎通もできるのである。**うまくラポールを形成するやり方を学ぶことにおいては、次の2つの異なるやり方を知っておくことが重要である。

人を思い通りに動かしたいとき

私たちの心の中には、自分の望み通りに人を動かそうとするとき、強制による力を使いたいという自然な欲求がある。本能的に、そちらのほうが効果的なように思えるのだ。原始的なレベルでは、そうであろう。相手が私たちに逆らうことができないときや、暴力でやり返してくるようなことがないときには、特にそうである。

たとえば、その極端な日常の例である親のことを考えてみよう。あなたは、逃げ出したいフェレットがもがくように、子どもたちが背中をそらしているのに、それでも自動車や乳母車のシートベルトを無理やりつけたことが何度あるだろうか。どんなに子どもが嫌がろうが、私たちは、結局のところ、子どもが負けて、親が勝つということを知っている。

強制による力というものは、脅し、欺瞞、操作と同じように、長い目で見ると高いコストがつく。**強制力は、恐怖、怒り、軽蔑を生み出す。**2歳の子どもに自動車のシートベルトをつけさせるくらいなら問題がないかもしれないが、もしラポールによる技術のレパートリーを学ぼうとしなければ、長期的には問題が表面化する。

相手に納得してもらいながら同意を取りつけるには、大変な自己コントロール、感情的な柔軟性、そして忍耐が必要になる。よちよち歩きの赤ちゃんに共感するのに必要な忍耐力のレベルを想像してみよう。動いてほしくないからといって、自動車のシートベルトをつけさせることが正しい選択であることを赤ちゃんに納得してもらうのは、とても難しい。

共感するのは、容易な技術ではない。本能に従って強制力を行使するより、はるかに精神的努力を必要とする。多くの親は、「冗談を言っているんでしょ。そんな悠長なやり方ができる時間がある人なんていないのに」と考えるかもしれない。毎回、子どもを自動車に乗せるたびに熾烈《しれつ》な戦いをくり広げたいのであれば、強制力を使えばいい。それは効果的であろう。ただし、子どもが大きくなるまでだ。子どもと熾烈な戦いをすることになっても、せいぜい1回か2回で、その後はずっとケンカもしないですみたいのなら、ラポールを使おう。**ラポールを実行するには、「適者生存」ではなく、「もっとも忍耐力のある者が生き残る」という精神的な枠組みを持つように、自分の精神を切り替えなければならない。**

「お前の腕を叩き折るぞ」——強制による支配

Emily

アレックスという若者がいた。彼は、青少年のための反暴力的処置プログラムに取り組んでいた。彼は、ひょろっとした体型だった。10代の若者は、赤ちゃんキリンのように、すらりとした脚に見られたいと思うものだが、彼の体型がそうであった。彼の茶色い髪は、モップのように砂だらけで乱れていて、制服の一部も乱れていることが多かった。もっとも印象に残っているのが、彼の目である。彼の目は、死人のようで、とても冷たく、何の感情もない視線を向けるのであった。10代の若者の目とはとても思えないものであった。

アレックスの母親は、彼が9歳のときに彼を異国へ連れていった。アレックスは、母親が使う麻薬のお金を稼ぐために、路上で物乞いを強制されていたのである。想像がつくと思うが、アレックスは、さまざまな恐怖とトラウマを経験しなければならなかった。母親が逮捕された後、アレックスはイギリスに戻され、里親になってくれる人のもとに送られた。13歳になったとき、アレックスは里親とプログラムに参加した。アレックスはプログラムに来るのが好きだった。初めの頃、アレックスは、セッションの間も口をきかなかった。けれども、人が部屋の中で移動をすると、それをじっと目で追うのであった。

先生が設けたルールはひとつだけ。子どもたちは、グループ作業の時間には、全員が静かに椅子に座ることができるまで、教室から出て行ってはいけない、ということだった。子どもの多くは、注意欠如・多動症（ADHD）のため、椅子に座るのはとても困難であった。グズグズすることはアレックスをイライラさせた。4週目に、アレックスは、他の子どもたちのところにゆき、「そのクソみたいな椅子にじっと座っててよ。グループの時間になったらさ。じっとしてないと、キミのクソみたいな腕を叩き折るよ、わかった?」と告げた。

そんなことをしても、他の子どもたちがじっと座っていたいという気持ちにならないのだから、一番の方法ではないかもしれないよ、とアレックスに話した。彼は、「反暴力的処置プログラム」に参加しているというのに、彼の反応はというと、「うん、でも脅せば、みんな静かに座ってくれるでしょ」であった。

小さな頃のトラウマ的な経験のため、人生がアレックスに教えたことは、いつでもナンバーワンを目指すことであった。ナンバーワンになれば、だれも逆らおうとしなくなるからである。暴力と脅しは、完全に理にかなったことであり、人に言うことを聞かせるのに効果的な方法だったのである。アレックスは、友人関係の重要性を認めることに苦労した。みんなが彼を恐れていることの、何が問題なのかもわからなかった。アレックスにとっては、みんなが自分を恐れているということは、うまくいっているということなのだった。しかし、そういう考えをしていたら、アレックスは大人になってからも「俺の言うことをしろ、いいな」という哲学を身につけてしまう。アレックスは、イライラしやすくなり、暴力的になり、おそらくは囚人になってしまうだろうと私たちは考えた。

恐怖は、だれに対しても健全な人間関係の基礎にはならない。クラスメートに対しても、従業員に対しても、配偶者に対しても、もちろん自分の子どもに対しても、である。悪いことに、いったん恐怖が人間関係にもたらされると、それを取り除くことができなくなる。小さな錆《さび》のシミのように、それは内部から人間関係の構造に侵食して広がっていくのである。

人に言うことを聞かせるのに、もっともてっとり早くて、しかももっとも効果的なのは、大声を出して、服従するように脅しつけることであり、強く要求することであり、机をバンバン叩いて音を出すことであり、罰を与えるぞと脅しつけることである。多くの人はそうしたいという誘惑を持つ。そういうやり方は、テレビドラマなどで何度も何度もくり返し演じられている。だれかを建物から吊るし上げでもしたら、彼は何でも言うことを聞くであろう。そういったドラマを私たちはくり返し目にしている。

現実の世界においても、私たちの多くは、そのようなプレッシャーをかけられた経験があるものだ。学校でも、自宅でも、職場でも、である。言うことに従わないのなら、脅され、恐怖を与えられるのである。仕事をさせたいなら、クビにするぞという恐怖を与えるのが一番だという上司に出会ったことはないだろうか。

おそらく、私たち自身でさえ、そうした方法を使ったことがあるだろう。朝早く、10代の子どもをベッドから起こそうとするときなどである（「今すぐ、起きなさい。さもないと、冷たいバケツの水をぶちまけてやる！」）。スタッフのメンバーの生産性を今よりも高めたいときや、時間通りに仕事をさせたいと思ったときも使ったことがあるだろう（「あと1回遅刻したら、人事考課に響くからな」）。あるいは、配偶者に家事を手伝わせるときもそうである（台所のコップで大きな音を立てるという積極的なやり方や、あるいはため息をついてみせる、という受動的なやり方で）。

振り返って考えてほしい。今まで、そのようなやり方をしたことがあるなら、そのときどんな風に感じただろうか。いい気分だっただろうか。それとも、イヤな気持ちになっただろうか。あなたはどんな行動をとったのか。強制したのか。怒ってみせたのか。もし、そういうやり方を人にしたのなら、それは効果的だっただろうか。相手との関係はよくなったか。それとも悪くなったか。

さらに、より重要なことなのだが、長期的に見て、彼らはあなたが望んだとおりの振る舞いを身につけてくれただろうか。それとも一時的にしか言うことをきいてくれなかっただろうか。そのようなやり方は、結局はまったく効果がないことは、数多くの研究で示されている。最初こそ従ってくれるかもしれないが、長期的には、非常に最悪の結果をもたらしてしまうのだ(2)。人は、そのようなやり方に対しては、「悪意のある服従」、あるいは「職場での逸脱」と呼ばれるやり方で応じることが多い。すなわち、表面的には協力的な素振りを見せながら、裏では仕事の手を抜くのである。あるいは、自分にプレッシャーを与えてきた人物の面目を潰《つぶ》すようなことを陰でするのである。職場においては、必要もないのに病欠する、生産性を落とす、悪意のある噂話を広める、会社の悪い評判を立てる、職場の備品を盗む、などの形をとるかもしれない。10代の子どもでは、親との関係が悪化するという形をとるかもしれない。いつでも親と境界線を持ち、ルールに従わず、逮捕されるようなことをしたりするかもしれない。配偶者との関係においては、台所の片づけは手伝ってくれるかもしれないが、夜になっても一言も口をきかない、という形をとるかもしれない。

重要なことは、そのようなやり方では、自分と相手の間にある長期的な忠誠心と協力反応をダメにしてしまうということである。**操作される「相手」は、協力しようとか、一緒に働こうとするのではなく、そのうちにあなたの支配から抜け出るための努力をしようとする。**長期的に見ると、強制を伴うやり方は、人間関係にとって有害になるだけでなく、非効率的なものになる。他人に支配力を及ぼすことができるという幻想は、現実には、偽りを保証するものでしかない。

反対に、ラポールに基づくやり方をとると、お互いの衝突を高めることが絶対にない。しかしそれは、自己主張をしてはダメであるとか、他人の意見に反対してはならない、ということではない。ラポール的なアプローチが意味しているのは、言うことをきかせたいからといって、攻撃をしてはならない、脅しを使ってはならない、ということである。そのようなやり方は、操作であり、支配であり、強制である。それらが与えるメッセージはこうだ。「お前は私の言うとおりにすればよい。私はお前がどう思おうが気にしない。もし従いたくないのなら、従いたいと思うようになればいい」

しかし、憤慨しながら従ってもらうよりは、納得して動いてもらったほうがいい。そのためには、**我慢強さ、穏やかさ、必要な理解力を磨く準備をしなければならない。**目標を達成するのに時間がかかるかもしれない。けれども、もし耐え抜くことができて、落ち着いたままでいることができるならば、それが社員との交渉であれ、子どもや配偶者との交渉であれ、結局は、一致点を見出すことができるだろう。相手を怒らせたり、恐怖によって従わせたりすることもなくなる。確固とした、協力の基礎を築くことができる。

私たち夫婦は、訓練生の一人がこんな話をしたことを覚えている。彼女の不平の種は、10代の子どもたちで、子どもたちは車輪付ごみ箱を外の駐車場に置いたままで、一度も家の中に戻してくれないのだという。子どもたちは帰宅のとき、いつでもごみ箱の前を素通りして家の中に入ってきてしまうのだ。ある日の夕食の後、彼女は、すました顔で15歳になる子どもに言ってみた。「チャーリー、ごみを捨ててきてくれない?」。彼女はチャーリーがわざわざ外に出ていかなければいけないことを知りつつお願いしたのである。チャーリーはごみを捨ててきてくれた。駐車場の端まではるばる歩いて、ごみを捨て、そのまま戻ってきたのである。ごみ箱は外に置いたまま。

このお話が伝えているのは、**もし何かを欲するのなら、それを頼んでみればいい、ということである。丁寧に、相手に配慮し、忍耐強く、ただし直接的に。**相手がこちらの心を読んでくれると期待してはいけない。皮肉を言ってはいけない。脅してもいけない。ただ頼みたいことを、直接的に頼むのである。

教訓 LESSON

1 作為や欺瞞に気づく

言うことをきかせるのに作為や欺瞞を使いたいという誘惑に打ち勝とう。次章で見るように、正直さは、ラポールと、健全なやりとりの核となる価値観のひとつである。

この原理を犠牲にすると、人間関係における誠実性と、相手からの信頼感が台なしになる。たとえ短期的には利益があっても、長期的に払うコストに見合う価値はない。

2 暴力的であってはならない

脅威や物理的な圧力を使って相手からの服従をかち取ろうとしてはならない。ラポールに基づくやり方は、相手からの同意によって協力を求めることを意味する。問題を解決するのにまわりくどいと感じるかもしれない。大声を張り上げ、脅しつけるほうが、より手っとり早くて、より容易ではないかと思われるかもしれない。しかし、弱い者いじめをする人を大切に思う人などいない。

言うことをきいてもらいたいなら努力が必要で、道徳という心のコンパスを犠牲にしてはならない。

chapter 3

HEARの原則——正直さ・共感性・自律性・反射

勇気とは立ち上がって、声を出すことである。また、勇気とは座って耳を傾けることでもある。

ウィンストン・チャーチル

ラポールの根幹となるHEARの原則

コミュニケーションの技術は、正しいことを、適切なタイミングで、正しいやり方で伝える技術を学ぶことであると考えられている。しかしコミュニケーションの本当の鍵は、口を開く前に、何をするかにある。**滑らかに話すことではなく、注意深く耳を傾けることが、相手との間に確固としたラポールを築くための本当の鍵だ。**ラポールは、次の4つの基礎から成り立つ。

私たちは、この4つの原則をそれぞれの頭文字をとって、**「HEAR」**と名づけた。他人とポジティブで、生産的な関係を維持したいのなら、この4つの要素が重要である。対立的な状況や、厄介な状況もあるかもしれないが、それでもこの4つが大切だ。

これから私たちが取り上げる事例を考えるとき、自身の人生における2つの目安となる関係を選びだし、比較検討してみることをお勧めする。ひとつはポジティブに終わった事例。もうひとつは破滅的な結果になってしまった事例だ。ポジティブな結果になった事例では、HEARの原則を当てはめながら考えてみよう。うまくいかなかった事例では、もしHEARの原則を使えば関係を失わずにすんだかもしれなかったのに、という可能性について考えてみよう。

「プロローグ」において、私たちは、相手から情報を引き出すうえではラポールが大切だというお話をした。しかし、わざわざ情報を引き出す必要のない人物だったら、どうするのか。もし、あなたにとって重要でもない人物だったら、どうするのか。パスポート事務所にいる生真面目で官僚的な事務員が、あなたのパスポートに破れているページを見つけ、嫌がらせをしてくる状況では、どうするのか。スーパーマーケットで、あなたが停めようとしていた駐車スペースを横から奪ってしまうような人だったら、どうするのか。こうした状況でも、それでもラポール形成することが大切なのか。

1 正直さ（Honesty）
あなたが言いたいことや感情を伝えるときには、客観的で、直接的でなければならない

2 共感性（Empathy）
相手の核となる信念や価値観を認めてあげ、理解してあげなければならない

3 自律性（Autonomy）
相手にも自由意思があり、協力するかどうかは相手に決める権利がある、ということに共感を示さなければならない

4 反射（Reflection）
目標に向かって会話を進めたいのなら、大切なこと、意味のあることを探り出し、それをくり返して相手に伝えなければならない

私たち夫婦は、その通りであると答えたい。私たちは、人間関係の技術を忘れて、好き勝手なやり方をとるべきではないのである。逆に、私たちのほうから質問したい。「ラポールを使わないことで、自分の望んだ目的が達成できるのか」と。

第一に、**どんなやりとりにおいても、私たちは「目的は何か？」と自問自答するべきである。**たとえ、相手が物の道理のわからない人間であっても、こちらがどのように反応したらいいかは、自分で選ぶことができる。そう考えたほうが、こちらの望むような結果を引き出すことに役立つ。少なくとも、状況をそれ以上悪くすることはない。

HEARの原則が大切であるという2つ目の理由は、相手のことなど気にする必要もなくて、大切に扱う必要もないほどの短いやりとりであっても、あなた自身は、確固としたコミュニケーションの基礎に立ちつづけるべきだからである。もしパスポートにハンコを押してもらいたいなら、事務員と口論したいという気持ちを我慢しなければならない。なぜなら、その事務員がハンコを押すかどうかを決めるのだから。もし駐車場のスペースを脇から奪われたとしても、たまたま出会った、気に障る相手と駐車場で激しく言い争うことで、その日一日の気分を台なしにすべきかどうか、あるいはそのまま放っておいたほうがいいのかを考える必要がある。**HEARの原則を厳守することにより、あなたは自信と誠実性、そして目には見えない心のコンパスを保ったまま、やりとりをすることができる。**たとえかかわりあうことになった相手が、たまたまひどいヤツだったとしても、である。

私たち夫婦も、時々ではあるが、面接でこの原則を使うことが非常に難しいことがある。特に、面接する相手が、レイプ犯、人種差別主義者、小児性愛者、殺人者といった人の場合には、特にそうである。そういう相手に、どうしてわざわざ、正直さ、共感性、自律性、反射の原則を使わなければならないのか。そんな努力をするに値しないような奴らではないか。

答えはこうである。**欺瞞や、強制や、軽蔑的なやり方で接していたら、相手ではなく、自分自身の価値を貶《おとし》めてしまうからだ。**前章に登場した警察官のメアリー・アニーの事例で見られたように、ひどいヤツだからといって共感できないというのなら、自分自身が相手と同じひどい人間になってしまう。相手がひどい人間だからといって、しっぺ返しのような反応をとってはいけない。厄介で、難しい相手とかかわるときは、特にそうである。**いい結果を望むのなら、あなたが先に、相手に共感を示さなければならない。**

人間関係を台なしにすることにはまったく価値がない。たとえ相手がどのような振る舞いをしてこようとも、こちらはいつでもＨＥＡＲの原則を厳守しよう。この４つの原則は、あらゆるラポール戦略において安定的な足場となる。

高齢の親に、車の運転を止めてほしいとき

それでは、HEARによる会話アプローチとは、どのようなものだろう。本題に入る前のウォームアップとして、次の事例を考えてみたい。

70代半ばのお父さんがいるとしよう。お父さんは、いつでも独立して生きていて、身体的にも健康で、有能で、何でもできる男であることを誇りに思っているとする。しかし、最近、黄斑変性のため、視力に影響があるだろうと医者に告げられた。あなたは、お父さんが運転するときに、事故でも起こしてケガをするのではないか、あるいは、他の人にケガを負わせてしまうのではないかと心配に思う。しかしまた、お父さんに二度と運転をさせないとしたら、お父さんの自尊心はひどく傷つけられることもわかっている。お父さんに、運転を止めるようにうまく伝えたいときには、どのような会話をしたらいいのかなど考えたことはないが、心の中では、それを告げることからずっと逃げつづけることもできないと感じている。

あなたなら、どういう会話をするのかをしばらく考えてみてほしい。あなたの会話に、お父さんはどう反応するだろうか。会話を始めることを考えると、恐怖でいっぱいになるだろう。もし恐怖を感じているのなら、自分の言いたいことをただ口に出すだけでも難しいかもしれな

い。結局は、口ごもったり、不明瞭なことしか言えないかもしれない。年配者の視力検査に関する新聞記事を見せて、さりげなくほのめかしたいと思うかもしれない。あるいは、「最近、運転のほうはどう？　お父さん」と尋ねるかもしれない。

あなたのコメントに対するお父さんの反応はどんなことが考えられるだろうか。困惑だろうか。疑いだろうか。不快感だろうか。お父さんは、あなたが真に言いたいことをきちんと理解してくれるだろうか。怒りだすだろうか。言いたいことを理解してもらう必要はないのではないか。他にやり方があるのではないか。もしズルくて、まわりくどいやり方で伝えたとして、お父さんがあなたの言いたいことがわかったら、2倍も悩ませてしまうのではないか。第一に、自分の視力に関して悩まなければならないし、2つ目に、なぜあなたがまわりくどい言い方をしてきたのかについても悩まなければならなくなる。あなたが避けなければならないのは、お父さんの悩みを増やすことではないか。

うまくいく可能性を高めたいなら、HEARの原則を使った会話を構成しよう。第一に、**正直に（H）、直接的でなければならない。**問題を暗示でほのめかすようなやり方はダメである。明確に、率直である必要がある。深く深呼吸して、問題の核心を伝えよう。

共感性（E）を示すことも必要である。難しい会話になることを認めなければならない。お父さんの反応を十分に予測し、その反応に理解を示すのである。話題を持ち出すだけでも、お父さんは防衛的になるかもしれないし、怒りだすかもしれない。お父さんがどういう態度に出てきても、それに対する準備をしておこう。つまり、こちらは決して怒ったりしないのである。

これらを踏まえると、会話は次のようになる。

あなた：お父さん、話したいことがあるの。簡単な話じゃないかもしれないけど**（共感）**。私が話したいのは、お父さんの視力についてなの。運転に支障があるんじゃないかと思うのよ**（正直）**。

父　：（顔をあげることもせず）お父さんの視力は問題ない。運転も大丈夫だ。話すようなこともない。

あなた：わかったわ。でも私が気になっているのは、黄斑変性のことなの。お医者さんも言ってたでしょ。黄斑変性は進行性だから、視界の中心に影響し始めるだろうって**（正直）**。自分で運転することがお父さんにとってどれだけ大切なのかは、わかってるのよ**（共感）**。病気が治るためなら、何でもしてあげたいと思う**（共感）**。でも、病気が進行して、事故が起きて、お父さんがケガをしちゃったり、他のだれかにケガをさせてしまうのが心配なのよ**（正直）**。

父　：（明らかにムッとした目を向けて）つまり、お前はお父さんから運転免許証を取り上げたいというわけだな。お前が生まれる前からずっと運転してきたし、これまで一度も事故を起こしたことがないのに、お前は私の運転を禁じたいのだな。

お父さんは怒っていて、防衛的である。しかし、それは予測できることだ。けれども、ここでひとつ重要なポイントがある。お父さんが怒ったり、防衛的になったりしたとき、あなたは本能的にどう反応するだろうか、ということだ。「お父さん。私はただお父さんの心配をしているだけよ。そういう言い方はフェアじゃないわ」と言ったりするのではないか。あるいは、「お父さん、私は運転禁止だなんて言ってないわ。話を大きくしないでよ。どうして私の話を聞いてくれないのよ」と言ったりするのではないか。

これでは、怒って、防衛的になっているのはどちらだろう。お父さんのやり方と同じ反応をとってはならない。お父さんが怒ることは、あらかじめわかっていたことではないか。であれば、人間関係を重視するという基礎を忘れず、HEARの原則を厳守しよう。つまり、お父さんの**自律性**(**A**)を最大限に尊重してあげるのだ。つまり、運転を止めるかどうかの判断は、お父さん自身に決めてもらうのである。最後に、お父さんがあなたに言っていることに慎重に耳を傾けて、あなたが聞き、理解したことをお父さんに**反射**(**R**)しよう。

あなた：お父さん、私に腹をたてるのはわかる。私がお父さんを責めているように聞こえたのよね(**反射**)。

父　：責めているのではないことはわかる。だが、まったく何の心配もいらないのにお前は心配している。

あなた：本当にそうだったらいいと思うわ、お父さん。お父さんは正しいと思う。1度も事故なんて起こしたことがないし。お父さんは素晴らしい運転手よ**（反射）**。でもね、視力が悪くなっているという、はっきりした事実もあるのよ**（正直）**。1日の終わりには、目が疲れていることが自分でもわかるでしょ。いつ運転を止めるのかをお父さんに決めてほしい。それは他の人にはできないから**（自律性）**。

父　：うん（ため息をつきながら）。

あなた：私はただ、いつ問題が起きてしまうのかを話し合いたいだけなの**（正直）**。ひとつもお父さんの責任じゃないのよ**（共感）**。でも、事故なんて起こされることを考えると、私は怖くて**（正直）**。

父　：わかる。事故なんて私も起こしたくはない。正直に言うと、今は問題ない。誓ってもいいが、視力は大丈夫だ。じゃなかったら、お父さんは今こうして生きていないだろう（父のジョーク）。真面目な話をすれば、本当に視力は悪くなっていないのか、問題を引き起こすかどうかをお前と話し合いたい。もしだれかにケガを負わせてしまうだろうと、自分でも納得できれば、運転をつづけたいとは思わない。

このやりとりでは、あなたは問題にだけ目を向けようとし、父親の怒りや防衛反応には応じようとしなかった。口論しようともしていないし、強い言い方もしていない。正直であろうという気持ち、理解を示そうという気持ちを持っているので、あなたが望んでいるように、この問題について将来的に話し合いを持つ、という重要なドアを開くことができたのである。あなたはまた、お父さんに何が問題なのかを悟らせることにも成功している。お父さんも、運転が危険でリスクを伴うようなら、運転を止めるとはっきり約束している。これは2人の間に行動的な契約が結ばれたということだ。

あなたは忍耐強く、父の約束を大切にしてあげる必要がある。お父さんは、あなたと話したことについて自分なりに消化した後で、それは1か月後になるか、1週間後になるか、あるいはその日の午後になるかはわからないが、あなたの元に戻ってくるだろう。そして、運転を止めるべきときがきたと言ってくれるかもしれない。大切なことは、ラポールの橋をしっかりと地につけて築き上げ、それを発展させることである。

このように会話を組み上げていくことは、慣れないうちは、何とも不便だと感じるかもしれない。**何が目標なのかに焦点を当てつづけ、どんな言葉を使ったらよいかを慎重に考えつづけなければならない。**これは必ずしも容易ではない。本能的な反応として、「もう止める」という休止ボタンを、際限なく押しまくりたいと思うかもしれない。しかし、くり返し練習をつづけ、この原則が会話の血肉になってしまえば、それが自然なやり方になり、努力なども感じなくなる。
これを達成する第一のステップは、ＨＥＡＲの原則のひとつひとつをさらに詳しく理解することである。

HEARの原則

正直さ（Honesty）

私は私的なことであろうが、公的なことであろうが、どんなときにも当てはまる格言を持っている。それは、正直さが常に最高のやり方だということである。

ジョージ・ワシントン（送辞での発言）

「人には正直に」という原則は、単純で、わかりやすい忠告に聞こえる。しかし、正直に伝えるからといって、あまりにも無遠慮になりすぎたり、感情的に伝えてしまったりすれば、相手にも受け入れてもらえなくなる。正直になりすぎてしまうことも問題だ。

愛情があってもトラブルは起きる

Emily

数年前、母の膝と臀部に進行性の関節炎ができたことにより、身体を動かすことが劇的に困難になったため、私たち家族はアメリカに戻った。母が大変な思いをしていることは知っていたが、どれほどの痛みかはわからなかった。母は以前と変わらずにごく普通にやろうとしていた。杖を使うことも拒絶し、車椅子など考えもしなかった。ある晩のこと、寝室に向かおうとした母が、階段をのぼりきったところで、ひどい苦痛のために涙を流しているのを見た。

「大丈夫よ、エミリー。少し我慢すればおさまるから。毎晩のことなのよ」母は言う。

次の日には朝食をとりながら、私は母に言った。「お母さん、お母さんは障害者なのよ」

まるで平手で私に叩かれたような顔で、母は私を睨んだ。

「お母さんには、車椅子と、ブルー・バッジが必要なの（訳注：イギリスでは、青色のブルー・バッジが身障者であることを示す）。今まで通りにはいかないわ。我慢するのは馬鹿げてる。いつかは治るかもしれないけど、今は障害があることを認めなきゃダメでしょ」

母は明らかにショックを受けていた。また、私にひどく腹をたててもいた。

「私は障害者じゃないわ！　言いすぎでしょ！」母は自分を防護するように答えた。

「お母さん。50ヤード（約45・7メートル）も歩くことができないわよね。ひどい痛みを感じないで階段もあがれないわよね。お母さんは障害者なの。それを認めてよ」私も言い返した。

私たちは、それからしばらく激しく言い争いつづけた。ついに母は泣きながら、「私がこんなに大変な思いをしているのに、どうしてあなたは私につらく当たるの」と口にした。「お母さんのことが大好きだからじゃない。お母さんが毎日苦しんでいるのを、見ていられないの。だから言ってるの」私も泣いていた。

私は無遠慮すぎた。私たちは2人とも感情的になりすぎていたのである。私が母に言ったことは正しかったのだろうか。答えはイエスだ。愛情を持っていただろうか。これもイエスだ。しかし、言い方が無遠慮すぎた。あまりに乱暴すぎたので、母はそれを受け入れて、消化できなかったのである。

中国には「友人の額にとまっているハエを追っ払うのに、手斧を使ってはいけない」といった格言がある。この格言が言いたいことは、作業をするには必要なだけの力を使いなさい、ということである。状況をさらに悪くするようなことをしてはいけない、ということである。まわりくどい言い方で真実を伝えるのはよくないが、正直であることを振りかざして、相手の顔に平手打ちを食らわせるようなやり方も賢明ではない。特に、愛する人に対してはそうである。

ラポール形成の技術とは、適切な正直さを持って、目標を達成するのに適切なことだけを伝えることである。

ラポールを維持しながら、人とのやりとりの中で正直さを持つには3つの方法がある。

1．欺瞞や策略を用いることを避けること
2．はっきりと、客観的に、直接的に伝えること
3．穏やかさを保ち、感情は脇によけておくこと

アフガンの囚人は、なぜ口を割らなかったのか？

前章で取り上げたコリン・スタッグの事例は、欺瞞や強制を使って人を動かそうとすることが、しばしば有効ではないことを示している。かりに有効なことがあっても、おそらくは使うべきではないやり方である。人を動かすのに不正直であることは、一時的なもので、危険の多いやり方である。時間が経つと有効性を失うものである。有効に思えても、詳細に調べれば、やはり有効ではないのである。それが有効であるのは、相手が、欺《あざむ》かれていることに気づかないときだけだ。

クリス・マッケイとグレッグ・ミラーは、その著書『陸軍尋問官――テロリストとの心理戦争』（扶桑社刊）の中で、アフガニスタンにおける囚人を相手に使われた偽装芝居で、いかに情報を引き出していたかを述べている(1)。彼らは、あるアメリカ人兵士にアラブ人大佐のような身なりをさせて、抑留者たちに、お前らはアメリカの湾岸諸州に送られることになっている、と伝えさせた。その場所は、アラブ世界では、残酷な拷問をすることで知られており、恐

怖の源泉になっているところだった。彼らが望んだことは、はっきりしている。尋問官たちは、囚人たちに死の恐怖、あるいは拷問の恐怖を与えて、口を割らせようとしたのだ。そして、たしかに彼らは口を割った。しかし、彼らが話した情報がどれくらい役に立ち、どれくらい信頼に足るものであったかは、あまり議論されなかった。結局のところ、この巧みな偽装によって得られた情報は、まったく直接的な価値がないことが判明した。囚人たちは、グアンタナモ湾収容キャンプに輸送機で運ばれたとき、湾岸諸州になど送られていないことに気づいた。この偽装によって、その後の尋問官の仕事はさらに困難なものになってしまったので、このやり方は二度と使われなくなった、と著者のマッケイとミラーでさえ認めている。

警察の取調官は、策略や偽装や強制のやり方をとるべきではないが、同じことは、もちろん、私たち自身の人間関係にもいえる。**一時的な騙しや策略は、長期的な信頼感や忠誠心をダメにする。**多くの人間関係は、信頼感や忠誠心に基づくものなのに、それを台なしにしてしまうのだ。

父親に運転を止めさせようとして、騙しや策略を使おうとしたと考えてみる。医者から、あなたは運転をしてはならないので運転免許証を返納するように、と指示する通知書をデッチあげたとしよう。その策略に引っかかって、父親は運転を諦めるかもしれない。しかし、その嘘がバレたらどういうことになるのか。すべての関係が終わってしまう。父は二度とあなた（あるいは医者）を信用しなくなる。

不正会計を止められなかった、銀行の病理

人を動かすうえで、さらに強力な策略として、見返りという方法がある。見返り法は、相手に何らかの報酬を与えることで、相手に何かお返しをしなければならない、という気持ちにさせる交渉法のひとつである。このやり方は、あなたに対してより好意的にさせる心理効果があることが証明されている(2)。たとえば、食事がすんだディナー客に、店員がミントガムなどをプレゼントすると、お客はより寛大になってたくさんチップをはずんでくれるようになることが、研究で明らかにされている。特に、店員がマニュアル通りにミントガムを渡すのではなく、温かい物腰で手渡すようにすると、さらに効果的であることがわかっている(3)。

しかし、**私たちが調べた分野においては、このような策略の努力はまったくうわべの策略にすぎないことがわかっている。**尋問官として、私があなたにコーヒーをおごったりすれば、あなたはちょっとだけ私に対して好意的になってくれるかもしれない。もし可能なら、あなたは私にミントガムをお返ししてくれるかもしれない。2人で部屋から出るときには、私のためにドアを支えていてくれるかもしれない。けれども、自分の叔父がタリバンのメンバーと一緒に秘密の会合を持っていることについては、話してくれるだろうか。非常に疑わしい。

このような状況では、釣りあいのジレンマが起きる。あなたが十分に釣りあうと思えるものを、私はあなたに差し出さなければならないということである。どういうものが考えられるだ

ろうか。自由を保障することか。子どもを紛争地域から救ってあげることか。送還される前に奥さんに手紙を送ることを約束することか。囚人に拷問を加えることで有名な国には送らないと約束することか。

もしそれらの取引に納得してくれるなら、あなたは私に価値あることを話してくれるかもしれない。見返りに、自分の叔父を差し出そうとするかもしれない。しかし、現実のところ、私が約束したようなことができないときにはどうすればいいのか。私は約束をした。しかし、その約束を守るつもりがないとする。多くの人は、「だから何だというのだ、それでもいいじゃないか」と思うかもしれない。もし策略に引っかかって相手が口を割ってくれさえすれば、それでいいというのである。テロリストと交わした約束など、きちんと守らなくてもいいというのである。

しかし、そんなことをすると問題が起きる。もし約束を守れなかったとすると、たとえ、その約束を守る価値などないと考えていたとしても、あなたはウソつきになる。相手の目には、あなたがウソつきだと映る。他のだれにとっても、あなたはウソつきと見なされる。あなたは、あなた自身が不正直であることを証明したことになる。そのため、次回、もう一度このやり方をとろうとしても、あなたが以前ウソをついて偽善的な策略をとる人間であることが知られていない人でなければ、このやり方は通用しなくなる。

ウェルズ・ファーゴ銀行の不正会計スキャンダルによって損なわれた評判を考えてみたい。

同銀行は、定期的に詐欺的な監視と貯蓄に手を染めていた。銀行の設立は1852年に遡《さかのぼ》り、世界大恐慌の際にも比較的無傷で乗り切っていたものの、詐欺的な行為を行っていた。ウェルズ・ファーゴ銀行といえば、今では不正会計スキャンダル以外のことでは知られていない。なぜなら、そういう評判が広まってしまったからである。あなた自身は、あるいはあなたの会社は、ウソつきで、詐欺師だという評判を得たいだろうか。そのような評判は、あなたの長期的な目標にとっての損失ではないだろうか。

ジェームズ・ミッチェル（心理学者で、元米空軍兵士。9・11テロの際に使われた「強化版尋問テクニックの設計者」として知られる）は、その著書の中で、尋問をするときには、囚人の「口を柔らかくする」ために、水責めの使用について語っている(4)。尋問官は、抑留者に対してしばしば口にすることがある。「やめろ。こちらが知りたいことだけを話せ。それ以外のことを口にするな」。疑われている人間は、時として、尋問官がすでに知っていることばかり話すものだが、尋問官は、彼らが他にもいろいろと知っているだろうと思い込んでいる。そのため、何度も水責めにするのである。水責めを食らった抑留者はすぐに学習する。「話そうが、話すまいが、どうでもいいようだ。ウソを話そうが、真実を話そうが、水責めは、何度でもくり返されるのだな。逃げられないのだな。ただ耐えるしかないのだな」こうして何も話すまいという決心は固まり、敵意は高まる。

策略を使うことは、非常に高くつく。**策略は、ほとんど有効性がない。**ウェルズ・ファーゴ銀行が明らかにそうであったのだが、不正会計をしたところで、得られる利益はほんのわずかであった。行員たちは、経営幹部によって設定された不可能な目標をかなえるために、絶望的な試みをしなければならなかった。結局、同銀行は多額の罰金を支払わねばならなくなり、何千もの行員が職を失い、前例のないほど評判は傷ついた。尋問官の話に戻ろう。強化版尋問テクニックの目標は、伝えられるところでは、情報を引き出すことであったという。しかし、その使用によって得られた情報には、何の利益もなかった（脚注：情報を得るのに効果がなかったにもかかわらず、ＣＩＡとの契約によって、ミッチェルとその共同調査者たちは、報告されているところによると、８１００万ポンドの金銭を受け取っていた https://www.nbcnews.com/storyline/CIA-torture-report/CIA-paid-torture-teachers-more -80-million-n264756)。ただ、議会への問い合わせが増え、諜報当局と心理学のコミュニティの評判を落としただけであった。

アルカイダのテロリストとされた容疑者の一人は、ＣＩＡによって83回も水責めをされ、他にも数多くの拷問テクニックにさらされた。洋服を脱がされ裸にされることや、睡眠を剥奪されること、小さな箱の中に拘束されること、苦しい姿勢を何時間もとらされること、身体的暴力などである(5)。どの時点で、そういうやり方は効果がないということがわかり始めたのだろうか。50回目だろうか。１００回目だろうか。それが有効かどうかもわかっていないというのに、何のためにそんなことをしたのだろう、と私たちは問わねばならない。

人から情報を引き出すのに、取引をしようとしてはならないと言っているのではない。賄賂を贈ってはならないと言っているのではない。ラポールを損なわないような交渉のやり方もある。**自分ができるだけの約束をするのはいい。しかし、約束をしたのなら、絶対に守らなければダメである。**策略を使おうとしてはならない。心から結びついて、信頼してもらいたいと思っている相手に、ウソをついてはならない。それがお客であれ、配偶者であれ、親であれ、子どもであっても。ペテン師を信用する人など、絶対にいないのだ。

職場の同僚が、あなたの成果を横取りしようとしたら?

私たちからのアドバイスは、**可能な限り、できるだけ直接的であれ、正直であれ、**ということである。しかし、バランスもある。言いたいことを避けたり、口ごもったりするのも良くないが、あまりにも無遠慮すぎるのも良くない。私たちが正直であれと言っているのは、野蛮な正直さではなくて、純粋な心で、はっきりと明確に伝える、ということである。

摩擦を避けようとすることが、やりとりの障害物となることがよくある。現代においては、SMSなどを利用してテキストメッセージのやりとりも可能で、電子メールもあるのだから、伝えにくいことを伝えるのに、曖昧な物言いで伝えたほうがいいのでは、という気持ちになることも多い。会話そのものを避けようとすることもあれば、本当の論点を避けてまわりくどい言い方をすることもあれば、間接的にメッセージを相手に伝えることもあるだろう。直接的にぶつかるのを避けたい、という強い衝動が私たちにはある。こうした逃げ腰のやりとりは、しばしば解決につながるよりは、むしろ状況を悪化させる。

たとえば、職場の同僚のキースとあなたは、プロジェクト案について定期的に討論をしていたとしよう。ところが、会議において、キースはそのプロジェクト案を、まるで自分一人で考えたかのようにプレゼンテーションしたとする。あなたはどのように感じるだろうか。そして、どんなことを彼に言うだろうか。

最悪なのは、彼とまともにぶつかり合おうとすることだ。しかし、キースの悪口を大げさに触れ回るのもやりすぎかもしれない。そこであなたは、より受け身なやり方として、キースの悪い噂を広めたり、休憩所で冷たい態度をとったりすることにしたとする。そんなことを数か月もしていると、あなたはキースの姿を見るたびに否定的な感情のうねりを感じるようになり、仕事をすることも不愉快に感じるようになる。

結局、プロジェクトはキースのものとなり、あなたも発案にかかわっていたという事実は無視されてしまう。

ここでついに、あなたは対決姿勢をとる。キースに指を突きつけて罵り、キースの持ち物を彼の机から投げ飛ばす。これは直接的すぎるやり方だ。

あるいは、まったく話を切り出さず、ただ静かに感情が煮え立つのを我慢するかもしれない。しかし、その我慢も毎日はつづけられず、キースのそばにいるのを避けるため、あなたは転職を決意する。これはあまりにソフトすぎるやり方だ。

なぜ、正直に、直接的にやらないのだろうか。キースに向かっては次のように言えば完全に受け入れてもらえたはずだ。プロジェクトのアイデアを出すときには、僕も一緒にかかわっていたのだから、キミも僕のことをきちんと認めてくれよ、と。

どうしてそう告げることが、そんなに難しいのか。摩擦を避けるよりは、問題を明らかにしたほうがよい。私たちは、直接的に言おうとすると、感情的になって、我を忘れてしまうことを恐れる人が多い。不愉快な修羅場になるのではないかと思うのだ。そこで私たちは、ただ沈黙し、爆発するときまで心の中に不満を溜めこむのである。

適切なバランスで直接に伝えるには、どうすればいいだろうか。幸運なことに、これは仮想の事例であるから、時間はたっぷりある。すぐに答えなくてもよい。よくよく考えて、どんな行動をとるのが適切かを考えてみよう。

まず、**どのような結果を望むのかを決める必要がある。**キースに謝ってもらいたいのか。あなたも貢献したことをみんなに認めてもらいたいのか。

目標が決まったら、次に、自分が何と言いたいのかを準備する必要がある。**正しい発言内容を考えたら、それを鏡の前で、あるいはトイレで、あるいは、より良いのは信頼できる人の前で練習する必要がある。**練習することは、それを伝えるときに、感情が爆発しないようにフタを閉めておくのに役立つ。時間が十分にあるときにこの方法をやっておけば、気分を落ち着かせるのが容易になる。最終的な伝え方は、次のようなものになるかもしれない。

あなた：キース。ここ数日、僕を悩ませている問題があって、それをキミに話しておきたい。月曜に、僕たちはアンダーソンさんの契約について話し合ったよな。そのとき、僕もしっかりしたアイデアと提案を出したつもりなんだ。

キース：もちろん。それには感謝してるよ。

あなた：ところが、キミときたら、チームの前で、それをそっくり自分だけのアイデアとしてプレゼンしてしまった。僕はそれがあまり嬉しくなかったんだ（3回ほど呼吸をする）。

キース：（少し驚いて）ちょっといいか、そうじゃないと思うぞ。月曜に、たしかに僕たちは話し合いをした。しかし、内容をすべて書き上げたのは僕一人なんだ。僕は昇進したいと思っている。それが問題なのか？

あなた：（キースの防衛的で、軽蔑的な態度を無視して）キミが契約書を一人で書き上げたことはわかってる。キミのした努力を取り上げてしまおうなんて、思ってない。でも僕は、僕だって力を貸していたことを、チームみんなの前でキミに認めてほしかったんだ。それが問題なんだよ。

キース：僕がゆがめて伝えたように感じたのなら、すまない。僕もプレゼンで少しだけ芝居がかっていたと思う。けど、参加者はみんな、あの提案は、僕たち二人の共同作業だったことを絶対にわかっているんじゃないかな。僕がフェアじゃないと人に思われるようなことは、僕だって望んでいないよ。

あなた：ありがとう、キース。そう言ってくれると嬉しい。

正直であるために自制心が必要なことはよくある。本当に自分が成し遂げたいことは何なのかを知ることに焦点を当てつづける必要がある。この事例では、キースに自分も頑張っていたことをチーム全員の前で認めてもらうことだった。職場の全員にキースに反感を抱かせることではなかったし、キースを侮辱することでもなかった。復讐することは、解決策にはならない。もし同僚たちに、あなたの努力を認めてほしいのなら、同僚たちに何をすればいいのか。自分もやったのだと噂を触れ回ればいいのか。電子メールで知らせればいいのか。直接的に話せばいいのか。

もし私がキースだったとしたら、そんなことをされたら嫌いになるかもしれない。言いたいことがあるのなら、直接自分に言ってくれ、と思うかもしれない。そうしてくれれば私もあなたを大切に思うし、それですべてが解決である。

不満がある人に対しては、それを無視するのはとても簡単だ。相手のことなど取り上げず、すべてを無視するのである。しかし、こうした受け身なやり方は、心の奥底に不信感や鬱憤《うっぷん》を生み出す。
現代のテクノロジーを使えば、私たちは対面することなくデバイスの後ろに隠れたままでいることができるが、そうすると私たちは、顔と顔を合わせて適切に、巧みにやりとりできる能力を徐々に失っていく。テキストメッセージのやりとりは、イギリスでもアメリカでも50代以下の人にとってはきわめてありふれたやりとりの手段である(6、7)。しかし、テキストメッセージのやりとりは、受け身で、避けるべきである。また、ラポールを損ない、率直に、直接的でいることができなくなる。

摩擦の回避は、一対一の関係ではあまり見られないが、より大きな組織などではよく見られる。現在、私たち夫婦は、企業内での「回避慣行」と呼んでいるものを研究している。回避慣行とは、問題を解決するのに、直接的な対決を避けて、受け身で、間接的なやり方で状況に取り組むことである。こうした回避慣行が問題を引き起こすことは、最近起きた大企業のスキャンダルを見るだけでわかる。ガーディアン誌が行った、イギリスの大学におけるセクシャル・ハラスメント調査は、大学の反応が重要な問題であることを明らかにしている(8)。6か月間で、160件のセクハラ問題が認められたのだが、被害者の多くが言うには、面と向かって文句を言うのを思いとどまり、何の行動もとらなかったという。カトリック教会は、聖職者が児童の性虐待を行っているのではないか、という申し立てを受けることがあるが、これがもう一つの世界的規模での回避慣行の例である(9)。申し立てがなされても、十分に調査されることがあまりないまま、ただ問題のある聖職者を異動させ、教会の仕事をつづけさせるのである。

さらに別の、人事担当者の事例もある。職場でいじめやハラスメントが行われても被害者をサポートしたり、慰めたりするのではなく、ただいじめを行っている人物を別の部署に異動させるのだ。いじめを行う人は、異動先でも同じ行動をつづけ、だれかが勇気を出して声を発するまで、いじめをつづけるのである。だれもがいじめを行う人と直接的に対決するのを好まないため、いじめはいつまでもつづくのだということをご自身で経験している人もいるかもしれない。

厄介で、困難なやりとりを回避ばかりしていると、長い目で見ると、そのやり方が人生の一部になってしまう恐れがある。一度や二度ならかまわないが、いつでも回避しつづけるのではなく、自信を持って、回避しないですむような技術を身につけるほうがよい。自分自身に贈ることができる最高の贈り物は、バランスのとれた、建設的なやり方で物事に直接的に対処できる能力を身につけることである。

私たちがやりとりで後悔するのは、言いたいことを言えなかったと感じるときだ。私たちは相手を怒らせたくないと考え、口ごもって押し黙ってしまう。けれども、しばらく経って後悔するのだ。相手との対立や摩擦を避けたいというとき、後悔が起きやすい。攻撃的で、強い言い方をせずに、言いたいことを伝える自信がないときにも、後悔は起きる。

しかし、**後悔したくないのなら、直接的に、はっきりと、自信を持つ能力を持とう。**私たち夫婦は、看護スタッフにはっきりと伝えることで、生まれたばかりで病院にいた頃の私たちの息子の生命を救ったことがある。時として、社会的なルールにより、私たちは黙っていたほうがいいと感じることもあるが、そんなときでさえ、私たちの心は声を出したいと思っているはずだ。その場合は声を出す必要がある。

あなたは対立を避けるために問題を伝えることをせず、結局は、問題をより大きくしてしまった経験はないだろうか。声を出して主張する力を持とう。乱暴にならず、議論を吹っかけて怒らせるようなやり方ではなく、それでいて直接的に伝えるのだ。本当の問題から目をそらさないようにしよう。配偶者にもっと一人でいる時間がほしいと伝えたり、10代の子どもに、お酒やたばこはダメだと伝えたり、両親に健康と歩行が危うくなっていることが心配であると伝えるのである。**難しいこともあるが、自分が相手と話し合いたいと思っている事柄に対して素直になることで、私たちは信頼を形成することができ、課題をはっきりと設定できるのだ。**

絆創膏をはがしたほうが、治りが早いこともある。勇気、直接さを持とう。問題をはっきりさせ、それに取り組むのである。

パートナーが、洗濯物の畳み方に文句を言ってきたら？

私たちの感情反応をコントロールするのは難しい。ほとんど不可能な作業だといえる。特に扱うべき状況が、激しいものであったり、個人的なものであったりする場合はそうである。もし私たちの感情が、運転席に座ってしまったりすると、私たちは道を踏み外し、荒野に飛び出して、やりとりがどこに向かってしまうのかがわからなくなる。したがって私たちは、自分の感情を十分にコントロールしつづけ、やりとりが生産的に、意味のある方向へ向かうように感情を案内してあげる必要がある。しかし、言うのはたやすいが行動は難しい。

もしだれかが、あなたを個人的に侮辱し、批判してきたと感じたら、こちらも攻撃するか、あるいは防衛しようとするのは自然な反応である。ちょっとした悪口でさえ、強い反応を引き起こす。たとえば、配偶者があなたの洗濯物の畳み方について文句を言ってきたら、あなたはすぐに侮辱されたと感じて怒りだすかもしれない。あなたは配偶者に悪口を返すかもしれない。罵りあいがエスカレートしていって、お互いのすべてに及ぶかもしれない。また別の古典的な例を出そう。もしだれかが、あなたの運転にケチをつけたとする。「気をつけてよ。壁に寄り過ぎてない?」などと。本能的な反応として、あなたは防衛的になり、たとえ車を壁にこするほどに寄り過ぎていても、言い返すのだ。「寄り過ぎてないよ。自分が何を言ってるのか、わかってるの?」と。私の祖父母は、しっかりとしたルールを持っていたことを思い出す。そのルールとは、後部座席の人が何かを言ってきたときには、丁寧に「忠告してくれて、本当にありがとう」と答えるというルールだ。

文句を言われたとき、自分を防衛したいという自然な本能に逆らうのは難しいのだが、感情脳に手綱をまかせてはいけない。感情脳に手綱をまかせてなすがままにさせていたら、はっきりとした目的や戦略を持って反応するというより、自動操縦で反応することになってしまう。感情を抱くのは自然だが、感情脳で単純に行動してしまうのは、賢明ではない。感情が過重負荷状態のときには、穏やかになるために他のことでも考えたほうが、ずっとよい。

心の声をコントロールするには、穏やかなテンポとボリュームに自分を合わせるという、自己抑制訓練が必要である。**もし次の機会に、だれかに言われたことに対して、ショックを受けたり、腹が立ったり、傷つけられたと感じたり、恥をかかされたと思ったら、休止をとってみよう。**感情のままに行動するのをやめよう。自分の感情については認めつつも、もう少し穏やかな反応を考えよう。「このひとは、私にそんなことを言ってきて、何をしたいというのだろう。本当は、何を言うつもりなのだろう」と自問自答してみるのだ。

彼らが言っている発言の背後にあるものを蒸留して取り出そう。相手が言っていることを理解できたと思ったら、自分が思ったことを質問してみよう。「私はあなたが、私の選択(ダイエット、配偶者、生活習慣)を変えてほしいと思って、そういうことを言ったんだと感じたんだけど。それで合ってる?」と。あるいは、「私があなたに個人的なこと(あなたの仕事のこと、子どものこと、健康のこと)を尋ねたから、私はあなたを傷つけてしまったんじゃないかと思う。個人的なところに踏み込んできた私が不快だったんじゃない?」と。

相手の行動に対して、自分がどう感じたのかについて、直接的に向き合い、正直になることで、修復不可能なほどに怒りをエスカレートさせてしまったり、相手を立ち去らせてしまったり、自分の悪い行動をかつてだれからも指摘されたことがない人に、不当な扱いを受けたと感じさせてしまったり、という状況を避けることができる。しかし、答えをあらかじめ用意しておこう。そして、**たとえ納得がいかないと思っても、相手の視点を理解することを忘れてはならない。**より率直になることで、感情が表面に出てしまって、どうにもならない状態になることを避けることができる。そうすれば、相手との問題も解決できる。

正直さの教訓

1．欺瞞や不正直さで、相手に影響を与えようとするのを避けること

◇真実を告げることは、相手を傷つけるかもしれない。しかし、嘘を用いると、あなたは相手を守っているつもりかもしれないが、大いに傷つけることになる。また、二度と修復ができないほどに信頼感を損なう。いつもできる限り正直であること。

2．率直に、明確に発言すること

◇大切なことを伝えるのに、受け身なやり方を選択しようとしてはならない。電子メールや、テキストメッセージなどは、誤解されやすいし、歪めて解釈されやすい。難しい内容を素直に伝えるには、勇気と感受性が必要であり、身につけるのが難しい技術であるが、とにかく、練習、練習、また練習をくり返すこと。素直に発言する自信がつき、気楽に発言できるまで、

練習すること。

3. きちんと相手に聞いてもらえるよう、感情をコントロールすること

◇これが一番難しい技術である。特に、感情が昂《たかぶ》ってしまう状況なら、なおさらだ。しかし、正直さが意味するのは、できる限り客観的に現実を見つめるということである。感情で発言を曇らせてはいけない。とても難しいことだが、次のようなコツが役に立つ。

・自分の反応をスローダウンさせる。1から10まで数えるのもいい。反応する前に、「少し考える時間をちょうだい」とはっきり告げるのもいい。

・感情脳から注意をそらす。これを実行するためには、親指と人差し指を強く押し当ててみたり、穏やかな言葉、たとえば「落ち着いて」といった言葉を、発言する前に3回くらい自分に向かって言ってみるのがよい。

・最後に、発言するときは、自分の目標に焦点を当てることができているかを確認すること。解決したい問題は何だろうか。感情をなりゆきまかせにするのではなく、問題を解決することに集中する。

共感性（Empathy）

単純なやり方だが、「偵察法」を覚えれば、あらゆる人と非常にうまくやっていける。彼がどんな風に物事を見ているのかを、相手の立場から考えられるようになるまでは、すなわち、相手の皮膚の中にもぐり込み、その中を歩き回ってみるまでは、あなたはその人を本当には理解できないのである。

ハーパー・リー著『To Kill a Mockingbird』のアティカス・フィンチ

共感性は、ラポールと同じようにしばしば使われる言葉だが、誤解されていることも多い。多くの人は、他の人に対して思いやりや温かさを示すことが共感性だと考えているが、それは同情（シンパシー）と混同している。**共感性とは、相手が何を考えているのか、何を感じているのかを心から理解しようとすることである。**物腰の柔らかさや温かさは必要ではないが、相手の核となる信念や価値を明らかにするために、分析的な関心を示すことは必要である。自分以外の人の行動を理解し、その「皮膚の中にもぐり込む」のがポイントだ。

子どもにとって、相手の心に共感しながら、相手の真似をすることは、大人になったときに十分に共感スキルが発達するために必要不可欠である。8か月から10か月ほどの赤ちゃんも、だれかが怒っていたり、悲しんでいたりすると、共感的な配慮のサインを示すことが知られている(10)。共感性は、遺伝と環境のどちらの要因ともかかわっており、固定した特質ではない。共感性の高い子どもは、共感性の高い大人になる可能性が高く、相手に対して敬意や理解を持って接することができる。したがって、子どものまわりにいる大人が、共感能力を発達させるように勇気づけて促してあげることも大切だ(11)。

他の能力もそうであるが、いったん大人になってしまうと、他者に共感を示す能力を向上させることは、はるかに困難になる。事実、私たちはエリート取調官に訓練を実施しているのだが、共感性は、基礎水準から向上させるのが一番難しい技術である。もちろん、不可能というわけではない。ただし、向上したいという強い意志と努力とやる気が必要である。

最近、48組の夫婦が、相手に示す共感性を向上させるためのプログラムに参加するという研究が行われた(12)。半年後に共感性を測定すると、向上が見られた。パートナーから、共感性の得点を高く評価された夫婦は、つづく半年間での夫婦関係満足度でも高い得点をつける可能性が高かった。

第一段階：自分が「どう考え、感じたか」を言葉にする

第一段階の共感性は、何かが自分自身に起きたとき、どんなことを思ったのか、どんな風に感じたのかを相手に説明できることである。たとえば、「私は怖いと思った」「それは不公平だ

と思う」「あなたは私を必要としていないということが悲しい」など。

大人になってしまっていると、この段階の共感性でさえマスターするのが難しいと思う人もいるに違いない。自分の考えや気持ちを表現する言葉を見つけるのが難しいのだ。何かが起きたとき、あなたはどう思ったのかと尋ねても、「わからない」と答えるのである。そのときに、どんな風に思ったのかと尋ねても、「覚えていない」というのである。自分の考えや感情をしっかりと認識しておくことは大切だ。自己意識は、人間関係の技術の土台である。自分自身の感情でさえわかっていないのに、他者の考えや気持ちに共感するのはほとんど不可能である。

人付き合いの技術は、大人であれ子どもであれ、他者との会話とやりとりを通じて発達していく。自分の考えや気持ちをオープンに話すことを学ぶためには、身近な人たちに私たち自身を理解してくれるよう、関心を示してもらうことが必要である。結果として、他の人に自分の経験を話すことにより、私たちは、よりよく自分自身を理解することができる。もし第一段階の共感性を身につけるのが難しいのなら、あなたが十分に信頼していて、オープンになれる人を見つけよう。そして、その人に自分の考えや感情を共有してもらおう。自分の内なる考えや感情をだれかに明らかにすることは、親密さを生み出す。

気持ちを明らかにすることは、何も大げさなことではない。それはまったく普通のことである。あなたが日常的にやっていて、悩んだり、腹が立ったりするような行動を考えてみよう。

たとえば、食べ物を捨てることを考えてみよう。直近の出来事で、未開封で、一度も触っていない食べ物をごみ箱に捨てなければならなかったときのことを思い出してほしい。あなたはどんな風に感じただろうか。

「う〜ん、まったく腹が立つ。今週はとても忙しかったから、料理をする時間がなかったし、冷蔵庫に何が入っているのかさえ考えてなかったな。どうして私がいつでも消費期限を覚えておかなきゃいけないのよ。そうだ、忘れよう。冷蔵庫の中身はそっくり買い換えよう」

このときのあなたの感情はどんなものだろう。罪悪感？　イライラ？　ムカムカ？　鬱憤？

あなたは自分の感情を罪悪感だと説明するかもしれない。なぜなら、あなたは「エコ意識」の高い10代の若者をサポートするため、自分自身が食品ロス削減のお手本になろうとしているからである。あるいは、あなたは自分の感情をイライラだと説明するかもしれない。なぜなら、あなたは最近金欠で、できるだけムダなお金を使いたくないからである。詳しく話せば話すほど、自分がどんな価値観を持っているのかが相手にもわかる。

あなたが、地球を大切にしていること、若者に責任を持ちたいと願っていること。より倹約して、お金を貯金するために無駄な支出を避けたいと思っていること。これらひとつひとつが、意味のある会話へと広がっていく。ただキュウリをごみ箱に捨てました、という事実だけを相手に伝えても、会話は広がらない。

この技術は、より極端な状況にも使える。この技術は、配偶者と口喧嘩をした後にも、応用できるだろうか。パートナーがしたことに目を向けるのではなく、自分がどう考えたのか、どう感じたのかを考える時間を持とう。そうすれば、この状況をうまく扱うことができる。自分の気持ちを説明する言葉を見つけよう。**「彼らがそう言ったとき、私は……だと思った」「彼らが私の元から去ったとき、私が感じたのは……」「私が、元恋人にメールを送ったとき、私は……と考えていた」**。自分がなぜそういう行動をとったのかを、自分の考えや感情で説明できるようになろう。これが第一段階の共感性をマスターするコツである。

第二段階：相手をリスペクトし、理解しようと努める

第二段階の共感性は、相手の立場に自分自身を置き、**相手に起きたことが、あたかも自分自身に起きたことであるかのように感じ、想像できる能力である。**この技術は、3歳から6歳くらいの年齢になると発達し始める。

子どもは、自分の経験をテンプレート（鋳型）として利用し、自分がテディベアをなくして悲しかったり、腹が立ったりすると、友達も大好きなおもちゃをなくしたときには悲しいのかもしれないとか、怒っているのかもしれない、ということを理解し始める。このことは、子どもが自分の経験を映画に出てくる登場人物といった、架空の人物にも関連づけ始めることを意味する。たとえば、バンビのお母さんが死んでしまう場面では、子どもは、自分のお母さんを失ったらどんな気持ちになるのかを想像し、とても悲しくなるのである。第二段階の共感性と

は、現実に自分を相手の立場に置き、相手が経験していることを追体験して想像することである。相手は友達であることもあれば、パートナーであることもあれば、上司であることもあれば、バンビであることもある。

私たち夫婦は結婚しているので、幸運なことに、第二段階の共感性を形成する日常的なチャンスがたっぷりある。私たち夫婦は仕事のために長時間働かねばならず、家を空けなければならないことも多い。そのため、私たちは必然的にお互いの家事役割を日常的に交換しあっているのだ。

もしどちらかが1日に15時間働いて、ヘトヘトになって帰宅してくると、もう一方は自分が前の週に同じことをしていたことに関連づけて考える。午前4時に起きて、それからずっと電車やバスに乗りつづけ、疲れ切ってしまった通勤者は、自宅に着いたら持ち物を放り投げ、ソファにばったりと倒れ込みたいことを、私たち夫婦はどちらも自分の経験として知っている。

一方、自宅にいるほうは、8時間だけ働き、お茶を淹れ、台所をきれいにし、ラウンジに掃除機をかけ、洗濯物を外に出し、子どもの宿題を2時間やってあげただけかもしれない。それでも、やはりソファに倒れ込みたいと思うかもしれない。

では、どうすればいいのか。どちらが大変な1日を過ごしたのかについて、競争すべきなのか。怒りを示すべきなのか。

私たちが、他の人に自分の気持ちに共感してもらいたいと思うときには、相手のほうも同じことを願っていることがよくある。だれかが、「僕がどれくらいまいってるか、わかる？　朝4時から起きてるんだぞ」というとき、私たちは共感するというよりは、文句を言っているのである。

言われたほうも、言い返すかもしれない。「私が今日どれだけ大変だったか、わかる？　朝6時から座ることもできなかったのよ。あなたはただ何時間も電車に座ってコーヒーを飲んでただけじゃない」

「電車のコーヒーがどれだけまずいのか、わかる？」逆襲はつづく。この言い争いは、お互いに愛情を感じられなくなるまでつづく。この種の会話は、双方に誤解を生み出し、認められていないという感情や怒りを生み出す。

しかし、もしコインの裏表、すなわち無慈悲な家事労働と大変な通勤のどちらの立場も自分で経験していれば、相手を理解することができる。パートナーが大変な1日を過ごして死んだ魚のようになっていたら、パートナーがどういう気持ちなのかを正確に理解できる。なぜなら、あなた自身も、死んだ魚のようになったことがあるからだ。

生活があまり重なり合わず、日々の習慣がまったく異なる夫婦にとっては、相手の精神状態に自分の身を置くことがはるかに難しい。相手のスケジュールがびっしり埋まっているのを見ると、ただ羨望を感じるだけで、それをこなすのがどれくらい大変なのかわからない。覚えておかなければならない大切なポイントは、共感性とは競争ではない、ということである。理解なのである。自分の1日と、相手の1日を比較してはならない。ただ、相手の立場を理解してあげるだけでよい。**相手の感情と経験を認めてあげ、敬意を払ってあげることが大切であって、相手と自分のどちらが大変かなどと考えてはならない。**相手に対して配慮してあげれば、相手の物の見方、感じ方をよりはっきりと想像できる。

ハーバード・メディカル・スクールの研究者によって行われた、とても興味深い研究がある(13)。パートナーが、心から自分のことを理解しようと努力してくれているのだな、と感じている夫婦は、お互いの満足度が高くなるということが明らかにされた。たとえ、相手に対する理解が、あまり正確でなかったとしても、である。相手を理解してあげようと頑張っている人は、相手からも愛されるらしい。

第三段階：相手の頭の中に入って、相手になりきる

相手の立場に立つことは、相手の感情的経験を理解する効果的な方法であると思われるかもしれない。実際、それは強力な方法なのであるが、**さらに第三段階の共感性に進むためには、少しだけ相手の立場に立つのではなく（相手の靴を自分でも履いてみるのではなく）、完全に相手の立場に立つ（相手の頭の中にもぐり込む）ことが必要である。**相手の経験や性格を、「あなた自身の」価値観や、信念、経験を通して解釈しようとしているうちは、正しく相手を理解

することは難しい。あなたはただ、自分と相手を関連づけているだけで、相手の頭の中で実際に何が起きているかを理解しているわけではないからである。

第三段階の共感性においては、「もし私がそういう状況だったとしたら、どうするだろう」という問いかけをしてはならない。「どうして相手は、そういう行動をとったのだろう？」と問わなければならない。これに答えるためには、相手の頭の中にもぐり込む必要がある。相手の感情、相手の核となる価値観や信念、相手の性別、相手の年齢、相手の人生の教訓を通じて、その場の状況や経験をできるだけ濾過《ろか》してみるのだ。

相手の思考や感情を、正しく知ることなどできるのか。答えはもちろん、時々は失敗する、である。必要なのは、それに挑戦するということである。こうした努力は、セラピストが行う技術の中心である。相手の話にしっかりと耳を傾け、丁寧に質問をくり返すことで、相手の頭の中で起きていることを解読しようと努力しなければならない。もちろん、困難な努力をすればするほど、よりよく解読もできるようになる。この技術を磨くことが、カウンセリング心理学の基礎である。

クライアント中心療法の創始者であり、心理学者のカール・ロジャーズは、共感性を使うことで、カウンセラーは、クライアント（相談者）と強い治癒的な結びつきを形成することができると考えた。単純化して言うと、**共感性とは、自分の判断を押しつけたり、相手を指導した**

りするのではなく、ただ相手に問題を話してもらうように、促すことなのである(14)。

人は、だれでも自分のことは他のだれよりもよく知っているというのが、ロジャーズの考えだった。カウンセラーの役割は、クライアントが問題に対する自分なりの解決策を導きだせるようにしてあげることである。自分で解決策を出させれば、それを受け入れる可能性は高まる。なぜなら、それはセラピストから外部的に押しつけられたものではなく、自分自身の中から出されたものだからだ。

両親にとって、自分の子どもに共感し、子どもの感情を理解してあげることは、日常的な取り組みである。第三段階の共感性を試すためには、赤ちゃんにとっては、アイスクリームを落としてしまったときや、水泳プールから出なければならなくなったとき、文字通り、世界のすべてが終わってしまったかのように感じるということを、自分でも感じられるようにならなければならない。

13歳の子どもにとっては、初めて恋人に振られることが、どれだけの苦悩や絶望なのかを自分でも感じられなければならない。「元気出せよ」とか、「海には、他にも魚はたくさんいるよ」とか、「いずれにせよ、良かったんじゃない」などと言ってはならない。これらの発言は、大人としての、あなたの立場からの発言である。子どもの立場ではない。もしあなたの発言が正しかったとしても、子どもには共感できない。

「恐竜Tシャツを着ていきたい！」と言われたら

相手の立場で理解という原則は、あなたの立場を説明するよりもまず、相手がどう感じているかを認めることを意味する。これは、相手に直接的なメッセージを伝える大切な戦術である。著者の一人エミリーは、この原則を、「幼児とTシャツ」アプローチと呼ぶことが多い。

3歳の子どもが、「お母さん、今日保育園に、恐竜Tシャツを着ていきたい」と言ったとする。ところが、Tシャツは洗濯したばかりで濡れている。「ごめんねえ、濡れてるの」と答えても、「でも着ていきたい！」と子どもは言う可能性が高い。そこであなたは、「ごめんねえ、そのTシャツは濡れているの。だから、保育園に着ていけないのよ」と説明する。それに対しても子どもは、「でも着ていきたい！」と答え、お互いに疲れ果て、お互いに泣きたくなるまで、やりとりはつづく。みなさんにもそういう経験があるかもしれない。

代わりに、「わかってるわ。あなたはあのTシャツが大のお気に入りですものね。着ていくのを楽しみにしてたんでしょ。着ていけなかったら、怒りたくなるのもわかるのよ（大きくうなずく）。でもね、Tシャツは洗ったばかりで、濡れているの。今日中には乾いちゃうから、明日には着ていけるわよ。お母さん、約束する。恐竜のイラストがあるTシャツなら、他にも20枚あるから、その中からひとつ選んでね」と言ったら、どうか。

こうすれば、時間通りに保育園に送り出すことができる。

ふさぎ込んだ10代の子どもに、どう接するか?

これよりもう少し難しいのは、10代の子どもの立場をとろうとすることだ。なぜ難しいのかというと、自分が10代だった頃のホルモン状態や感情を忘れてしまっているからである。現代の若者はまた、私たちが一度も経験していないことをたくさんやっている。たとえば、ソーシャルメディア、インターネットのいじめ、オンラインポルノ、などである。では、次の例を考えてみよう。あなたの10代の子どもが、突然いつもより不機嫌になって、黙り込んだとする。昼間学校で起こったことも、友達のことも、すべてのことについてまったく口を閉ざして話したがらない。少なくとも、あなたには話したがらない。子どもは、できるだけあなたを避けようとしているように見える。部屋に隠れ、自分のスマホから決して離れようとしない。

「それは、10代の普通の姿だよ」という人もいるだろう。ある親や子どもには、これが当てはまるかもしれない。しかし、「普通である」とは、必ずしも問題がない、ということを意味しない。もし子どもの振る舞いに変化があるのなら、それを調べることは絶対に大切なことである。

なぜふさぎ込んでいるのかについて、できる限りたくさん理由を考えてみよう。あなたの頭にどんなことが浮かぶだろうか。麻薬か。恋人との問題か。インターネットでいじめられたのか。ホルモンバランスが崩れているのか。季節的なものか。これらはすべて仮説であるが、それぞれに証拠があるのかも考えよう。次に、子どもに何が起きたのかを突き止めるため、オープンに話し合ってみよう。ただし、自分が考えたことを押しつけてはいけない。

それに、最初に理由を暗示するのはやめよう。子どもを相手にそれをしてしまうと、言葉の応酬になってしまって、どこにも進めなくなってしまうからである。


「友達と何かあったの？」

「何もないよ」

「学校で何かあった？」

「べつに」

「ソーシャルメディア？」

「違う」

「彼女のこと？」

「違うって言ってるでしょ！　バカなの？　僕は大丈夫だから、質問をやめてよ！」

「ということは、彼女のことね？」（子どもは、立ち去る素振りを見せる）

子どもからの回答を何とか引き出そうとして、20もの質問をぶつけたいという欲求に抵抗するのはとても難しい。しかし、ただ子どもを安心させ、いつでも必要なら共感してあげるよ、という姿勢をとることのほうが、はるかによい。もし子どもが拒絶するなら、ただ立ち去るのである。92ページの運転免許証の例と同じように、子どもに押しつけるのではなく、言いたいことがあっても、それは自分自身の心にしまっておくのである。子どもの変化には気づいているし、その証拠もある、ということを子どもに伝えるだけでよい。たとえば、次のような具合だ。

「最近、自分の部屋にばかりいたがるのね。前より、お母さんとも熱心に話そうとしなくなっちゃったように思う。お母さんは、お前のことがちょっとだけ心配。大丈夫なの？何か手伝えるようなことはない？」

あるいは、次のような感じだ。

「最近、あなたは変わっちゃったように見える。何か話すことがあれば、お母さんはここで聞く。それが何であれ、判断するつもりはないし、口を出すこともないし、怒ることもしない。ただ力を貸したいだけ」

たとえ子どもが即座に話を切り出そうとしなくとも、心理的なドアは開いておこう。子どもなりに準備ができれば、ドアを開けて入ってくる。学校からの帰路で車に乗っているとき、会話を促そうとする親は多いが、結局はうまくいかない。何もなく終わることになる。子どもにできるだけ選択を与えるというやり方については、次の項目である自律性のところでさらに論じよう。

共感性は、自分が気にかけている人との関係を深めるのに役立つばかりでなく、対立している人との関係を深めるのにも役立つ。警察の取調べにおいても、共感性は、取調官が思い込みによる判断を回避したり、衝突を回避したりするのに役立つ。うまく共感性をマスターできると、私たちの統計的な分析で明らかにされたところによれば、容疑者からはるかに有益で、立証可能な情報を引き出す可能性が高まる。共感性とは、温かさや、親しみやすさではない。それは共感性ではない。すでに論じたように、心からの共感性を示すには、相手を理解するという一貫した努力をしなければならない。相手が、イスラム国のテロリストでも、武装した強盗犯でも、性犯罪者であっても、理解しようという気持ちを持たなければならない。

大切なことは、相手の動機、価値観、行動を理解するということは、あなたもそれらを共有するということを意味しないということだ。**彼らの価値観を共有する必要はない。彼らの価値観に自分の判断を加えたりはせず、意見を述べたりもせず、どうして彼らがそういう考えを持つようになったのかにだけ、心から理解を示すのである。**

この考えを、学校で他の不良と一緒にマリファナを吸引している10代の子どもとの会話に関連づけて考えてみよう。あるいは、ギリギリまで宿題をやらない子どもと関連づけて考えてみよう。あなたは、これらの物事に対して、明確な価値観を持っているかもしれない。しかし、しっかりと話を聞き、子どもの考えを理解できるまでは、子どもの行動を変えようなどという期待を持ってはならない。

忍耐強く、しかし関心を持って聞くことは難しい。たとえ自分には納得できず、とても賛成できるような内容ではなくとも、相手の言い分に耳を傾けて、理解しよう。相手の考えを理解することが最も重要なステップで、彼らを別の方向へ導いたり、行動をやめさせたりすることが可能になるのは、その後である。

共感性の教訓

1．自分より自己意識的になる

◇自分がしている行動を、その背後にある自分の思考と感情と結びつけることで自己意識を高める訓練をしよう。

2．共感性は競争ではない

◇できる限り、相手の観点から物事を見よう。自分のほうが大変な思いをしているということを相手にわからせようとして、競争してはならない。

3. 自分の立場でなく、相手の立場で理解する

◇開かれた心を持ちつづけよう。あなたがいろいろな人生経験を通じて、思考や感情を形成してきたように、10代の若者も、配偶者も、職場の同僚も、同じようにして、自分なりの物の見方を形成してきたのである。自分の経験だけに基づいて、他人を急いで判断しようとするのをやめよう。彼らの視点で、物事を見よう。たとえ彼らの行動が、自分自身の価値観や信念とぶつかり合うものであったとしても、である。

自律性（Autonomy）

人が成長するための最大の原理は、何を選択していくか、にある。

ジョージ・エリオット

自律性は、人とどうかかわっていくかについて、信じられないほどに重要である。私たちは、だれかが自分を操ろうとしていると感じると、自分の行動を大きく変えてしまう。自分で自由に選択したい、自分の運命は自分で決めたい、という気持ちは、私たちの心の中に本能的な動機として備わっている。

実際、テロリストの取調べに関する私たちの研究においては、容疑者に自律性の感情を与え

ることは、話をしてくれるかどうかに大きくかかわる影響力を持っていた。このことは、直感に反するように思われるかもしれない。なぜ、あなたのことを敵と見なしている人が、選択を与えられると、あなたに何でも話してしまうのか。協力してもらいたいなら、圧力を加えたり、操ったりする必要があるのではないか。

ハリウッド映画で頻繁に描写される、犯罪者に協力させる方法は、次のようなやり方だ。脅威（口を割るまで乱暴な扱いをする）、誘導（司法取引）、嘆願（犠牲者のために話してくれ、とお願いする）、要求（机をバンバン叩き、指を相手の顔に突きつける）、無慈悲な圧力（疲れ切って諦め、何でも話すまで圧力を与えつづける）。しかし、これらのやり方は現実的ではない。

私たちの研究によると、これらの方法は、信頼に足る情報を引き出すのに、どれひとつ効果的ではない。そうしたやり方は、相手の行動に「影響を与える」のは間違いない。犯罪者は、より傷つきやすくなり、嘘の情報、偽りの告白を言う危険性が潜在的に高まるのである。これらの戦術は、人とコミュニケーションするのに、あまりうまくないやり方だ。

警察の取調べでうまくやりたいなら、操作、欺瞞、強要に基づくやり方をとってはならない。身近な人との関係においても、それらのやり方はとるべきではない。私たちは、相手に恐怖を感じるからではなく、愛情があるからこそ、関係に忠実であることを望む。子どもが親に従うのも、親が怖いからでなく、親を尊敬しているからそうしてくれることを望む。身近な人には、信頼感や親密感があるから、何でも話してくれることを望む。策略を用いて口を割らせるのではない。

なぜ、相手に選択を与えることで、協力を促進することができるのか。クライアント中心療法の基本的な考えによると、話すかどうかを決めるのは、クライアント自身である。同じ原理は、容疑者の扱い方について、イギリスでも、アメリカでも法律に明記されている。容疑者には何も話さない権利がある。容疑者に真実の心と敬意を持って、この権利があることを伝えると、容疑者は大人しくなり、取調官とかかわりを持ってくれる可能性が高まる。

自律性がいかに強力かは、カナダ空軍大佐ラッセル・ウィリアムズの取調べの事例に見ることができる(15)。ウィリアムズは、2010年に2人の女性の殺人、無数の性的暴行、女性の下着を寝室から盗み出すため、数えきれないほどの住居侵入で有罪判決を受けた(16)。ウィリアムズの取調べにあたったのは、オタワ行政区警察ジム・スミス警部。彼はラポールをマスターしていたので、ウィリアムズから選択の感情を引き出すことができた。

通常のやり方と同じく、スミスはまずウィリアムズに権利と自由があることを強調して取調べを開始した。スミスは、いつでも休憩を求めてよいこと、いつでも弁護士に相談してよいこと(このことを彼は2分間で4回も伝えた)、どんな質問にも答えたくなければ答える必要はないことを強調した。

ただし、その伝え方は、事前に準備された原稿を読み上げるようなものではなかった。実際のところ、スミスはそれを何百回も行ってきたのであるが、**その伝え方には、本物の愛情が込められていた。**それに応じるかのように、ウィリアムズは休憩を求めもしなかったし、弁護士も頼まなかったし、何を聞かれても質問への回答を拒絶することもしなかった。

ラッセル・ウィリアムズの事例で重要なことは、スミスは、ウィリアムズに自白をさせなければならないという大きな重圧の元にあったということである。スミスは、27歳のジェシカ・ロイドが失踪した事件を取り調べていた。彼女の失踪は、他の2件の住居侵入と、犯人がわかっていない性的暴行事件に関連があると、警察は見ていた。ウィリアムズは、ロイドの自宅付近で発見されたタイヤの跡が、ウィリアムズが所有するトラックのタイヤの跡と一致しているという事実に基づいて、警察から呼び出しを受けたのである。スミスは、目の前にいる軍人が、性的暴行の犯人である可能性が高いということを十分にわかっていた。可能性として、ロイドの失踪にもかかわっているか、あるいはすでに殺人を犯していることもわかっていた。スミスも、ウィリアムズに自白させるため強く迫ったり、独善的に決めつけたり、プレッシャーを与えたい、という誘惑にかられたが、それはしなかった。

4時間近くの取調べの後で、指紋や被害者の自宅そばのタイヤの跡など、動かぬ証拠を示しながら、スミスは尋ねた。「ラッセル、話さないか？」

「できるだけ迷惑をかけたくありません、妻には」ウィリアムズは答えた。

ウィリアムズが「妻」という言葉を言い終わらぬところで、スミスは「私もだよ」と述べた。

ウィリアムズは視線をあげ、口を開いた。「私たちは、どうすればいいんでしょう?」

突如として、取調官と容疑者は、「私たち」になったのである。共通の目標に向かって一致団結したのだ。「まず、本当のことを話すところから始めよう」スミスは答えた。

非常に長い沈黙があった。スミスは、あわててウィリアムズをたぐり寄せようとしなかった。スミスはウィリアムズに、自分で自分の首に縄を締めさせたのである。

ウィリアムズは、ついに静かな決心をし、「わかりました」と伝えた。

スミスも穏やかに答えた。「わかった。で、ロイドはどこにいるんだ?」

さらに心臓が止まりそうな沈黙の間が17秒つづいた。それからウィリアムズは、声を抑えて、心が冷えるような言葉を出した。「地図はありますか?」

ウィリアムズに何か外的な重圧を与えたわけではない。それはラッセル・ウィリアムズ自身の内的な決心から、すべてが出てきたのである。自分の目の前に、客観的で、公平な証拠が突き出されても、ウィリアムズは、何を話して何を話さないかを決めることができた。スミスは、急《せ》かすこともなく、ウィリアムズを支えながら、同時にしっかりと、話すように導いた。スミスは忍耐強く、あきれるほど忍耐強く、ウィリアムズが自分自身で閉じられた箱に気づくのを待った。

スミスは、テーブルを叩いて脅したりはしなかった。真実を話すように強要することもなかった。自分の判断をほのめかすこともしなかった。公平な証拠をはっきりと示し、穏やかに話した。ウィリアムズに自由な選択があることも述べた。すると、何が起きたか。

ついにウィリアムズは、顔を歪め、肩を落として自白したのである。


しかし、なぜなのだろう。なぜ選択を与えることがこんなにうまくいくのか。

その答えは、単純でもあり、複雑でもある。つまり、**私たちは他人から指図されたくないのだ。**これは、本能的なものであり、動物的なレベルで当てはまる。私たちは、自分の運命は自分で決めたいのであり、自分で責任をとりたいのである。**自律していたいという強い動機が、私たちの心の中には埋め込まれている。**独立した生命体でありたいのである。

自律性の原理がいかに本能的なものなのかを例証するために、私たちはたくさんの動物行動研究を調べた。

シカゴにあるリンカーン動物公園の研究によると、自分で屋内に入るか、野外にいるかを選べるチンパンジーやゴリラは、飼育員がその行動を管理しているときより、他の仲間に対して親切な振る舞いを見せ、リラックスしていて穏やかな時間が長いそうである(17)。行動が制限されているチンパンジーやゴリラは、仲良くせず、攻撃的で、ストレス反応も多い。言い換えると、選択の自由が与えられた動物は、たとえ檻の中に閉じ込められていても、自分が環境を決めているのだと感じることができ、より幸福で、より健康なのである。

同様に、パンダやシロクマは、展示エリアに行くか、それとも人々の目に触れないエリアに行くかどうかを自分で決めることができるとき、興奮したり、ストレスを感じなくなり、同じ場所を行ったり来たりするペーシングと呼ばれる異常行動も減る(18)。

もっとも興味深いのは、動物たちがめったに自分の選択権を行使することがないときでさえ、そうした改善が起きるということである。たとえば、シロクマは、全体の時間の2%以下しか、非展示エリアに行くことを選ばないのである。どちらの選択を選ぶかということではなく、自分には選択権があるという事実そのものが、動物の健康を改善するのである。**つまり、選択権を相手に与えることは、肯定的で、社会的な行動を促進する基礎になる。**縛りをゆるめると、服従や協力が得られ、厳しい制限を課すと、かえって反抗を生み出してしまうことがよくある。

患者に指図する医者、患者の心を開かせる医者

しかし、本当にそんなことがあるのだろうか。あなたが医者に行ったときのことを考えてみればいい。あなたは医者からあれこれと指図を受けたくないのではないだろうか。細かい指示など受けたくないのではないか。「この薬を2錠飲んで、午前中に電話をください。いいですね？」などと言われたら、私たちは「嫌です」と答えたくなる。たとえ、それくらいなら造作のないことだとしても。

体調が悪くて、疲れがたまったと感じると、あなたは医者のところに行く。あなたはすでに長時間の勤務や、睡眠不足や、多大なストレスによってどうにもならない状態だ。夜中に何度

もトイレに行きたくなって目が覚める。昼間にはコーヒーをがぶ飲みしてしまう。

医者はあなたに食習慣について質問し始める。「栄養は足りてますか？　加工食品ばかり食べてませんか？　1日に平均してどれくらいの砂糖をとってますか？」

あなたは感じる。「なぜそんなことを聞くのだ。私はどこか悪いのか？」

医者は言う、「糖尿病になりかけている警告サインが出ているかもしれないですね。確認するためには血液検査しなければなりません。もし砂糖や加工食品を摂り過ぎているなら、リスクを減らすためにダイエットも必要になります」

「なるほど、医者は私に、リスクの減らし方を教えたかったのだ。そうすれば、糖尿病になるのを予防できるという。私が何をすればいいのか言ってくれ。そうすれば私は何でもやる。ただし、あなたが指図しなければ」私はそんなことを考える。

医者はあなたに、砂糖や加工食品を摂り過ぎないように注意するかもしれない。健康になるには、より健康的なものを食べ、たくさん運動をし、たっぷりと眠り、ストレスをうまく処理する必要があり、それができないなら、あなたのII型糖尿病は進行し、生命にかかわるというかもしれない。

しかし、あなたはそんなことはすでに自分でも知っているのだ。では、なぜそういう取り組みをしないのか。

その理由は、医者にあれこれと言われるからである。**私たちは指図を受けて、自分の行動を**

変えたくはないのだ。医者の忠告や指示は、私たちの内的な動機と結びついていないので、私たちは自分の行動を変えようという気持ちにならないのである。

1日の砂糖摂取量について尋ねるのではなく、次のような会話をするのはどうだろう。

医者　：ご心配になっていることはどんなことでしょうか？

あなた：体調が良くないんです。ひどく疲れます。どこかに重大な問題があるんじゃないかと心配なんです。

医者　：どんなことが原因だと思うのか、もう少し話してもらえませんか？

あなた：夜中に3回もトイレに行きたくて目が覚めます。どんどんひどくなってほしくないんですよ。ガンとか心臓病みたいなものじゃないかと心配で。私も、もう若くありませんし。といっても、高齢でもありませんが。

医者　：わかりました。そういう症状を感じているということは、重い病気と関連しているかもしれませんね。症状が悪化することが心配なのですね。

あなた：はい、そうなんです。自分が横になって休む必要があると思うと、子どもたちとサッカーもできません。孫ができたら、私はどうすればいいんですか。私は、自分の父親がいつもそうしていたように、椅子に座ってただ孫たちを眺めていることしかできないのは嫌です。

医者　：よくわかりました。病院まで来ていただいて、ありがとうございます。ガンや心臓病などではないかと思えば、不安や心配になるのもわかります。あなたの症状からすると、ガンでも心臓病でもないと思います。初期のII型糖尿病の症状が出ていると思うのです。症状が回復に向かい、お子さんとサッカーができるところまでいけるといいと期待されているのですね。お孫さんともサッカーができるといいなと思っているのですね。そのためには、たくさんやることがあります。食事を変えてもらいますし、運動習慣も必要ですし、ストレスを減らすのも非常に役に立ちます。そういうことについては、どう思われますか？

今度の会話では、どこが違うのだろうか。

2番目に登場する医者は、患者の不安や心配に耳を傾けている。その感情を反射させて、患者にとって何が重要かを教えている。医者はまた、患者の核となる価値観、すなわち子どもや孫とも一緒に活動したいという動機も明らかにしている。これらの価値観と結びつくようなやり方を、医者は提案しようとしている。「ジャンクフードばかり食べるのをやめたらどうですか？」といった否定的な言い方に基づいた計画を示すのではなく、患者にとって動機づけに役立つような、心を開かせるようなポジティブな言い方、すなわち、「食事を変えれば、お子さんやお孫さんとも遊べるようになりますね」という言い方をしている。

問題があるからといって、忠告を与えて、解決策を示すだけでは、通常どういう結果になるか。多くの場合、たとえその忠告がもっともらしく、役に立つものであっても、人はそれを受け入れないものである。

タバコ好きの叔母は、どうすれば禁煙してくれる？

こちらの言う通りに従ってもらおうとして、圧力を与え、脅迫しようとすると、心理学者が**「リアクタンス」**と呼んでいる感情を引き起こす結果になる。リアクタンスという用語は、社会心理学者のジャック・ブレームが1960年代に初めて命名した用語なのだが、**私たちは、自分の行動的な自由が脅《おびや》かされたと感じるとき、リアクタンスを感じるのである**(19)。多くの場合、権威やルールによって、自分がコントロールされている、行動を抑制されていると感じるとき、リアクタンスは発生する。そのように感じると、人は、それに意図的に抵抗しようとする。言われたこととは反対の行動をとろうとする。

それまでリアクタンスなど感じていない人にも、リアクタンスを引き起こすことはできる。たとえば、私があなたに、箱を捨ててもらいたいと思って、「その箱を捨ててくれ。ただし、中を見るなよ」と言ったとしたら、あなたは突如として、箱の中をのぞきたいという衝動に駆られるであろう。もし私がそう言わなかったら、あなたはおそらく箱をのぞこうという気持ちなど、これっぽっちも持たなかったはずだ。つまり、私はあなたの心に「箱の中をのぞきたい」

という気持ちを、〝埋め込んだ〟のである。「箱の中をのぞくな」と言われることで、それまで存在していなかった感情を引き起こすことができるのである。もし私があなたのすることに、あれこれと制限をつけ、コントロールしようとすればするほど、あなたは私の指示に対して、反抗したい、指示をくつがえしてやりたい、という気持ちを募らせるだろう。

可能な場合にはいつでも、私たちは人に選択の自由を与える必要がある。たとえそれが、私たちが信じていることとは、まったく正反対のことだと思われても、自由を与えたほうがいい。たとえば、10代の子どもにタトゥーをしてほしくないとか、高齢の親に医者のところに行ってもらいたいとか、小さな子どもにもっと豆を食べてほしいときには、自分の思い通りにしたいからといって、従うよう強制をすべきではない。それをするかどうかを決めるのは相手であるということを認めてあげる必要がある。そうするように促したり、勇気づけたり、支えてあげることはできるが、究極的には、自分自身で選び取るという機会を与えてあげなければならない。

臨床心理学者のミラーとロールニックは、人の行動を変えるのに役立つカウンセリング手法を開発するうえで、重要な働きをした人たちである(20)。彼らの手法は麻薬中毒者のためのカウンセリングを背景として開発、発展してきた。麻薬中毒者に行動を変えさせようとすると、セラピストはからずもリアクタンスを生み出す危険性があることに、ミラーとロールニックは気づいたのである。
ミラーは次のように言う。

カウンセラーは、どんなカウンセリングをするかによって、患者に激しく抵抗（否認）されることもあれば、その抵抗を劇的に引き下げることもできるということが、研究によって示されている。患者に言い聞かせようとしたり、面と向かって意見をぶつけたりするようなやり方をするのではなく、「敬意を持って、患者の言葉を反射するようなアプローチ」を使うと、患者は自分を変えようという気持ちになる。抵抗や否認、リアクタンスを避けることができる可能性は高まる(21)。

だれかに行動を変化させるための動機づけを与えるコツは、**善意の提案や忠告をすることではなく、彼ら自身の要求や希望に敬意を払って、それを反射してあげることである。**あなたの愛する人に対して、タトゥーをすることをどう思うのか、医者に行くことをどう思うのか、豆を食べることをどう思うのかを尋ねることによって、あなたは彼らの考えに敬意を払い、関心を持っていることを伝えることができる。彼らの言い分に耳を傾けることで、彼ら自身にさらに深く自分の行動を振り返って考えることを促せるかもしれないし、自分の考えを改めようと心を開いてくれるかもしれない。

あなたの叔母さんにタバコを減らしてもらいたい、という事例を考えてみよう。あなたがそうしたいのは、叔母さんのことが心配で、身体を気遣っているからだ。あなたは、喫煙が日々の叔母の健康と生活に重大な影響を与えているのではないかと心配している。あなたが心配を口にすると、叔母は「大丈夫よ。何も心配いらないから。私よりたくさんタバコを吸っている人なんて、いくらでもいるんだから」と否定する。

では、どうすれば叔母に喫煙をやめてもらえるのか。

叔母に会うたびに、喫煙をやめるように言うのはどうか。おそらく、叔母はあなたを避け始めるであろう。

叔母に喫煙を止めさせるのに役立つようなウェブサイト、たとえば、催眠療法、鍼灸、手かざし療法、デトックス・ダイエット、ヘルスケア計画といったサイトを提案するのはどうか。おそらく叔母は、最終的にあなたのアドレスをブロックして、あなたをソーシャルメディアから除外するであろう。

毎日、叔母の郵便ポストに、ニコチンガムを入れておくのはどうだろう。そんなことをしたら、叔母は郵便ポストにテープを貼りつけるかもしれない。

あなたはついに叔母の家に押しかけるのだが、叔母はあなたを困らせようとして、4本も立てつづけにタバコを吸って見せるかもしれない。

なぜか。あなたの努力が、叔母さんに喫煙をやめるように促すというよりは、リアクタンスを引き起こしているからだ。叔母は、あなたが自分をコントロールしようとしていることに反抗し、タバコの本数を増やす。あなたの行動は、叔母を反対の方向に押しやってしまっているのである。

それでは、愛する人が心配なとき、その人の行動に影響を与えるためには、何ができるのか。

「何をすべきか」の答えは、あなたの中にはない

叔母がなぜ自分がタバコを大好きなのか、どうして止めたくないのかについてあらゆる理由を挙げ始めたら、叔母の考えの深層を明らかにすることができる。そこで次のように言うのだ。

「叔母さんは、本当に喫煙が好きなのね。リラックスさせてくれるから。また、止めるのはとても大変だとも感じているのね。ずっと何年もタバコを吸う習慣ができあがっているんだから」

すると、叔母は理解され、話を聞いてもらえ、敬意を払ってもらえたと感じる。たとえあなたが叔母の考えに賛成はしていなくとも。

叔母は、「まさにその通りよ。私も止めようとしたことはあるわ。でもつづかないのよ。すぐに元に戻ってしまうの。どんなに努力しても無駄だと思うわ」と返答してくるかもしれない。

「だから、また失敗するのが嫌なのね。でも、止めたいなと思うときもあるのでしょう」

あなたはさらに質問してみる。

「うん、それはね。2人目の子どもを授かったときには、1年以上も止めたのよ。そのときは

気分が良かったわね。子どもたちと走り回ることができたし、余分なお金を使わずにすんだし。う〜ん、どうして私はまたタバコを始めたんだろう？」

突然、頑固な喫煙者である叔母は、変化を考え始める。この段階になれば、どうすればまた喫煙に戻らずにうまくやれるのかを話し合うことによって、叔母の変化を促すことができるだろう。

相手の自律性に敬意を払うということは、相手が抱えている問題に耳を傾けて、話し合うということだ。ルールや忠告を押しつけ、甘言を弄《ろう》して、自分がしてもらいたいことをやらせようとしたとたん、リアクタンスと抵抗感が引き起こされる。

相手には、選択をさせねばならない。自分自身で選んだと納得できるようにしなければならない。相手にとって、何が一番良いのかを話して聞かせたい、という誘惑はあるだろう。しかし、自分自身について一番のエキスパートは、自分自身なのである。何をすればいいのか一番よく知っているのは、他の人でなく、自分自身なのだ(22)。

介護施設で、高齢者の自律性を尊重すべき理由

他者に深く依存したケアを必要としているので、年配者ほど自律性を失いやすい。年配になるほど、ますます多くの作業を身近な人にやってもらうことになる。ベッドのシーツ交換、料理、身づくろい、シャワー、トイレに行くことまで人のお世話になる。こうして自律性を失っ

ていくことは、年配者の心理に深い影響を及ぼす。自然と、孤立感や抑うつを生み出す。**そんな年配者にできるだけ選択と独立性を与えることは、感情的な健康を維持するうえで重要である。**たとえ、身体的には制限されることがますます増えてきても。介護施設の年配者を対象にした数多くの研究において、自律性は、健康とストレスを減らすために重要な要因であることが示されている。施設にいる年配者は、日常生活について自分で決めることを許されたいという、はっきりとした希望を持っている。いつお昼寝をするかは自分で決めたい、外に新鮮な空気を吸いに行く時間も自分で決めたい、お風呂の時間も、食事の時間も、自分で決めたいのである(23)。

しかし、スタッフのスケジュールの都合もあるし、施設の管理の都合もあるため、入居者である年配者の希望はたいてい通らない。スタッフは、入居者の希望でなく、「自分の」都合で選択させる。入居者に決めてもらうことが容易なことでも、スタッフが決めていく。どんな洋服を着るか、何を食べるのかもスタッフが決めてしまう(24)。自律性と意思決定が取り除かれていくにつれて、身体機能や運動機能、感情的、身体的な健康は損なわれていく。年配者は、自分の希望や決定など、「見てもらえないし、気づいてもらえない」と口にしている。赤ちゃんのように扱われていると感じ、もっとひどいときには、部屋の中の幽霊のように無視されていると感じる。

自律性の喪失を修正するために、何ができるか。年配者は、時間通りに、限られた能力で何かをする、ということは難しいかもしれない。しかし、できるだけたくさんの選択を愛する人に与えることはできる。日常習慣について積極的に話し合い、入浴にしろ、食事にしろ、洋服にしろ、活動にしろ、彼らが大切にしていることを認めてあげ、敬意を払ってあげることはできる。もしブリッジ（トランプゲームのひとつ）が嫌いなのであれば、無理やりにブリッジクラブに加わることを強制する必要はない。たとえ、ブリッジをすることが彼らにとって有益だと思っていても、である。もしミートローフ（ひき肉を焼いたり、燻製にした料理）を食べたくないのなら、食べなくてもよいという選択を与えるのである。

私たちはまた、何をしてほしいのかをきちんと聞いてあげ、いきなり勝手なことをして、年配者を驚かせないようにしたい。彼らの部屋に新しい絵を飾ったり、鉢植えを置いたりして、驚かせてはいけない。部屋をくつろいだものにするために、何をしてほしいのかを彼らにまず尋ねて、彼らの希望を考慮してから、そうするのである。いきなり扉を開けて部屋に飛び込んではいけない。訪問するのならいつが一番いいのかを尋ね、それを考慮してスケジュールを設定するのである。

最後に、**年配者のことを、彼らにも希望、価値、欲求のある個人として扱おう。**考えや価値について質問し、彼らの言うことに敬意を払って、理解するのである。介護ホームのようなところに入ることになって、自律性を犠牲にしなければならないとき、人は腹をたてて怒ることはよくある。この怒りは、スタッフにも、施設にも、食べ物にも、家族にも向けられる。自分が捨てられたと感じるためである（「なぜもっと頻繁に会いに来ないのだ？　知らないヤツらのところに私を置き去りにするのか？」など）。

「ここは素晴らしいところよ。私たちが見つけてきた3つの介護ホームから、お父さんが選んだんじゃない。食べ物だって、自分で作るよりおいしいし、自宅にいるよりやることもたくさんあるし。私もできるだけ会いに来るから、そんなにネガティブになるのはやめてよ！」そんなことを言いたい誘惑にかられる。

しかし、そういう言い方は、まさにさらなるリアクタンスと怒りを生み出す言い方である。文句を言われて罪悪感を覚えるかもしれないし、自分が正しいことを納得させたいと考えるかもしれない。

けれども、ネガティブになったり、不満を感じたりするのはしかたがないことなのである。**自分の居場所や自律性を喪失したことに共感を示してあげよう。だれにとっても自律性を失うことは痛ましいことなのだ。**介護施設に入れられた人が、自分の境遇について文句を言ってきたり、批判してきたとしても、それを個人的に受け止めないようにしたい。彼らは、不満をぶつける対象を見つけたいだけであり、それは自然なことなのである。本当の犯人は、加齢という、目に見えない亡霊なのだ。

そこで次のように言おう。

「今は、ここにいることも大変だと感じているのね。自宅や、自分の居場所を寂しく感じているのは、私もわかるわ。ここにいると、腹が立ったり、悲しくなったりすることもあるのね。じゃあ、もう少し良くするために私にどんなことをしてほしい？」

自律性の教訓

1．選択権は、できるだけ本人に戻す

◇私たちは自分で責任をとりたいと願っている。だれかに囚《とら》われていると感じたり、コントロールされていると感じるのなら、自分が選択できる道を探そう。どんなに小さなことでもいい。もしだれかが、あなたの代わりに意思決定しており、そんなことは自分でも決められると思うのなら、選択権を自分に戻してくれるようにお願いしよう。私たちは、知らないうちに自律性を制限されてしまうことがよくある。相手が気を遣って、その影響のことも考えずに、手を出してしまうからだ。

2．本人の選択に敬意を払う

◇独立していたい、選択をしたいという欲求を認めよう。可能な限り敬意を払おう。彼らが何を大切にし、何に気を配っているのかを尋ねて、耳を傾けよう。彼らの望みは、たとえ難しいときでも、できるだけかなえてあげよう。選択させることが本当に問題なのかどうかを考えよう。小さな子どもがおかしな服を着たいと言ったとして、それは本当に問題なのだろう

か。問題があったとしても、他のやり方はとれないだろうか。

3. リスクがある場合でも、選択権は本人に委ねる

◇賭けの要素が高いときでさえ、選択を与えるという立場からやりとりをスタートしよう。本章の最初に出てきた運転免許証を返納したがらない父親の事例を思い出してほしい。運転を止めるよう、強く言い聞かせる必要がある場合もあるかもしれない。しかし、できるなら父親にそれを選ばせるようにしなければならない。そのほうがお互いにより気持ち良くいられるし、父親も自分の選択ができるということで、あまり傷つかない。

4. 運命すら自分で選択することに価値を置く

◇悪魔に殺されるか、深い海の底に沈められるのか、好きなほうを選べ、といった極限的な状況でさえ、それでも私たちはどちらかを自分で選ぶことを許されたいと思うものである。

反射（Reflection）

あなたには耳が不足していて、口が多すぎる。

ジョン・ウェイン

最後の基礎的な技術、反射について述べる。**反射とは、相手が言った内容の一部、あるいは**

文章全体をくり返して相手に聞かせるやり方である。反射を使うと、他者はさらに口を開いて、大切なことを伝えてくれる。あなたが自分の言うことをしっかり聞いてくれていると感じるからだ。

すでに取り上げたが、介護施設に入らなければならなくなった親や、タバコを止めさせたい叔母の気持ちを探り出す、という事例で考えてみよう。**おススメの方法は、相手が語った内容を、単純に再構成することである。**このようにして反射すれば、相手はさらにつけ加えようとしたり、正しく言い換えようとしたり、拡大して話そうとするものである。するとさらにこちらは、相手の考えを深く理解できるようになる。

相手が言っていること、そしてその考えを形作っている核となる価値観を正しく理解できれば、相手の人柄もわかるし、自分の考えと比較しながら上手に反射するための準備もできる。お互いの議論のどこに落とし穴があるか、お互いの論理の食い違いはどこか、相手の考えを変えるためのレバーはどこにあるか、という準備ができるのだ。

合気道のように、相手の会話を利用する

反射は、会話をうまく管理するための合気道である。あなたは相手がどんなことを言ってきても受け入れ、それを使って、会話の推進力とし、会話を前に前に進めていくのである。この方法がどれほど幅広く利用できるかを知ると、驚かれるかもしれない。もちろん、相手の話を

反射するためには、正しい語や句を選び取る技術が必要だ。そういうわけで、相手の話をしっかりと聞くことが、反射のもっとも重要な要素になるわけである。話題にもっとも関連している部分、あるいはあなたがさらに知りたいと思う部分を選び取って、反射しよう。

反射は、単純で、当たり前のように聞こえるかもしれないが、バカにしてはいけない。この技術は、本書で取り上げるすべての技術の中でも、とりわけ重要な技術である。反射こそ、すべての技術につながる鍵だからだ。そこで反射については、特別に一章を割いて、次章で論じることにしたい。その価値があるほどの技術だ。

反射の教訓

1．聞きたいことを選ぶ

◇反射は、入念に相手の話を聞き、その内容を復唱したり、言い換えたりすることである。あなたがさらに突っ込んで聞きたいことを選ぶことも大切だ。ただ相手が話したことの最後の部分をオウムのようにくり返すだけではない。

2．会話をはずませる有効な技術

◇反射は、会話を前へ前へと進ませる鍵である。単純な技術ではあるが、とても強力で、訓練してマスターする価値がある。

教訓 LESSON

1 正直さ(H)

いつでもできる限り正直になる。

無遠慮になりすぎないように、そして問題を避けたり、無視したいという欲求に対して負けないように気をつけながら、率直になろう。

2 共感性(E)

共感性とは、相手の核となる価値観や信念を正しく理解しようという努力のことである。彼らには自由に発言させ、私たちはただ耳を貸し、何の判断もしてはいけないし、ぶつかってもいけない。

3 自律性(A)

指図されたい人はいない。

説得しようとするのではなく、話すかどうかはまったく相手次第であることを伝えよう。できる限り、相手には選択を与えること。

4 反射（R）

反射の一番重要な点は、しっかりと相手の発言を聞き、会話を前に進めるうえでもっとも関連しているポイントを復唱することである。

反射により、相手が本当に感じていることをより詳しく理解することができるようになる。

chapter 4

反射
——良き聞き手として、相手の真意をつかむ技術

事物の内面を見れば、その性質も真価も汝から逃れられない。

マルクス・アウレリウス

第3章で、私たちは、正直さ、共感性、自律性についてお話しした。これらはすべて人との接し方にかかわるものであり、人に効果を与えることが期待できるものである。信頼されたいのなら、正直でなければならない。人を理解したいなら共感的でなければならない。選択の自由を感じさせたいなら、相手の自律性を大切にすることだ。4つ目の原則である反射が重要なのは、これら3つを成し遂げるのに役立つ方法だからである。反射は、良い聞き手になるための態度であり、一連の技術でもある。これがあれば、相手の思考、感情、信念、価値を探索して、理解するのに役立つ。いったん覚えてしまえば、反射は、単純ではあるが、より深いレベルで人とつながるための効果的なテクニックになる。

相手の発言の裏に何が隠されているのかがわからないと（相手の言っていることではなく、相手の本当の真意がわからないと）、誤った判断をしてしまい、彼らがどんな風に感じているのかがわからず、何が一番相手にとって良いことなのかもわからない。

反射を使って聞くことは、相手が言ったことを機械的にオウム返しするだけだと誤解されていることがよくある。相手の質問をただくり返すだけの心理学者の風刺画もある。「どう思いますか、先生？」「ええと、あなたはどう思うんです？」これでは、心理学者にわざわざお金を払うより、ロボットにでもセラピーを受けたほうがずっとましだ、という印象を与える。これはまったく反射ではない。

反射は、相手に共感性と受容のシグナルを送るものだ。相手の行動に「正しい」忠告や指示をしたい、という本能的な誘惑に抵抗しよう。クライアントが自分の問題を相談しているとき、セラピストは、反射を使って話を聞く一方で、自分の内なる声が忠告や批判をしたくて大声を上げている、というジレンマを感じる。あなたが忠告するのが好きな人なら、「話を止めさせようかな。私が忠告すればすべてがうまくいくのに」と本能的に考えるかもしれない。

反抗期の息子との関係性を変えた事件

10代の息子サイモンが、自宅で暴れてどうにもならないのですと嘆くシングルマザーの相談を受けていたことを思い出す。そのお母さんは小柄で、不安そうな女性であった。捕食者を警戒し、常に怯えているウサギのように見えた。彼女は、毎回、私のオフィスを訪れるたびに、ストレスと緊張でいっぱいで、混乱して、落ち着かない状態だった。14歳になったばかりのサイモンは、ネコに部屋の隅に追いつめられた小さな鳥のように見えた。彼の弱々しい前髪と、うなだれた頭のせいで、アイコンタクトはほとんど不可能だった。一瞬だけ目を合わせても、彼の頭はまた下に落ちてしまうのである。彼女はサイモンが2歳の頃から気質的な癇癪《かんしゃく》を起こしていた長い歴史について語ってくれた。彼女はすでに別の専門家から「抱きしめセラピー」をするようにと忠告を受けているとも述べた。サイモンの感情が爆発したら、落ち着くまで「しっかりとサイモンを抱きしめる」というのである。

彼女は何年もこの方法をやっていた。息子はすでに14歳になったというのに、いまだにそれをつづけていたのである。もっとも、彼女にも息子にも、あざやケガがあり、2人とも疲れ切っていたのだが。

ある特別な面談のとき、彼女はサイモンを眠らせるために二階へ上がらせようとしたときの事件を語った。彼女の説明を聞いている間ずっと、私の頭の中では、あなたがしていることは状況を悪くするだけだと叫んでいた。明確な指示を出してアドバイスしてあげたい、という強い欲求を感じた。

しかし、そんなことをしても問題の根っこにある原因を理解するのにあまり効果はないし、本当の解決策を見つけるのにも役立たない。事件についての彼女の説明を次に示すので、それを読んで、どこを治せばいいのか、彼女にどうすればいいと思うのかを考えてほしい。

息子はラウンジに座って、スマートフォンでだれかにメッセージを送っていました。私はそれまで2回、サイモンに言ったんです。とてもやさしく。どうか寝る準備をしてくれないかと。それから私は、もう一度お願いしました。丁寧に言ったんです。息子は完全に私を無視していました。私もカッとなりました。息子に近づくと、その手からスマホをつかみとり、私のお尻のポケットにしまったのです。息子は気が狂ったように、「返せよ、返せ!」と叫び始めました。
「ダメ、今週はもうずっとスマホなしだと思いなさい」私は言いました。
この言葉が、さらに息子を激昂させました。私は息子に殴られると思いました。息子は私をにらみつけ、大声をあげました。「返せよ、すぐに！」

息子が我を忘れていることはわかりましたが、私はただ言いました。「サイモン、二階に行って寝なさいともう何度も言ったでしょ！」

それから息子は、すくっと立ち上がると、私を押しのけたんです。正確には両手を使って私を押しのけました。私はとてもショックでした。

「押すのを止めなさい、サイモン！　許されないことよ！」

それから私は、サイモンの背中に回ってしがみつきました。専門家にそうするように言われていたようにやりました。

「すぐ落ち着いて」と私は言いました。

それから息子は感情を爆発させ、大声で「離せ、離せよ！」と喚いたのです。そのためさらに強く私は息子を抱きしめなければなりませんでした。

このかわいそうな母親がしていることは、事態を明らかに悪化させていると思いながら、私は彼女を見つめていた。彼女はさらに説明をつづける。

「クソ婆、離せ！」息子は、何度も何度も叫び、ヒステリーに陥りました。

そこで私は、息子を床に押しつけて動けなくさせようと思いました。「離さないわよ、サイモン。落ち着くまで離さないからね」

突然、息子は後ろにのけぞって私を突き飛ばしました。私たちは2人ともソファにひっくり返り、床に落ちたのです。今度は、息子のほうが私の上にきました。私たちはおかしな格好をしていたと思います。私たちは2人とも泣きました。息子が私を傷つけようとしていないことはわかりましたが、私は落ちた拍子に足を打ってしまったのです。そこで私は息子を放しました。横になったまま泣いていると、息子は私のポケットからスマホを抜き取りました。私も息子から、再度、スマホを取り上げようとしたのですが、私にはもうエネルギーが残っていませんでした。

母親は話を終えると、涙いっぱいになって言いました。「息子は正気を失うんです。息子にどうしていいか、わかりません」

私は、彼女の説明を聞きながら、10代の子どもに眠るように伝えるという、ごくありふれた状況が、どうしてこんなに突然、暴力的な事件にまでエスカレートしてしまうのか驚いていた。この事件の記述を読みながら、読者は、どうすればもっとうまくサイモンを扱えるのかアドバイスしたかったのではないかと思う。

「次は、スマホを取り上げないほうがいいですよ。ただWi-Fiの電源を切ればいいんです。そうすればスマホも使えなくなりますから」と忠告したいと感じたかもしれない。あるいは、「もし息子さんがあなたを押すなら、警察を呼びますよと伝えればいいんです」とか、「息子さんのやりたいようにさせておいたらどうでしょう。怒っているときには、どんな解決策も意味がありません。息子さんが落ち着いたときに話し合えばいいんです」と忠告したいと思ったかもしれない。あるいは単純に同情してあげ、「それは大変でしたね。息子さんがそんなふうに振る舞うなんて……」と言ってあげればよかったと感じるかもしれない。あるいは、母親が10代の息子を抱きしめるというやり方にぎょっとして、「私だって、後ろから抱きつかれたら、息子さんと同じようにしたかもしれないな」と考えたかもしれない。

しかし、別の解決策を示したり、指示を出したり、同情を伝えたりするアプローチには、すべて問題がある。というのも、本物の解決につながらないのである。なぜか。ここには2つの理由がある。

第一に、**自分自身にとって、一番の専門家は自分自身だからである。問題の根底に何があるのかを本当に理解できるのは、本人だけである。**セラピストでも、あなたでもないのだ。

第二に、セラピストやあなたに**外部から押しつけられた解決法では、それを相手は心の中で受け入れることができず、それゆえ人は変わらないからである。**

自分自身の行動、たとえばダイエットをするときのことを考えてみよう。もしだれかが、あなたに健康になるためのレシピ本をくれたとしたら、あなたは料理を始めるかもしれない。より健康になったと感じるかもしれないし、ほんの少しは体重が減るかもしれない。しかし、そのうち元の生活に戻り、かつての食習慣がじわじわと復活し、レシピ本は台所のカウンターに置かれるのでなく、どこかの本棚に行ってしまう。

自分の食習慣を理解していないと、行動の変化を内面化することはできない。1週間か、1か月で、元の習慣に戻る。なぜなら、自分の信念と価値観は、以前と同じままだからである(私はたくさん働いているんだから、たくさん食べなければならない。私は料理などしたくない。月曜になったら始めよう。いや、来週の月曜でもいいか)。

たとえ他人からの忠告が素晴らしいものでも(他の人もそれが素晴らしい忠告だと認めていても)、行動を変化させるのは難しい。なぜなら、問題の原因がどこにあるのかを理解するのに役立たないからである。それができるのはラポールに基づくやり方だけだ。

私は、相談者の母親に忠告したいと思った。

あなたがやっている「抱きしめるやり方」は、おそらく息子さんには受け入れがたいと感じさせてしまっているのでしょう。息子さんは、4歳の子どもでなく、14歳ですから。あなたが息子さんを抱きしめて抑えつけているだけなので、いつまでも息子さんは感情の処理を学ぶことができないのです。息子さんを、立派な若い男性だと認めてあげる作戦が必要です。赤ちゃんを扱うようなやり方はダメです。息子さんが扱ってほしいように、あなたは扱ってあげる必要があります。大切に思う気持ちを持って。

私は、この若い少年が、我慢していて、卑しめられているのを見るに堪えなかった。母親が苦しんで、不幸になっているのも見るに堪えなかった。

だからといって、私がそのまま忠告を伝えても、母親は受け入れてくれなかったであろう。私に賛成はしてくれるかもしれないが、子どもと相互に敬意を払い合う関係をどうすれば持てるのかについてはわからなかっただろう。親子は14年間も悪い習慣をつづけていた。解決を出す前に、まずはその悪い習慣をどうにかしなければならない。「あなたがやっている抱きしめ法は、効果がありますか」と私は質問した。私には、そのやり方は賢いやり方だとは思うが、ポイントがズレているように感じるのだ。私は、母親にそれをやめるようには言わなかった。私はただもう少し合理的に行動を変えてほしかった。

息子との関係を向上させるには、私は彼女の親としての価値観と信念を知る必要があった。彼女の核となる価値観を理解することで、息子のほうの、反抗的な10代の行動の扱い方もわかると思ったのである。取っ組み合いをしたり、泣くこともなく、お互いにみじめになったり、ケガを負うこともなく、問題は解決できるはずだ。

すぐに役に立つアドバイスをしてあげたい、問題を解決してあげたいという誘惑を感じるかもしれないが、問題が何なのかが本当にはわかっていないところで忠告なり提案をしてはいけない。もっとよく聞き、調べなければならない。くり返し起きている問題の原因は何なのか。理解するには、反射を使うのである。母親が話し終えたとき、私が実際に口にしたのは次のようなことであった。

息子さんと我を失うほどに口論をなさったことで、とても心を痛めていらっしゃるようですね。その一方で、あなたは相も変わらずに抱きしめ法をする必要があるとも感じているのですね。息子さんに子どものときからそうしていたように。けれども、その一方では、あなたは息子さんに、もっと大人になってほしい、もっと責任を持ってほしいとも願っているのですね。その点について、もう少しお話しくださいませんか。

親としてできることの価値観についてさらに深く話し合うと、母親が息子の成長をひどく恐れていることがわかった。彼女は、息子が独立したいという要求を持つことが好ましくないと感じていた。息子が、友達に会うために一人でバスに乗りたいとか、夜遅くまで起きていたい、と要求してくることを彼女は嫌がった。彼女は、息子が何をお願いしても、何も考えずに「ノー」と言ってしまっていることに気づいた。サイモンが自分の眠る時間は自分で決めたい、もう少し起きていたいと頼んでも、午後8時前には眠らせようとしたのである。

息子が完全に従順になり、大人しくしていることが、よい母親の証《あかし》なのだと彼女は信じていた。母親との関係において、サイモンは、いかなる発言もできず、一人では何をすることもできなかった。何を言っても、後ろから抱きつかれて言いなりにされるのであった。

彼女は、「抱きしめ法」を止めることを恐れていた。なぜなら、それによって息子をコントロールできると思っていたからである。息子が小さくて、癇癪を抑えつけるのにいつでも使っていたということもある。私たちは、その方法が今ではまったく何の利益も生み出さなくなっていること、むしろ息子が感情をコントロールする学習ができない結果につながっていることを話し合った。抱きしめ法は、どちらにとっても良くない結果になり、息子が大きくなるにつれて、ケガをするなどの重大なリスクにも繋がることも話し合った。

何回かの面談の後で、母親は、「抱きしめ法」を止め、代わりに「タイムアウト」を使うようになった（タイムアウトとは、感情的になった人を落ち着かせるために他の場所に移動してもらい、やりとりを少なくとも20分は止めるやり方である）。数か月かかったが、彼らの関係は徐々に改善し、息子のサイモンは、より自由と独立を得ることができた。結果として、彼は母親に対しての感情爆発を完全にしなくなり、母親を乱暴に突き飛ばすといった「抱きしめ事件」のようなことは二度とくり返さなかった。

いかにして相手の深い価値観を引き出すか

問題の根源についてうまく診断したいのであれば、背後にある思考を調べる必要がある。何かあると、すぐにあなたに忠告を求める人について考えてみよう。子どもとの接触をめぐって、元配偶者と常に衝突している友人でもいい。仕事が自分に向いていないと感じている家族の一員でもいい。常に問題を引き起こす不良の友達がいる、あなたの子どものことでもいい。

長期的に彼らの行動を変化させるには、努力と忍耐が必要だ。また、彼らをサポートしてあげることも必要である。相手が何を考えているのかを知ることは、特にそれが無意識の信念であれば、とても難しい。私たちは、たいていの場合に、自分の思考を自動操縦にしているものである。日常的な決定や選択は、自分がどんな価値観を持っているかに気づかないまま、自動的に行われている。本人でさえ、自分がどんな価値観に基づいて行動しているのか、その価値観はどこから由来するのかわかっていないこともある。

しかし、立ち止まってよくよく考えてみると、自分の核となる価値観や信念に影響を与えた重要な経験や人物を特定することができる。両親であるとか、先生であるとか、あるいは自分が親になってしまったという経験であるとか、愛する人が病死したという出来事であるとか、事故に遭った、などだ。私たちの価値観や信念は、いろいろな人との関係、あるいは経験という豊かな土壌から生まれて、育っていく。

核となる価値観や信念は強い影響力を持っているので、行動を変化させるには、単に思考や感情のスイッチを切り替えるだけではうまくいかない。「楽しいことだけを考えてください」「問題にぶつかったら、それを挑戦だと考え直してみてください」といった単純な思考アプローチでは、行動を変化させることはできない。なぜなら、核となる価値観や信念は以前と同じままだからである。本当の原因を特定し、それに取り組むのでなければ、行動を長期的に変化させる可能性はゼロである。

核となる価値観を調べるには、その人を理解することが必要不可欠である。そうすることで、その相手とさらに親密になれる。特に、恋愛の関係においてはそうである。これからお付き合いしたいと考えている相手が、自分とまったく同じステーキの焼き方が好きであることがわかったり、着信音に同じポップソングを使っていることがわかったりすると、私たちは嬉しさを感じる。逆に、最近の選挙で、その人が自分の嫌いな候補者に投票していることがわかったり、より複雑な問題、たとえばお金の使い方であるとか、子育てについて自分と違う意見を持っていることがわかったりすると、とたんに気持ちが変わってしまうであろう。

取調べのようだと相手に感じさせたり、怒らせたりすることなく、より深い、より内面の思考を明らかにするには、どうすればいいのか。その鍵は、相手が明らかにしてきた情報に対する私たちの反応にある。上手に反応してあげれば、相手は話をつづけて、より深い、より意味のある層のことまで語ってくれる。これは相手に口を割らせる策略のように思われるかもしれないが、より注意深く話を聞くだけなのである。よくありがちな世間話の事例で、より個人的に関心のある情報を引き出していく質問法の例を挙げてみたい。

なぜジャックの会話は退屈なのか？

ジェーン：先週の休みにどこに行ったの？

ジャック：ええと（おどおどと微笑みながら）、あんまり言いたくない……。

ジェーン：どうして？　どうして？　なんで秘密なの？

ジャック：だって、ベニドルムだから……（訳注：ベニドルムはスペインにある地中海に面したリゾート都市）

ジェーン：（目を大きくして）わっ、いいじゃない。でも詳しくは教えてくれないんでしょ。

ジャック：違うよ、聞いてよ。誤解しないでよ。そういうんじゃないんだよ。女の子と遊びまくるようなことじゃないんだ。やましいことなんてひとつもないんだから。

ジェーン：じゃあ、どうしてベニドルム？

ジャック：超格安の旅行があって、学生時代の友達2人と行ったんだ。ずっとサーフィンして、旧市街をぶらぶらしていたよ。そこにはカラオケ店やビアホールなんて一軒もないんだ。本当だよ。

ジェーン：だから、サーフィンね。すごく素敵。そうやって休日を過ごすのが好きなの？　体を動かすみたいな。

ジャック：そう、なんでも含まれているパック旅行みたいな「囚人キャンプ」で休日を過ごしたくないんだ。

ジェーン：囚人キャンプ!?

ジャック：そう、朝8時にサマーベッドにタオルをかけて、プールのそばに座って、一日に3回、呼び出しベルが鳴ったら食事をして、気が狂いそうなほど退屈なエンターテインメントのショーを見て、それから眠る。次の日もそれをくり返す。そんな休日を過ごすくらいなら、いっそのこと殺してくれって。

ジェーン：自分のスケジュールは他のだれかに決めてほしくないってわけ？

ジャック：いや、そうじゃないよ。僕はどちらかというと、自然の多い野外にいて、そこで楽しみたいってこと。地元の人たちと食事をしたり、自然を探索したりさ。経験を楽しみたいんだ。

ジェーン：それじゃ、あまりリラックスできないわね。

ジャック：いや、そんなこともないよ。自分なりのスケジュールが好きなんだ。人生は短いんだから、他の人にあれをしろ、なんて言われたくないんだ。

ジェーン：わかった！　あなたは、自分がちょっぴり反抗者だって言いたいわけね？

ジャック：う～ん、権威とはうまくやっていけないけど。

ジェーン：「うまくやっていけない」ってどういう意味？

ジャック：たまにはトラブルを起こしちゃうこともあるってこと。

ジェーン：トラブル？

ジャック：子どもの頃、いくつかの学校から退学にされたんだ。僕はおしゃべりだったし、
だれの言うこともきかなかったし。特に先生の言うことは。

ジェーンはとてもうまくジャックの言葉を反射している。ジャックもよりオープンになってきて、より深い話を持ち出している。この例でわかると思うが、ジェーンはほとんど自分の考えというものを話していない。ただジャックの話を明らかにして、質問しているだけである。にもかかわらず、彼女は、このテクニックで本当にたくさんの話を引き出している。ジャックが冒険好きで、スポーツ好きだということ。日向でぼんやりするより、身体を動かすのが好きなこと。権威やルールに反抗的で、一度ならず退学させられたことさえあること。

いろいろな話を引き出すことにより、ジャックがどのような人物像なのかが明らかにされた。そういうわけで、反射は、セラピストの武器庫の中でも、特に有用な武器だといえる。反射を使えば、相手から非常にたくさんの情報を引き出すことができるのだ。

次は、ジャックの番だ。

ジャック：でも他の話は言わないほうがよさそうだ。その話は僕の牧師さまに残しておかないとね。ところで、キミのほうは？　先週の休日はどこにいたの？

ジェーン：バルセロナよ。

ジャック： いいじゃん。どんな感じだった？

ジェーン： 楽しかったわ。とてもクールな場所よ。トレンディーなレストランやクラブがたくさん。素晴らしく芸術的な景観で、とても親しみやすい雰囲気で。

ジャック： 何日くらいいたの？

ジェーン： ちょうど3日間。短いお休みね。

ジャック： 一人でいったの？

ジェーン： ううん、そのとき付き合っていた彼氏と。

ジャック： なるほど。そうなんだ。

ジェーン： でも、そんなに深く付き合ってない。

ジャック： そうだ、サグラダファミリアは見た？

ジェーン： ええ、バルセロナに行ったら、そこに行くのは決まりみたいなものね。行かねばならない場所のひとつみたいな。（しばらく妙な間をあけて）行ったことある？

ジェーンは、ジャックにボールを投げ返しているのだが、退屈で死にそうになっている。しかし、なぜだろう。なぜ、ジャックの会話スタイルは、話を引き出せていないのだろう。その理由は、ジェーンの反応に対して、**表面的なレベルでしか関わっていないからだ。**ジャックは、ただ質問をし、答えを待ち、次に別の質問をぶつけるだけなのだ。ジェーンの答えなどおかまいなしなのである。これでは、結びつきの会話にならない。ジェーンの、より深層にある価値観や信念をのぞき込む窓にならない。これでは、親密にもなれない。結局、ジャックが明らかにできたことは何だろう。ジェーンが3日間、元彼とバルセロナに行き、サグラダファミリアを見たことだけだ。驚くべきことである。これでは、バス停で牛乳の値段を話しているほうがマシかもしれない。

会話力が格段に高まる反射的傾聴――SONARの技術

反射は、短期的なやりとりでも、長期的なやりとりでも、会話を向上させるのに役立つ。また、しばしば人が陥りがちな会話の罠をよけるのにも役立つ。

10代の若者とその両親に起こりがちな、典型的な会話の例（次ページ参照）で考えてみよう。ううむ、これらはどれも効果がないように思える。

こういうアプローチでは、会話は確実に終わってしまう。次に起きることは、子どもが音を立ててドアから出ていくか、大声で叫ぶことだ。相手の感情を無視し、自分の意見を押しつけようとすれば、相手は穴にこもって抵抗する。では、こういうリアクタンスを避けるにはどうすればいいか。リアクタンスを避ける鍵は、反射である。

私たちは、反射的傾聴の具体的なテクニックを覚えやすくするため、頭文字をとって「ソナ

10代の若者とその両親に起こりがちな会話の例

戦略	子ども	親	子どもの反応
要求	今日は学校に行きたくない	とにかく、行きなさい	行かない!
皮肉	宿題しなきゃいけないのはわかるけど、いつも疲れてるんだよ	大人になって仕事を持ってから、「疲れた」といいなさい	僕の気持ちなんてわからないんだ!
非難	何にでも口を出すんだね	同じことを8回も言わないですむのなら、口を出さないわよ。難聴なの?	嫌いだ!（自分のことも嫌いになる）
否認	算数は好きなんだけど、この問題は解けないよ。だれも解けないよ	先生はできない問題なんて宿題に出さない。やりなさい	やってるんだよ。それでもできないんだよ。降参だ!
対決	部屋の掃除なんて意味ないよ。どうせ、また汚くなるんだから	汚い洗濯物の下で死ぬまで、汚物の中で暮らすつもりなのね	そう、それが僕の計画なんだよ!

ー」（ＳＯＮＡＲ）と名づけた（１８２ページ参照）。ソナーは超音波を発することで対象物を見つけ出すものであるが、同じように、反射的傾聴の技術を身につければ、相手が言っていることを受け止め、シグナルを送り返し、それによってさらに相手からの情報を引き出せるようになる。

先の会話例を、「ソナー」（ＳＯＮＡＲ）を使いながらもう一度考えてみよう（１８３ページ参照）。

いくらかの抵抗に遭う可能性はあるが、会話は進んでいくであろう。

これらの方法を使えば、状況をより深く調べることができ、おそらくは問題の根っこを明らかにすることができ、結果として、よりうまく解決することができるであろう。会話で反射を使えるようになると、すぐに会話力は高まる。

この技術を鍛えれば、会話に深みと豊かさを加えることができ、相手を理解し、親密になるのにも役立つ。そのためには、反射は1回だけでなく、何回もやる必要がある。会話を進める前に、どんな話題でも3回は反射することを目指そう。忍耐強く、相手の発言に意識を向けることができれば、多くのものを得られる。

反射の技術を身につけるために、それぞれの要素をもう少し詳しく見ていこう。

単純反射――反射する要素は、よく考えて選ぶ

すべての反射のテクニックのうちで、単純反射がおそらくもっともやさしい。もちろん、どの部分を反射するかを注意深く選ぶ必要はあるが。相手の発言をしっかりと聞き、鍵となる要素を反射することで、相手への理解が深まるだけでなく、戦略的な意味で、こちらが知りたいと思っている方向に、相手の会話を導いてゆくこともできる。重要な情報も明らかにできるだろう。

単純反射が不発に終わってしまったという、訓練での面白い事例をお話ししたい。警察に取り調べられていた容疑者が言った。「俺たちは台所で口論していて、少し熱くなっちまったから、俺は外に出ようとしたんだ。俺は自分が通るため、彼女をのけた。そして、外に出る途中で鉢植えの植物をひっくり返しちまったんだよ。あいつは、俺が鉢植えを自分に投げつけたといってるが、それはウソだ」

取調官は答えた。「鉢植え?」

容疑者でさえ困惑顔であった。

だれも鉢植えになど興味はない。「口論」という言葉も大切ではないし、「少し熱くなった」も「彼女を押しのけた」もそうである。もし私が容疑者を取り調べするなら、鉢植えのことなど気にしなかったであろう。私が知りたいのは、容疑者自身に結びつくことなのだ。反射のル

ソナー（SONAR）

単純反射 （S）	相手が言ったことを直接的に、言葉どおりにくり返す。重要なことは、正しい部分を選んで反射すること。さらに知りたいことは何か？　相手の言葉で意味があるのはどこか？
両側反射 （O）	相手が２つの相反する考え、相反する感情、相反する事実を述べていたら、要約して反射する。どちら側を選ぶかはわからないが、相手はさらに多くのことを語ってくれるので、どちらにしても都合がいい。
非論争 （N）	論争に巻き込まれるのではなく、反射で論争になりそうな部分を調べる。議論をしてはいけない。「あなたは私に〇〇と言いたいの？」とか「もっと詳しく話して」などの反射が役立ち、売り言葉に買い言葉を防ぐことができる。
肯定 （A）	否定的な発言は無視し、ポジティブな部分を積極的に探し、その部分を反射する。それによって相手は肯定的になり、変化への勇気を持つ。
リフレーミング （R）	相手の発言を言い換えたり、まとめたりして反射する。「キミの発言からすると、僕は〇〇が君にとって重要だと思うんだ」。このやり方は、鍵となる質問をつづけることで、さらに会話を先に進めることができるので非常に効果的である。

ソナー(SONAR)を使った会話の改善例

戦略	子ども	両親	子どもの反応
単純反射 Simple	今日は学校に行きたくない	今日は行きたい気分にならないのね?	そう、ドラマに他の女の子が出てきて、ちょうどいいところなんだよ(ドラマ?)
両側反射 On the one hand	宿題しなきゃいけないのはわかるけど、いつも疲れてるんだよ	疲れてる一方で、宿題をやらなきゃいけないこともわかってるのね	うん、今年は大切な一年だし。自分で目標を決めなきゃいけないから(大変でも、うまくやりたいのね)
非論争 No Arguing	何にでも口を出すんだね	なんでそう思うの?	会話するんじゃなくて、これをやれ、あれをやれって、命令ばかりでイライラするんだ(私はただ命令だけで、会話はしていないと感じるのね)
肯定 Affirmation	算数は好きだけど、この問題は解けないよ。だれも解けないよ	なんで算数が好きなのか、もっと教えて	たいてい一番いい成績の科目なんだ。それぞれに適切な答えがあるのも好きだし。でも今日のは解けないよ(普段は簡単なのに今日は手間取ってるのね)
リフレーミング Reframing	部屋の掃除なんて意味ないよ。どうせ、また汚くなるんだから	終わりのない循環みたいに思うから、イライラしちゃうのね	そう。汚いのはイヤだけど、どうせ汚くなるんだもん。ガッカリだよ(だったら整理整頓するといいかもね。どうすればもっと簡単になると思う?)

ールとしては、次のことが言える。「鉢植えなどに目を奪われるな。反射をするなら、戦術的にやらなければダメであり、あなたがその人物についてさらに知りたいと思うことを明らかにできるような、賢い反射をしなさい」と。

単純反射のポイントは2つある。第一に、**話を聞かねばならないということ。**大切な要素、意味のある要素を反射したいのなら、集中して聞く必要がある。第二に、**反射をすれば、「私は、きちんと話を聞いていますよ」という合図を相手にも送ることができるということだ。**これにより、相手はさらに会話をしたいと思うようになる。

次の事例を試してみよう。「一緒に引っ越しすることについて話したのはわかってる。でも僕は、時期が適切ではないと思ってるんだ。そんなに簡単にはいかないよ」

あなたはどこを反射するだろうか。より説明を求めたいのはどこかを考えてみよう。「時期が適切ではない」か、「簡単にはいかない」か。ここでは「簡単にはいかない」をとってみよう。

「簡単にはいかない？」

「うん、僕の今の家は職場のそばだろ。だから、僕は郊外からひどい通勤をしたくないんだ。僕は今、10時間から12時間も働いている。平日には一緒にいる時間もとれない。引っ越しは少しだけ延期したほうがいいと思ってる。そうすれば新しい住居の値段も下がるから、お金も貯金できる。別々に暮らしていたいというわけじゃなくて、ただ今のところは、そのほうがいいかなと思うんだ」

あなたはこの答えが気に入らないかもしれないが、相手がどんなことを考えているのかは、より深く、よりはっきりと知ることができた。現実的な観点から、そして財政的な理由で、別々に暮らしていたいと思っているのである。嫌いになったというわけではない。あなたはさらに詳しく知りたいと思うかもしれない。そのためには、斜面を滑り降りてすぐに口論するのではなく、会話をつづけよう。あなたは少し傷つき、自分の価値が貶められたように感じるかもしれないが、どうすればいいのかを考えるには、さらなる情報が必要だ。口論でなく、会話をつづけることが必要なのである。口論は会話をストップさせ、2人の間に壁を作り上げてしまう。反射の目的は会話を前へ進めていくことであり、相手がどんなことを考えているのかを心から理解できるまで、情報を集めつづけることなのである。

両側反射――相反する両面で、相手を動かす

「両側」反射については、動機づけ面接の訓練を受けている人の事例を取り上げよう。

たとえば、次のような事例で考えてみる。「食事に気をつけて、運動しろっていうのはわかるけど、今はムリ。そんなことをしている時間がまったくないもの」

これに応じて、こんなセリフを答えるかもしれない。「そんなに忙しくないだろ。今週だって、ネットフリックスでドラマを全編まるまる見てたじゃないか。本当に痩せたいなら、もっと頑

張る必要があるよ」

　こう言われたほうは、あなたをどこかへ押しやって、自分はピザを注文し、テレビを見ながらゆっくりしたいと思うであろう。相手と対決するようなやり方では、相手を動機づけることはできない。ただ相手に恥をかかせるだけである。恥をかかせても、人は変わろうという気持ちにならない。「ふざけるな!」ボタンをだれかに押したりすると、その人は攻撃されたと感じる。そういうやり方ではなくて、**相反する感情を持っている相手に対して、戦術的に両側を伝える反射を使おう。**「あなたは今、仕事をいっぱい抱えていて、疲れ切っていると感じている一方で、より健康的な食事に戻りたいし、運動もしたいとも願っているのね」

　こう言えば、相手はなぜ健康的なライフスタイルに戻りたいのかについて、よりたくさん話してくれる。相手が話してくれたら、次に、肯定的な動機づけを強化すればよい。次のような答え方をするとよいだろう。

「週に3回、ジムに行って、健康的な食事をしていた頃、私はとてもエネルギーが溢れていたの。ぐっすり眠れていたし。その頃に戻りたいとは思うんだけど、気分が下がっちゃっていて、またやろうという気にならないの」

　相手は、かつてはやる気があったという重要な点について述べている。そこで、そのときの精神状態に戻るよう勇気づけてあげ、もう一度挑戦してみるように促そう。

「挑戦にひるんでいるみたいだけど、ダイエットにはたくさんの利点もあるよ。エネルギッシュになれるし、快眠もできるし。そういう過去に戻るために、何かほんの少しでもできそうだと思うことはない？」

まず両側を反射し、次いで、肯定的な点に焦点を当てていく技術を実践するには、深く調べようという気持ちが必要だ。好奇心や開かれた心も必要である。逆に、自分勝手に判断をしたり、相手の発言を疑ってかかったりしてはならない。「待って。キミは前にXと言ったけど、今はYと言っているよ」などと言ってはならない。

あなたに判断されているとか、罠を仕掛けられていると感じると、相手は距離をとって、話すのをやめてしまう。私たちは、何度も何度もこれを警察の取調べで見てきた。目の前に、矛盾した事実が出されれば、それを指摘したいという気持ちに抵抗するのは難しいので、つい相手を責めてしまう。「それじゃ、次はそれを説明してくれよ」と。テレビドラマでありがちなやり方だ。現実の世界で、こんなことをやろうとすると、相手は黙り込んで、弁護士を要求するだろう。追いつめるやり方をすると、人はいきなり非協力的になる。しっかりとガードをしようとして、口を閉ざし、あなたと距離をとろうとするのだ。

相手の発言に矛盾や食い違いがあっても、それを無視してあげれば、相手を合理的に追い詰めることを避けることができる。相手の面子《めんつ》も保たれるので、さらにたくさん話をしてくれる。ウソにまみれた話をすることもあるし、本当の話をしてくれることもあるが、どちらにしても相手から多くの情報を引き出すことができる。私たちの取調官の同僚の一人は、「嘘をついているかどうかなんて、僕は気にしない。相手が話をしてくれるかどうかだけを、僕は気にするんだ」という言い方を好んで使っている。

非論争――批判せずに会話を進める

私たちは、人と売り言葉に買い言葉で論争してしまうときがよくある。上司と部下、親と子どものように、力のバランスが非対称的な関係で特に起きやすい。私たちは、自分が攻撃を受けた、批判されたと感じると、本能的に相手に言い返そうとしてしまう。ラポールに基づくやり方では、**批判をうまく避けて、相手の真意を探るために反射することをおススメしている。**それにより相手は、正確に自分が言ったことを知ることができるばかりか、論争にならないように、会話を中和することもできる。余計な油を火に注がないですむからだ。これは論争に対する合気道的なアプローチである。合気道では、攻撃してくる相手を傷つけることなく、自分を防衛することができるのである。

「最近、太ったかしら」――正面から答えるのは危険

私はかつて、家庭内虐待で有罪を受けた20人以上の男性について、調査が中心の面談をしたことがある。私が資料を渡して、指示について話すと、若い男性の一人ハーベイが「あなたっ

て好き者そうだよね。横になってみてよ」と言ってきた。ハイエナのような目で私を見つめ、冷笑していた。椅子の脚部を後ろに持ち上げて、腕は頭の後ろで組んでいた。他の男性たちの前で、クールに見せようとしていた。

私の感情脳は、当惑と不快感でしりごみしそうであった。顔も赤くなった。腹の中はいろいろな感情で煮えていたが、私の理性脳は、彼の発言が、私自身、そして私の性別にはまったく関係がないことをわかっていた。力関係だけが関係していた。ハーベイは自分の力関係が下で、私に判断される立場にあると感じていた。そうした力関係の不均衡を正したくて、私におかしなことを言ってきたのである。

私は、じっくり5秒ほど休止し、次に何を言うべきかを考えた。顔はますます赤くなっていた。部屋中に他の男性たちのくすくす笑いが響いた。

ようやく私は口を開いた。「ハーベイ、どうしてそのようなことを私に言うのでしょう?」

「もしお望みなら、私がお手伝いできるかなと思いまして」彼は気どった感じで答えた。

私はまた止まってしまった。他の男性たちのくすくす笑いにさらされている女学生のようだった。私はハーベイと口論したいとは思っていなかったので、彼の発言をただ反射することにした。

「わかりました。私が正しく理解できたか確認させてね、ハーベイ。あなたは私が好き者に見えたので、自分が相手をしてあげようかと言ったのですよね。家庭内虐待の調査の面談中ですけど、セックスのお手伝いをしますよ、と。私の理解は合ってますか？」

男性の一人が下品に高笑いした。

ハーベイは私をにらみ、「本当のところ、あなたとセックスしたいとは思っていません。うぬぼれないでくださいね」

「ええ、いいでしょう。私もあなたとしたいとは思いませんから」

私は答えた。これがきっかけで男性たちはどっと笑った。

「さて、これで、あなたも私も、お互いにセックスをしたくない、ということで合意しましたから、何のために私たちがここに集まっているのかに進みましょうね」

私は、ハーベイに資料を手渡しながら言った。彼はしぶしぶと私から資料を受け取り、それをファイルの中にしまった。

これは決まりの悪い状況だった。私は今でも当時を振り返ると、恥ずかしくて身がすくむ。けれども、ハーベイが言ったことを客観的に反射し返すことによって、彼がやろうとしていた力関係の不均衡を正す論争をうまく中和することができた。

反射は、一見すると単純なやり方だが、本能に逆らうものである。この事例でいうと、私の感情脳が本能的にやりたかったことは、次のことだ。（a）すべてを無視して、何も起きていないかのように振る舞う、（b）「不適切ですよ。部屋から出ていきなさい！」と頭ごなしに否定する、（c）火災報知機を鳴らして助けてもらう。しかし、これらの選択肢のどれを選んでも、私の問題は解決されなかったろう。

もし私が（a）の何もしない、を選んでいたら、私は弱々しい人間に見えてしまったであろう。もし私が、（b）を選んだ場合、彼が出ていくことを拒絶したら、おそらくは事態はさらにエスカレートしたであろう。また、この場面をじっくりと観察していた他の男性たちは、私が大声を出すヒステリックな人間だと思ったかもしれない。男性たちは、だれが一番私のことを感情的にさせることができるのか、毎週勝負するようになったかもしれない。幸い、私はハーベイの言葉を単純に反射しただけなので、うまく中和することができ、先に進むことができたのである。


では、読者はどうやってこの技術を使えばいいのだろう。**次に、だれかがあなたに個人的なことを言ってきたり、あなたを攻撃したりしてきたら、感情的な反応をとるのをやめて、かわりに休止をとり、相手の本当の真意を考えよう。**それから、できるだけ穏やかに、彼らが言ってきたことを反射するのだ。ハーベイとのかかわりで私がやったように、そのまま反射してもよいし、相手に「真意は何？」と反射してもよい。

私たちは、テロ容疑者の取調べという状況で、しばしば反射の必要性を経験している。テロリストの信念は、私たち自身の信念と真逆であることがよくある。容疑者は、取調官を個人的に攻撃するかもしれない。たとえば次のような具合だ。

「あなたは世界で何が起きているかなんてどうでもいいんだ。あなたはただ座って、フィッシュ・アンド・チップスを食べて、次回の小切手の支払いを待つだけなんだからな。世界には、飢えた人、ホームレス、寝たきりの子どもがいる。彼らにあなたは何をしてあげているんだ。何もしてないだろうが！」

あなたの即座の本能的反応はどのようなものだろう。自分を防衛することか。警察官として人助けに人生をささげていると説明することか。そんな説明で、彼らはあなたを受け入れてくれると思うのか。あなたが過去に行ったチャリティのすべてのリストを伝えればいいのか。古くなった毛布をホームレスに寄付したことがあるとか、ウォーターエイド（訳注：国際飲料水の供給と衛生への対応として1981年に設立された国際的な非営利団体）に毎月3ポンド寄付しているなどと伝えれば、相手は受け入れてくれるだろうか。フィッシュ・アンド・チップスは大嫌いだと説明してあげればいいのか。

大切なことは、彼らがそれらのあなたの発言を受け入れることはないだろう、ということだ。なにしろ、相手は議論をしたがっているのだから。だからこそ、議論は絶対にしてはならないのである。そうではなく、彼らの発言の底流にあるメッセージを反射しよう。

「あなたは、多くの人が自分の生活ばかりを大切にして、世界で困っている人を助けるために、何の行動もとろうとしないことに憤慨しているのですね。ところで、あなたは困っている人にこれまでどんなことをしてあげてきたのでしょうか？」

このように反射すると、相手は、嬉しくなり、自分がいかに失望してきたのかという感情や考え方について説明してくるであろう。相手は、あなた、あるいはあなたに代表される権威に、侮蔑の言葉を投げつけてくるかもしれないが、ここでは、相手と会話が成り立っている。あなたは相手の質問に答える必要はない。自分は毎月3ポンドの寄付をしているのだから十分に善意の人間である、などという論争をして自分を擁護し、貴重な時間を使ってはいけない。

これが反射の蓋の力である。**あなたは相手の言葉の底流にあるものを反射することで論争を避けることができ、相手の立場をさらに説明させるのに役立つ。**このテクニックをさらに理解するため、警察以外の例を見てみよう。

あなたの配偶者が次のような会話を始めてきたと想像してほしい。

「最近、太ってきたように思うんだ。体重も増えているし、洋服もきつくなってきて、ぴったりしたものがひとつもないし。まったくイヤになっちゃう。ギリアンったら、ダイエットを始めて、すごく痩せたのよ。ギリアンって、すごく痩せたと思わない？　あなたもギリアンのことが好きになっちゃうんじゃないかしら、どう？」

この質問に絶対に答えてはいけない。これは罠だ。もしあなたが「そんなことないよ」と答えたら、相手は、あなたが嘘をついていると思う可能性が高い。もしあなたが「うん」と答えたら、あなたはおそらくソファで眠らせられるハメになるだろう。こんなときこそ、反射の蓋で状況を打開するのだ。あなたの配偶者が、本当に言いたいことは何か。あなたが彼女の大親友のギリアンを好ましいと感じているかどうか、イエスかノーかで答えてほしいと本当に思っているのか。たとえそう考えていたとしても、おそらく答えを望んではいないだろう。

したがって、あなたは論争にならないようなことを返答するのである。彼女の真意を反射するのだ。

「このところ、体型がくずれてきたと感じて、本当に気落ちしているんだね。だれでも、時々はそう感じることがあるよ。僕だってそうさ。最近、僕たちはダイエットしていないから、2人でギリアンがやっているダイエットに挑戦すべきかもしれないね。そのダイエットはお金がかかるの？」

これで大丈夫。次に話すことは、ダイエットプランに自分たちも参加することや、炭水化物を減らすことや、エアロバイクに一緒に乗ることだ。そういう話し合いをすればいい。あなたがギリアンを好ましいと感じるかどうかはまったく話し合わなくてすむ。

もし回避できなかったら、どうすればいいか。たとえば、彼女が次のように返答してきたら、どうするのか。「うん、そうね。でも、ギリアンについてどう思う？　あなたもいいなって思ってるんじゃないの。彼女ってあなたの好きそうなタイプだもんね」

ううむ、今度はどうすればいいだろう。また反射するのか。反射の使い過ぎではないだろうか。私たち夫婦は、取調官たちに、反射をするのは3回、というルールを勧めている。3回は回避を試みて、それでも質問されるのであれば、答えなければならないかもしれない。

そこであなたは返答する。「僕の好きなタイプ？　僕の好きなタイプって、どんな人？」

彼女は、少し悩んで返答する。「ええと、スポーティで、運動が好きで、間違っても心がグラグラしないような人よ。認めてよ。ギリアンみたいな子がタイプでしょ？」

このような事態が発生したときには、「幼児とTシャツ」テクニックを使うタイミングである。このテクニックは、129ページで論じた。

「聞いてよ。君は今、少し気分が落ち込んでいると思うんだ。だから、僕がギリアンを好きになっちゃうかどうか、しつこく聞いてくるんだよ。でも君が本当に僕に尋ねたいのは、『今でも私のことを好き？』ということだと思うんだ。それなら答えられるよ。僕は、いつだって、毎日だって、君のジーンズが少しきつくなってきたって、そうじゃなくたって、大好きだよ。僕はいつだって君のことが好きなんだ。愛しているのは君であって、ギリアンじゃないんだよ」

この事例では、配偶者の質問に直接的に答えるのではなく、その質問の底にあるものを推測して、それについて答えている。問題の核心に迫ることで、あなたは前に進むことができるだろう。

もしだれかが、挑発的な質問をやめてくれないのなら、その人が本当に望んでいるのは答えでなく、論争であると考える必要がある。その場合の選択としては、論争に応じるか、あるいはどうせポジティブな結果にはならないので、単純に会話を切り上げて立ち去るしかない。

「雑草の中から花を見つける」――相手の行動を変える

驚くようなことでもないが、たいていの人は、否定的なフィードバックを受けるよりは、肯定的なことを言ってもらいたいと思っている。そこでできる限り、相手の否定的な部分に目を向けるのではなく、良い行動を強化してあげるとよい。**肯定は、反射の鍵となる要素である。**なぜなら、肯定をするためには、相手の発言の中から、肯定的な要素を具体的に解読し、それを反射することによって、相手を強化しなければならないからだ。

行動心理学では、正の強化、すなわち、良い行動へ報酬を与えることが、行動を変化させるうえできわめて有用な手段であることが広範な研究で示されている。これは人間でも動物でも同じである。これと対照的に、悪い行動に罰を与えることは、それほどうまくいかない。

相手のダイエットについて批判しても、健康的な食習慣を身につけさせることはできない。仕事で不満を抱えている人を批判しても、突然、仕事に喜びを見出すようにはならない。遅刻する人に遅れるなと叱り飛ばしても、翌日から時間を守ろうと勇気づけることはできない。

他人の行動に影響を及ぼしたいのなら、いつでも否定的な部分でなく、肯定的な部分に焦点をあてることを心に銘記しておこう。悪い行動を完全に無視せよ、といっているのではなく、サポートしたり、強化したりできる態度や行動に目を向けようということだ。ミラーとロールニックは、これを「雑草の中から花を見つける」テクニックと呼んでいる。人に行動を促す努力をしたいなら、雑草のブーケを手渡してはいけない。

行動が極端なものであっても、意見を言ってやりたいという気持ちを抑え、肯定的な部分を探しつづけることが必要だ。その行動があなたにとって気に入らないものであればあるほど、それについて否定的な発言をしたくなり、肯定的な部分を見つけるのが難しくなる。「ここに花なんてない、雑草ばかりじゃないか！」と考えるかもしれない。

私たちは、クライアントとのやりとりで日常的にこの気持ちを経験している。クライアントの中には、本当にひどいことをしている人もいるからだ。しかし、肯定的な要素を困難でも見つけ出すことにより、私たちは、彼らに変化のための道筋を与えることに成功している。**肯定的な要素を見つけるのが困難、あるいは実際に不可能だと思えるときでさえ、努力して探す必要がある。**ひとつでも肯定的な要素があれば、それを小さな足がかりにして、行動の変化を成し遂げることができる。

恋人を暴行した男性は、どうやって自分を取り戻したか

Emily

数年前、私は恋人にひどい暴力をふるったクライアントとかかわることになった。彼が職場から自宅に戻ると、2歳の娘が部屋の真ん中で、真っ赤な顔で泣きながら、「お母さん、お母さん」と何度も叫んでいる姿を見つけた。娘はびしょびしょになるほど涙を流し、鼻水を垂ら

していた。明らかに、長い間、ずっと泣きつづけていたのである。母親はというと、ソファに座って友達と電話でおしゃべりしていた。

「なぜ娘を抱き上げてやらないんだ！」男は怒って言った。

「電話中なのよ」目を向けながら、恋人は答えた。

次にとった彼の行動は、きわめて異常だった。彼は、電話を取り上げて彼女の顔に叩きつけ、あごに打撲傷を負わせた。それから、彼は彼女の足を持って、ソファから引きずりおろした。カーペットに背中から落ちた彼女に対し、彼はそのお腹を数回蹴りつけた。

このような暴力事件のどこに肯定的な要素が見つけられるのか。

「泣いている子どもを放っておくべきではない」という要素だ。この部分に立脚して、彼の行動を変化させる出発点とするのである。男性の行動は、たしかにひどいやり方だったかもしれないが、彼がどんな考えを持っているかを示唆している。

何が起きたのか説明を聞いた後で、私は彼に言った。「あなたは娘さんが無視されていたのを見て動揺したのね。子どもが泣いているのに、放っておくべきではないと考えたのね」

「そうなんだ」男は、強い言葉で言った。「俺は6歳のときに、施設にいたんだ。母親が、俺のことをネグレクト（育児放棄）したせいさ。だから、俺の女が、娘が泣いているのに無視している姿を見たとき、俺はキレたんだ」

否定的な要素ではなく、肯定的な要素に焦点を当てることで、私は、彼がどんな価値観を持っているのかを理解することができた。その原因についても彼は語ってくれた。とはいえ、彼の価値観と、事件のときにとった彼の行動は、まぎれもない矛盾も示していた。

彼は、子どもは放っておかれるべきではないと思う。放っておくのは子どもにとって有害だと感じている。しかし他方で、子どもの目の前で、その母親に殴りかかることで母親が子どもを無視する以上に、子どもを傷つけている。

自分の判断や非難をまじえずに、この矛盾を反射するためには、まず肯定的な点を褒めてあげ、それから、彼の行動を並べるようにする必要がある。これは前に述べた両側反射のやり方である。自分が言っていることと、やっていることに食い違いがあることを伝えるのにとても強力な方法だ。

「あなたは、娘は愛されて、世話を焼いてもらうべきだと思っているのね。自分が子どもの頃に経験したようなことを、娘にはしてもらいたくないのね。じゃあ、あなたが母親を殴っているとき、娘がどうしていたのかお話ししてくれない？」私は静かに尋ねた。

彼は長いこと止まっていたが、ようやく口を開いた。

「頭を振って泣き叫んでたよ。今でもその声が耳に残っている」

それからさらに長い沈黙があり、彼は目をあげて私を見つめて言った。

「俺のしたことは、もっと悪かった。なぜそんなことをしたのか、自分でもわからない。どうして俺はあんなことをしたんだ？」

彼らに行動を変えてもらおうとして批判をぶつけるよりも、**相手の目の前に鏡を置いてあげたほうが、自分の欠点を認識させるには、はるかに強力である。**非難された人は、自然に自己防衛しようとするものだからである。そのため、非難するのではなく、反射してあげるのだ。そうすると、結果として、自分自身をよりよく見つめなおすことができる。

相手を肯定してあげることなく、変化への階段をのぼらせることはできない。あなた自身の行動を変えようとする場合を考えてみよう。ダイエットでもいいし、スピード違反をしないようにすることでもいいし、禁煙でもいいし、物事をいつまでも放っておかないようにすることでもいいし、整理整頓することでも、なんでもいい。自分の心の声は、どんなことに焦点を当てるだろうか。否定的な点ではないだろうか。心の声は、あなたにささやいてくる。「お前には、意志力なんてない」「どうせ継続できるわけがない」「お前は、今のままだ」「お前はいつも失敗する」

肯定的な見方をしようとするのは、とても困難である。しかし、もし心の声が次のように言ってくれたらどうだろう。「あなたはきちんと自分の欠点を受け入れている」「あなたは挑戦しつづけることができる」「あなたは変われる」「絶対に諦めるな」。私たちの脳みそは、やる気になるはずだ。同じように、他人を勇気づけるときにも、肯定的な点に焦点を当てつづけてあげるのである。

荒れた女子生徒の行動を変えた、秘密のレバー

さまざまな反射のテクニックのうちでも、もっとも難しいのがリフレーミングである。なぜなら相手の発言を注意深く聞くだけでなく、それを自分なりに解釈し、会話をより深いレベルで前に進めるための推測を働かせなければならないからだ。

単純反射が直接的にオウム返しする方法で、両側反射が矛盾する内容に焦点を当てる方法だとすると、**リフレーミングは、相手の発言を受け止め、その発言が意味しているところ、あるいは表面の下に沈んだ価値観や信念を推測することである。**相手の発言のより深いレベルに目を向ける必要がある。そのためには、反射の蓋と、肯定的な要素を見つけ出すやり方をとらなければならない。

たとえ相手が語っていなくとも、その価値観や信念を正しく反射してあげれば、強力な効果をもたらす。彼らは、あなたが自分を深く理解してくれていると感じる。また、自分自身の心をよりはっきりと知ることができるようになる。

著者の一人エミリーが問題のある子どもを扱うときには、この戦術をいつでも使っていた。子どもたちは、しばしば権威に反抗する。授業をサボり、麻薬をやり、酒を飲み、犯罪に手を染める。彼らは、自分の人生などどうにもならない、だれも自分のことなどわかってくれないと感じている。それでいて、なぜルールは守らなければならないのかと感じている。そこで彼

らには、自分自身に十分に価値があることを気づかせてあげる必要がある。**自分に価値があると思えば、自分の行動を変えることにも価値が出てくるからだ。**私たちの価値観を彼らに押しつけても、彼らは変化しようという気持ちにならない。彼ら自身に、変化には意味があることを理解してもらわなければならない。そうしてこそ、彼らの行動変化はうまくいき、目標が達成できるのだということを覚えておこう。

私たちが取り組んだ女の子の一人は、信じられないほど聡明だったが、また信じられないくらい暴力的であった。その子はいつもケンカばかりで、停学処分を受けた。その子は、階段の上から、先生に向かって椅子を投げつけたことがある。また、他の生徒の指をケンカで骨折させたこともある。

私たちは、ありとあらゆる理由をぶつけて、彼女の行動をやめさせたいと思うかもしれない。成績に響くとか、卒業の見込みがなくなるとか、犯罪歴がついてしまうとか、他の人にケガを負わせてしまうとか、退学になるとか、刑務所に行くことになる、などだ。しかし彼女はそれらの理由など、まったく気にしないであろう。なぜなら、それらは彼女の価値観ではないからだ。私たちの作業は、彼女自身が行動を変えたいと思うような彼女の価値観を明らかにすることであった。

彼女は音楽が好きだった。彼女は、学校で実施されるＤＪ指導者プログラムに参加することを強く望んでいた。彼女の夢は、イビサ島（訳注：地中海のバレアレス諸島に属する、スペイン領の島）にあるクラブでＤＪになることだったのだ。彼女は、世界中の音楽フェスでＤＪとしてツアーめぐりをしている自分を夢想していた。これが彼女を動かすレバーであった。私たちは、ＤＪ指導者プログラムに参加するには、半年間、すべての授業にしっかりと出席しなければならないと話した。日数的に無理であったのだが、私たちは校長先生に掛け合って、もし彼女がこれからの4週間、すべての授業に完ぺきに出席するのなら参加を考慮してもらえるようにしてもらった。また私たちは、麻薬を使用していると授業に集中できなくなり、自分の夢をかなえられなくなってしまう、ということも話し合った。もし麻薬で逮捕されたりすると、海外ツアー、とりわけアメリカへのツアーには支障が生じるだろうとも伝えた。初めて、彼女の顔に心配が浮かんだ。自分のしていた行動が、他の人に脅威を与えることは彼女にとってはどうでもいいことだったが、自分の夢や目標を脅かすことに気づいたのである。それこそ、彼女が本当に気にかけていたことだったのだ。

次のいくつかの事例で、話し手の人物が抱えている核となる価値観と信念を見つけ出せるかどうかを試してみよう。どのように相手の発言をリフレーミングするのが正しいのかも考えてみよう。

マンディ（20歳）。大学2年生で奮闘中。

「現在は本当に大変。中間試験もあまりできなかったから、やる気も出てこない。私は生化学が好きで、高等学校では科学でトップだったのよ。だけど、今では、クラスの真ん中より上なら、たぶんラッキーなくらい」

何が問題なのか、わかっただろうか。

提案される答えはこうだ。

「大学では、高等学校の頃に比べてうまくやれていないと感じているのですね。あなたは一番でなかったら何かをやる意味はない、と感じているのではないでしょうか」

トレバー（36歳）。妻に不満を抱えている。

「うんざりするくらいの作業があるんですよ。家に着くなり、紅茶を淹《い》れて、子どものスポーツの道具を洗って、子どもも洗ってあげて、ペットにエサをあげる。台所をきれいにして、子どもを寝かしつける。ああ～！　これがずっとつづくんですよ。私たちは疲れすぎちゃって、お互いに口もききません。夜に連れだって外に出ることなど考えもしませんし、セックスについても忘れてます。時々ですけど、私は少しだけ長く車の中にとどまっています。そうすれば、うんざりするような私の人生に直面しないですみますからね」

提案される答え。

「あなたの生活が、平凡な作業で埋め尽くされているように感じているのですね。まったく楽しんだり、喜んだりする時間がないというのですね。家族としての生活が中心になってしまっていて、夫婦としての時間がまったく残されておらず、それを寂しいと思っているのではないでしょうか」

ブラッドレイ(27歳)。**深い付き合いを望んでいる。**

「今どきの、デートしている人たちはおかしいですよ。だれも深い付き合いを求めてませんね。相手が何に興味を持とうが、おかまいなしのように振る舞うんです。電話をかけなおしてくれなくとも、たとえ他のヤツと出かけていても、気にしてないように振る舞うんです。僕はそういうのが大嫌いなんです。自分にまったく興味を持ってくれない相手と、いったいどうやって付き合えというんですか」

提案される答え。

「長く付き合える関係に興味を持ってくれる人がどこにもいない、とあなたは感じているようですね。しかし、あなたは、まさにそういう人を求めているのですよね。自分も相手に関心を持ちたいし、相手にも自分に関心を持ってもらいたいと思っているのですね」

すでに述べたように、リフレーミングは、あらゆるテクニックの中でももっとも難しく、かなりの練習を必要とする。相手の発言の裏側にある、より深いメッセージをあなたが理解しているという合図を送るキーフレーズを覚えておこう。

たとえば、「あなたは○○と感じていらっしゃるように思えます」「あなたは○○を気にしてらっしゃるのですね」などだ。これらのセリフを、あなたが関係改善を求める相手に、次回の会話で試してみてほしい。

また、リフレーミングを使うときのコツは、他の反射を使うときと同じく、真心を持って、自分の判断をまじえず、相手に関心を示すことだ。

教訓
LESSON

1 価値観を認める

反射は、相手の動機や行動の基礎になっている、より深層にある核となる価値観や信念を明らかにするのに役立つ。

それを理解できれば、相手との結びつきを形成することができ、さらに多くの情報を引き出すのに役立つ。

2 「本能」を避ける

食事をコントロールできないとか、喫煙を我慢できないとか、飲酒の習慣をどうにもできない、といった説明を聞くと、私たちはすぐにアドバイスを与えたいとか、批判したいという誘惑を感じる。

しかし、相手の手助けをするためには、ただ解決策を示すとか、彼らに恥をかかせて行動をとらせようとするよりは、自分自身で解決策を導きだせるようにしたほうがよい。

3 SONARの合図を送る練習をする

ラポールに基づくSONARのテクニックには、いくつかの基礎的な反射のやり方が含まれる。

相手のキーワードを単純に反射するやり方から、より深い価値観をリフレーミングするやり方もある。あなたはすでに自分の会話でこれらのテクニックを使っているかもしれない。自分の反射のレパートリーを広げて、慣れるまで訓練しよう。

4 人間味のある会話を

ラポールの努力をするときには、柔軟で、人間的なやり方でテクニックを使うことが必要だ。いつまでも単純反射ばかりを使ったり、両側反射で「Aでもあり、Bでもあるのですね」と言いつづけたりすることは、逆効果である。反射の練習を始めたばかりの時期には、ロボットのように機械的だと感じて苦痛かもしれないが、どんなに複雑な技術も、練習をすれば向上する。だれかと会話をするときには、人と結びつくための練習の機会だと考えよう。

chapter 5

動物サークル——人間関係を快適にする4つのスタイル

貪《むさぼ》り食われるほどに甘くてもいけないし、
吐き出されてしまうほどに苦くてもいけない

パシュトゥーン人の諺《ことわざ》
（アフガニスタン、またパキスタン西部に住む民族）

「パワー」と「親密さ」の2軸で構成されるサークル

これまでの2つの章で、私たちはラポール形成の基礎について論じてきた。正直さ、共感性、自律性、そして反射である（HEAR）。それらの要素は、あらゆる状況、あらゆる人間関係における会話と結びつきに役立つ。

しかし、すべての状況が同一ではないし、すべての人が持っている長所もそれぞれに違う。生まれつきのリーダーもいれば、後ろに控えているのが好きな人もいるし、衝突するのが好きな人もいれば、生まれつき慈愛に満ちた人もいる。だれもが、居心地のいい人間関係の領域を持っていて、その快適な領域から外に出て、人とやりとりするのはとても難しい。私たちには、気まずい社会的状況を単純に避けたい、という強い欲求がある。

本章では、自分の快適な領域を広げて、どんな状況でも気が重いと感じないように、融通をきかせるやり方を学ぼう。

そのために、**「動物サークル」をマスターしよう。**動物サークルとは、4つの基本的な会話スタイルを、4つの動物であらわしたものだ。章の後半で、それぞれの動物について詳しく説明していくつもりだが、まずはその基本に慣れてほしい。

ティラノサウルス：衝突　衝突を扱うやり方である。これをマスターするには、人とやりとりをするときに、攻撃的になったり、相手を卑しめたり、罰するようなやり方をとらないことを学ばなければならない。論争するのがうまい人は、自己主張をするし、率直でもあるが、攻撃的ではないし、懲罰的でもないし、皮肉っぽくもない。この領域は、マスターするのがもっとも難しい。なぜなら、感情コントロールが一番求められるからである。

ネズミ：追従　相手にコントロールをまかせるやり方。これをマスターするには、弱々しく見えるのを避けつつ、静かに座って、よく相手の話を聞き、忍耐心と優美さを持って忠告を与える方法を学ばなければならない。よい追従者は、謙虚ではあるが、弱者ではない。

ライオン：コントロール　ライオンをマスターするには、責任を引き受け、効率的に人を導く必要がある。ただし、コントロールしすぎる、独善的で、偉ぶって見える危険性がある。良いリーダーは人をサポートし、明確な目標を設定し、献身と自信を引き出しながら人を導く。

サル：協力　友好的な協力とチームワークをマスターするためには、不適切に親しくなりすぎないように気をつける必要がある。良き友は、温かさ、気配り、愛情を持って人に接する。

本章では、動物サークルがどのように機能するかを説明してゆく。どの動物サークルがもっともうまくいくのかは、状況によって違う。あなた自身、どの動物サークルでやりとりするのがもっとも快適なのか、そして、もっとも向上させる必要があるサークルはどれなのかを知るのに本章は役立つだろう。

本章の目標は以下の通りだ。

1　状況を正しく診断できる
「私は、どの動物を扱っているのか？」
2　コミュニケーションを妨げる本能的反応を避ける
「どの動物の領域に私は戻りたいと感じているのだろう？」
3　どのスタイルであれ、快適に、自信を持っていられる
「私は、４つのどのスタイルでも自信を持って、容易にやりとりできているだろうか？」

次章からは、それぞれのスタイルを詳しく取り上げるので、自分がすでに習得ずみのスタイルはどれなのか、さらに向上と努力が必要なのはどのスタイルなのかを認識するのに役立つだ

人とのやりとりにおける動物サークル理論

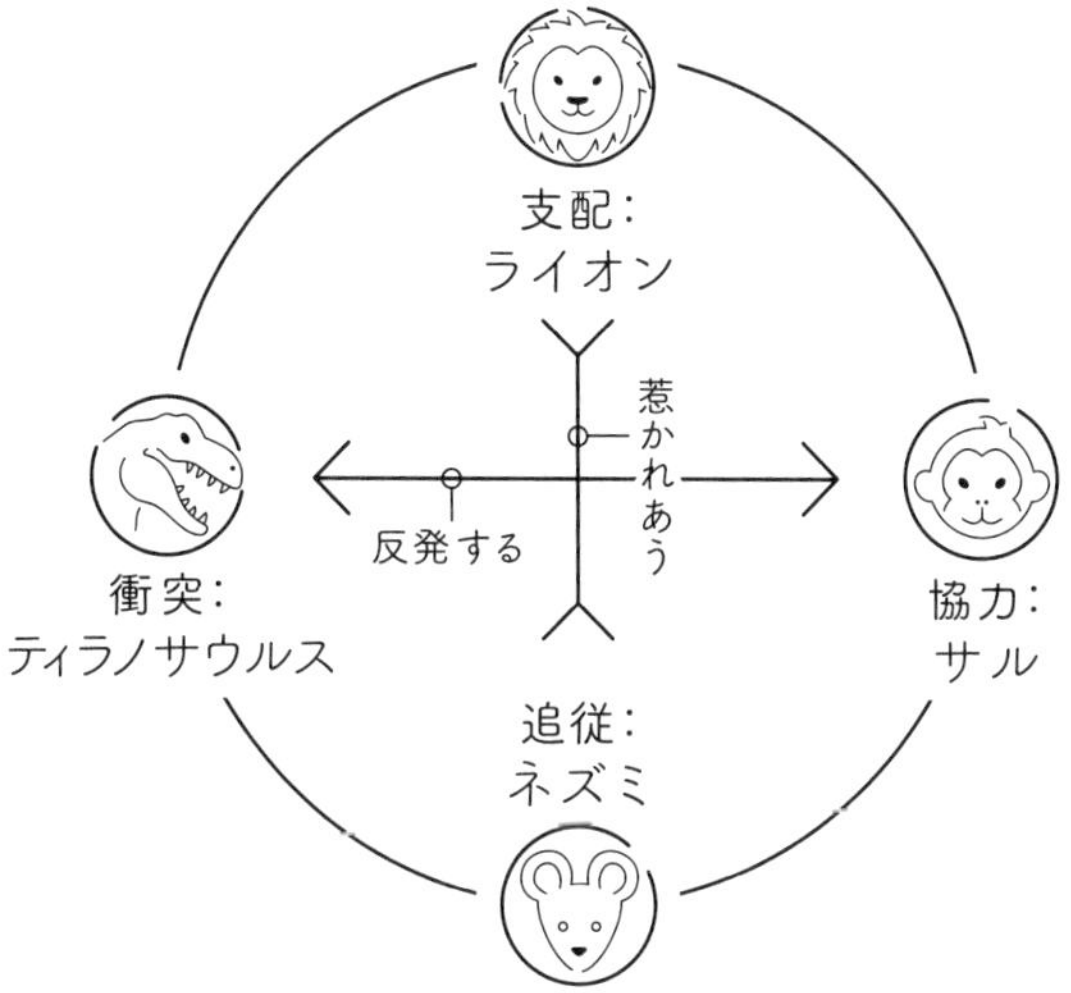

ろう。

ライオンとネズミが、サークルにおける両端に位置していることは、すぐにわかる。ライオンとネズミの間にある**縦軸の線は、「パワー」を意味する。**どちらが相手にパワーを持ちたいのかということだ。もしあなたがライオンなら、追従してくるネズミの人のほうが望ましいと感じるだろう。相手にもライオンになってもらって、ともに競い合いたいとは思わない。多かれ少なかれ、相手には自分に追従してもらいたいと願う。

逆に、あなたがもしネズミのような追従者の立場をとる人なら、やりとりをする相手は、ライオンのように責任感のある人のほうが頼もしいと思えるだろう。

ようするに、パワーの次元における縦軸の線は、ライオンはネズミを求め、ネズミはライオンを求めることを意味している。

ティラノサウルスとサルも、お互いに対極にある。片方は衝突、片方は協力だ。しかし、ライオンとネズミはお互いに惹かれあう関係にあるのに対して、横軸の2つはお互いに反発しあう。この**横軸の線は、「親密さ」に関係する次元だ。**単純なレベルでいうと、ティラノサウルスは敵意をあらわし、サルは愛情をあらわしている。敵意は愛情を促すことはない。ただ、敵意を促す。愛情は愛情を促す。

もし私たちが衝突スタイルをとると、相手からも同じスタイルが返ってくる。同じように、私たちが、親密で、温かみがあり、協力的なスタイル、すなわちサルのスタイルを採用すると、相手からも同じものが返ってくることが期待できる。横軸は親密さの軸であり、反対のものは惹かれあうことはない。そうではなく、類は友を呼ぶ。衝突は衝突を招き、協力は協力を招く。

言うまでもないが、これは人間のやりとりを極端に単純化したものだ。しかし、簡略法として利用するなら、どの会話スタイルをとればいいのか、簡単に推測することができるだろう。

すべてのやりとりは、縦軸の「パワー」の次元と、横軸の「親密さ」の次元に基づく、一連の人間関係の〝ルール〟に従う。支配的なライオンの行動をとっていると、相手は追従的なネズミの行動をとってくる。

たとえば、もしあなたがクリスマスの夕食を作ろうとしていて、家族のメンバーにそれぞれにやるべきことを割り振って、「芽キャベツを刻んで、七面鳥に肉汁をかけて、ニンジンを刻んで、テーブルをセットして」などと指示しているときには、ライオンになっているかもしれない。あなたは家族のそれぞれに与えた作業を理解し、チームとして動いてもらいたいと思っているのだが、こういうときのあなたは、「私がライオンで、リーダーなのよ。みんなは私の指示に従うこと」と言っているのだ。

こちらが追従的なネズミの行動をとっていると、相手は支配的なライオンの行動をとりやすい。逆に、ライオンの行動をとっていると、相手はネズミになる。10代の子どもに、今日はどうだったかを話してもらいたいとき、あなたはとても穏やかな会話から始めるかもしれないが（友好的なサル）、子どもが、「普通」としか答えてくれないと、もっと詳しく話してほしくて、より強く質問してしまうかもしれない（威張ったライオン）。すると、子どもは、回避的な行動（静かなネズミ）で返してくるのである。

しかし、横軸の次元では、こちらがティラノサウルスの会話をすると、しばしば相手からも攻撃が返ってくる。だれかが議論のときに大声を出したり、罵ったりすると、相手からも同じ反応が返ってくる。両者とも、相手より上位に立とうとするので、議論が個人攻撃になってしまうということもよくある。

よくありがちな会話は次のような感じだ。「あなたが食器洗いの一番上に赤ちゃんのプラスチック皿を置くと、水が溢れちゃうのよ。だから、やめてね」これは、事実に基づいて、直接的な発言をしているので、合理的なお願いだといえる（ライオン）。

するると、相手は、「わかったよ、ごめん」と返答するだろう（ネズミ）。

しかし、次の答え方をすると、この流れがうまくいかなくなる。

「私は、もう100万回も言ってるわよね、どうして覚えられないの！」（ティラノサウルス）

こんな発言をすると、相手は先ほどとはうって変わって、攻撃的な反応を返してくる。

「本気で言ってんのか？　赤ちゃんの皿のことで、俺とやりあおうってんだな。少なくとも、俺は手伝ってんだよ。お前は、他のことでも心配してたほうがいいんじゃないか？」（ティラノサウルス）

ううむ、これでは口論だ。次には、お互いに相手の言うことを聞かなくなる可能性が高い。問題は自分にはなくて、相手にあることになってしまうからである。ライオンには、ネズミが返ってくるのだが、ティラノサウルスにはティラノサウルスが返ってくるのだ。

同様に、こちらがサルの行動をとると、相手もサルの行動をとってくる。協力的で、温かみがあり、友好的になると、相手からも同じ反応が返ってくる。自分に対して友好的に振る舞ってくれる人からのお願いには、「ノー」と言いにくいという経験はないだろうか。最初は、固く拒絶しようと決めていても、相手が温かく、友好的に接してくると、こちらも友好的にならざるを得ないと感じるようになり、相手に協力してしまうのである。路上の客引きは、このテクニックを使っている。ものすごく大きな笑顔で近づいてきて、どこから来たのかとか、素敵な休日ですねと話しかけてくるのだ。そのため、あなたはオープントップバスのツアーチケットを買わされる羽目になるのである。

ほとんどあらゆるやりとりにおいて、私たちはこの4つの会話スタイルのひとつを使っている。会話をリードすることもあれば（ライオン）、相手についていくこともあれば（ネズミ）、協力的であることもあれば（サル）、ぶつかり合うこともあるのである（ティラノサウルス）。

人とのやりとりを診断するためにこの理論の簡略版を使うときには、単純に2つの質問を考えてみればよい。

1　この人は、心理的に私よりも上位に立ちたがっているのだろうか（ライオン）。それとも、下位でいいと思っているのだろうか（ネズミ）。

2　この人は、私との関係をぶち壊しにしたいと思っているのだろうか（ティラノサウルス）。それとも、私と抱擁したいのだろうか（サル）。

この質問により、相手が試みようとしている「パワー」がわかる。

この基本原則がわかれば、相手があなたにどのサークルにいてほしいと思っているのかを予想することができる。あなたがそのサークルにいくべきだと言っているのではない。どんな反応を相手が望んでいるのかが理解できればいい。

自分のよく知っている人で考えてみよう。パートナーでもいいし、子どもでもいいし、上司でもいいし、親友でもいいし、高校時代の天敵でもかまわない。

・その相手は、たいていの場合、どの動物なのかを判断できるだろうか。
・あなたが彼らの近くにいるとき、あなたはどんな動物だろうか。

ある種のパターンが起きていることに気づき始めるのではないだろうか。**相手のポジションをうまく操縦するためには、あなたは自分自身のことを知らなければならない。**あなた自身は、たいていの場合、どの動物なのかを考える必要がある。人を引っ張るのが得意なタイプか。責任をとるタイプか。追従するのを好むタイプか。指示を与えるより、指示されるほうが好きなタイプか。もっともな理由があっても不満を口にするのをためらうか。できる限り衝突を回避するするか。人にお世辞を言い、親密さを示すのには何の抵抗もないか。

もしこれらのパターンに自分自身で気づいていないと、相手からサークルの外に押し出され、自分の反応をコントロールできなくなり、おかしな行動をとってしまう。一緒に働かなければならない同僚と、いつでもパワーをめぐって競争しようとしていたら、あらゆるプロジェクトが戦闘になってしまう。10代の若者が嫌味を言ってきたとして（悪いティラノサウルス）、こちらも嫌味を返していたら（さらに悪いティラノサウルス）、さらに相手を高ぶらせてしまうだろう。

4つの動物、それぞれに良い点と悪い点がある

すべてのティラノサウルスが悪いと言っているのではない。出会う人すべてに、かわいい、幸福なサルでいなければならない、と言っているのでもない。どの会話スタイルも、やりとりをうまくやっていくのに必要である。ティラノサウルスでさえ、効果的なコミュニケーション法なのである。ラポールと対人スキルは、「素敵な人」でいるよりも、はるかに複雑なのだ。

実際、対人関係の理論家たちによると、それぞれの会話スタイルには、良い点も悪い点もあるという。尊敬を集めている心理学者で、結婚カウンセラーのジョン・バーチネルは、2つのサークルを構築している。ひとつは、彼が「適応的関係」と呼ぶもので、これは肯定的なコミュニケーションにつながるものである。もうひとつは「不適応的関係」と呼ぶもので、コミュニケーションに有害な効果をもたらしてしまうものだ(1)。

同じように、私たちの理論におけるそれぞれの動物には、良い点もあれば、悪い点もある。**お互いの結びつきを高め、コミュニケーションを促進するポジティブな点もあれば、コミュニケーションを破壊し、やりとりをしたくないと思わせてしまうネガティブな点もある。**重要な

4つの動物　良い点と悪い点

対立（ティラノサウルス）：他者に対して挑発的、攻撃的

良いティラノサウルス	悪いティラノサウルス
率直。批判的。このタイプの人は、とても直接的である。彼らの発言は、時として無遠慮に思えるかもしれないが、正直なのであり、相手を個人的に傷つけてやろうという意図はない。彼らの態度は、「はっきりさせてくれ。それが重要なんだ」である。	攻撃的で、脅迫的。このタイプの人は、恐怖で人を動かしたがる。不愉快な結果になろうが、暴力につながろうが、気にしない。また言葉で侮蔑したり、攻撃したり、皮肉を言う。彼らの態度は、「俺が言ったことをやれ、以上」である。

協力（サル）：相手と共同し、調子を合わせる

良いサル	悪いサル
協力的な人は、相手にもサポートしてほしいし、勇気づけてほしいと願っている。状況に適当な温かさと愛情を示す。彼らの態度は、「私たちはチームなのだから、一緒に取り組もう。私はあなたのためにここにいるんだ」である。	このタイプの人は、相手との関係の境界線を踏み越えてしまう。あまりに親しくするし、愛情過多すぎて、相手を不愉快にさせる。あらゆることを犠牲にしてでも、好かれたいと願う。へつらい者に見えることもある。彼らの態度は、「私たちはいつでも友達だよね」だ。

支配（ライオン）：相手を支配し、パワーを求める

良いライオン	悪いライオン
責任感が強く、自分自身をリーダーと見なしており、はっきりと決断をし、コントロールしたがる。彼らの態度は、「聞いてくれ。私はどうすべきかをわかっている」である。	威張り散らす、独善的、コントロールを好む。このタイプの人は、相手の意見を完全に無視して、自分の意見を押しつける。相手が話そうとするとそれをさえぎり、相手の意見を無効にする。彼らの態度は、「私のやり方は、一方通行」である。

追従（ネズミ）：他者に追従、または降伏

良いネズミ	悪いネズミ
謙虚、忍耐強さ、悲哀。このタイプの人は、相手を大切に扱う。サポートや安心感を求め、行動を起こす前に慎重に状況を調べる。彼らの態度は、「しっかりと耳を傾け、状況を観察し、準備ができたら口を挟もう」だ。	このタイプの人は、回避的で、弱々しく、ためらいがち。いつでも可能な限り対立を避けようとし、自信に欠け、不確かである。決められた原稿に頼って、ありきたりな反応をする。彼らの態度は、「どうすればいいかわからない。私のためにあなたがやってよ」である。

ことは、ポジティブなサークルでも、どの動物が優れているとか、どの動物が劣っているということはない、ということだ。「一番の動物」などはないのである。**適切なタイミングに、適切なスタイルを使うことを知っていることが、スキルなのだ。**

それぞれの動物のスタイルの良い点と悪い点を認識するのに役立つ、基本的な特徴を挙げよう（220〜221ページ参照）。

それぞれのカテゴリーに当てはまる人のことを思い浮かべることができるだろうか。自分がそれぞれの動物になってしまった状況を思い出せるだろうか。あなたが一番多く振る舞っている動物はどれだろうか。もし悪い動物だとしたら、あなたがいつもとりがちな動物はどれだろうか。あなたが今後もっとも取り組みたい良い動物はどれだろうか。

「お父さんはどの動物？」「職場でのあなたは？」

もともと私たち夫婦は、この単純なモデルを、5歳の子どもと親のためのコミュニケーション技術を教えるときに役立てるために開発した。しかし、このモデルは、大人の関係でも、職場でも、家族内でも、プラトニックな関係や、恋人との関係でも同じように適用できることがわかった。このモデルは、人を理解するという点では共通のやり方だったのである。小さな子どもとの会話では、次のように利用できる。

・自宅にいるとき、あなたはたいていの場合、どの動物なの？
・学校ではどう？
・たいていの場合、あなたのお母さんはどんな動物？　お父さんは？
・お母さんが部屋の掃除をしなさいと言ってきたら、あなたはどんな動物になっていると感じる？

質問すると、5歳の子どもはいきなり、自分の社会的なやりとりや関係を、はっきりした言葉で語り始める。その話は、子どもにも、その親にも容易に理解できるほど明瞭だ。子どもたちはこのモデルを理解して、人の行動を解釈し、次のように言い始めることさえある。「お母さん、僕に対してティラノサウルスになる必要はないよ。すぐに行くからね！」「この家では私がライオンなんだから、お願いしたらすぐにとりかかってね」

このモデルは、恋人関係にも同じように当てはめることができる。次のことを自問自答してみよう。
・恋人と家にいるとき、たいていの場合、あなたはどの動物か？　人前ではどうか？
・あなたの恋人は、たいていの場合、どの動物か？

子育てのいくつかのスタイル

良い

良いティラノサウルスの親は、自分なりの考えをしっかり持っていて、ルールが破られたときや、自分の領域が侵されても、決して屈服しない。必要なときには、明確なメッセージを出す（たとえば、「今週の週末は外出してはいけませんよ」「遊びはおしまいよ。寝る時間だから」）。子どもも、良いティラノサウルスの親を説き伏せることはできないことをわかっている。

ティラノサウルス

悪い

このタイプは、恐怖や威嚇で子どもを服従させる（たとえば、「これをやれ。他のことはするな」「お父さんが戻るまで待て」）。大声を出して、罵るほどエスカレートすることもある。子どもが親に従うのは、怖いからである。

良い

良いサルの親と子どもの関係は、友達関係やチームワークに似ている。良いサルの親が子どもに教育をするときには、例を挙げ、楽しませる。子どもが、一人の人間であることを理解している。

サル

悪い

悪いサルの親のリスクは、あまりにも友人のようになりすぎて、親ではなくなってしまうことだ。規律は弛むか、ほとんど存在せず、親と子どもの境界線もなくなってしまうかもしれない。

ライオン

良い

良いライオンの親は、子どもに責任を持つ。子どもも、親のことをボスだと見ている。明確なルールと期待があり、親に従わないとどんな結果になるのかも明らかである。

悪い

悪いライオンの親のリスクは、あまりにも厳格で、柔軟性に欠け、いつでもどんなことに対しても服従を求めることである。彼らは、「なぜかって？　俺がそう言ったからだよ」という立場をとる。

ネズミ

良い

良いネズミの親は、子どもからの尊敬を失わないように気をつけながら、子どもに謝る。子どもの話をよく聞き、子どもが自分で決めたいと感じるときには、その気持ちを大切にする。

悪い

悪いネズミの親は、家庭内では子どもに負けて、支配的な役割をとらせてしまう。子どもは、自分勝手に、学校に行くかどうか、食事をするかどうか、眠るかどうか、門限を何時にするかを決める。悪いネズミの親は、子どもとは心理的に切り離されているかもしれない。

・口喧嘩しているとき、あなたはどの動物か？　お互いにライオンで、支配権をめぐって競争してぶつかりあうことはないか？　攻撃したり、皮肉を言ったりすることはないか？

おわかりだと思うが、それぞれのカテゴリーは、現実の動物の行動に基づくのではなく、その特徴的な行動に基づいている。言い換えると、自分の会話スタイルや、親や恋人のスタイルを考えるときには、あまりに動物の名前にこだわりすぎないようにしてほしい。たとえば、私たちは協力的な行動を「サル」と名づけているが、本当のサルはそんなに協力的ではないし、ケンカをしたり、相手のモノを盗んだり、うんちを投げつけたりするではないか、と考えてしまうかもしれない。そのように考えるのをやめてほしい。私たちが言う「サル」とは、あくまでも元型であって、簡略版であることを覚えておこう。

そして、もちろん、私たちの名づけた動物が気に入らないなら、覚えやすいように他の４つの元型を自分なりに考案してもいい。コントロール、協力、追従、対立、という用語だけのほうが覚えやすいのなら、それでももちろんかまわない。

私たちは、だれでもこの４つの基本的なスタイルの傾向を持って生まれてくるのだが、**それぞれのスタイルを磨き上げる必要がある。**たとえば、あなたが生まれつき内気なネズミでも、時々は、ライオンとして自己主張してみなければならない。たとえ生まれつき友好的なサルだとしても、時々は、ティラノサウルスとして、人をしっかりと批判しなければならない。成熟するということは、融通をきかせて、大人としてのやりとりができる能力を身につけるということであり、複雑な大人の人生をうまく処理していくということである。

この技術を磨くために、次の3つの鍵が役に立つ。

1　自分の行動を認識する

あなたが自然にとっている動物スタイルは何かを知る。また、どのスタイルを避けやすいのか、あるいはどのスタイルを今後伸ばしていきたいのかを考えてみる。

2　人の行動を認識する

やりとりにおいて効果的に返答するためには、相手がどんなスタイルなのかを診断してみる。

3　融通をきかせる

人付き合いで融通をきかせるには、どの会話スタイルも使いこなせなければならない。それができれば対人スキルの専門家にもなれるし、あらゆる人間関係でラポールを十分に形成できるようになる。

最終的には、悪い動物を、良い動物に置き換えることを目指そう。理想を言えば、4つすべてのスタイルを習熟したい。とはいえ、自分自身にあまりプレッシャーを与えてはならない。私たちは、ともすると人生で学んできた悪い習慣に舞い戻ってしまうこともある。そんなときも自分自身を許してあげることだ。それは当たり前のことなのであり、人間にはだれでもそういう傾向がある。失敗しても、また挑戦すれば大丈夫だ。挑戦するということが大切である。

次のページに示すように、動物のタイプは、循環モデルで配置することもできる。この循環モデルにより、すでに述べた原則を当てはめやすくなるはずだ。

ライオンは一番上に位置し、サルは右に位置する。人をサポートするような会話で、さらに自分の判断を押しつけないという事例を考えてみると、ライオンとサルがまじりあったものと考えることができる（右上）。同じように、自信があり、自己主張をし、確信を示すということになると、ティラノサウルスとライオンがまじりあっているということになる（左上）。このモデルにより、私たちはさらに微妙なニュアンスで、数多くの行動をパワーと親密さの次元で理解できるようになる。

私たちの取調べにおける調査によると、良い動物の行動をとる警察官のほうが、面談相手と深くかかわることができ、協力的な反応をたくさん引き出せることがわかった。悪い動物でコミュニケーションすると、抵抗を引き出し、かかわりを拒絶されていた。かかわりを拒絶されていれば、当然ながら、得られる情報も少なくなる。

あなたが最近だれかとやりとりが困難だったときのことを考えてほしい。相手はどの動物サ

動物のタイプの循環モデル

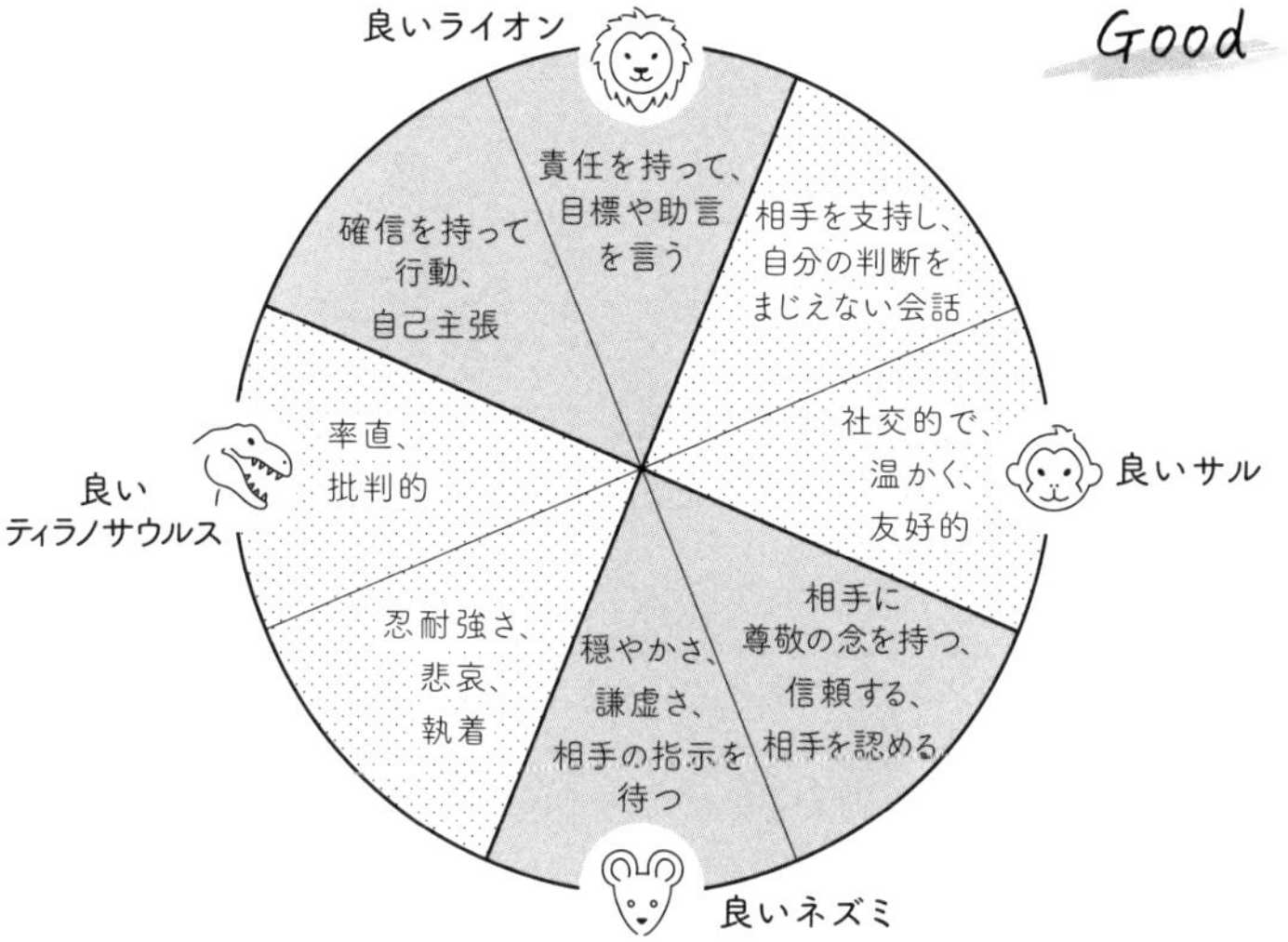
Good
良いライオン
責任を持って、目標や助言を言う
相手を支持し、自分の判断をまじえない会話
良いサル
社交的で、温かく、友好的
相手に尊敬の念を持つ、信頼する、相手を認める
良いネズミ
穏やかさ、謙虚さ、相手の指示を待つ
忍耐強さ、悲哀、執着
良いティラノサウルス
率直、批判的
確信を持って行動、自己主張

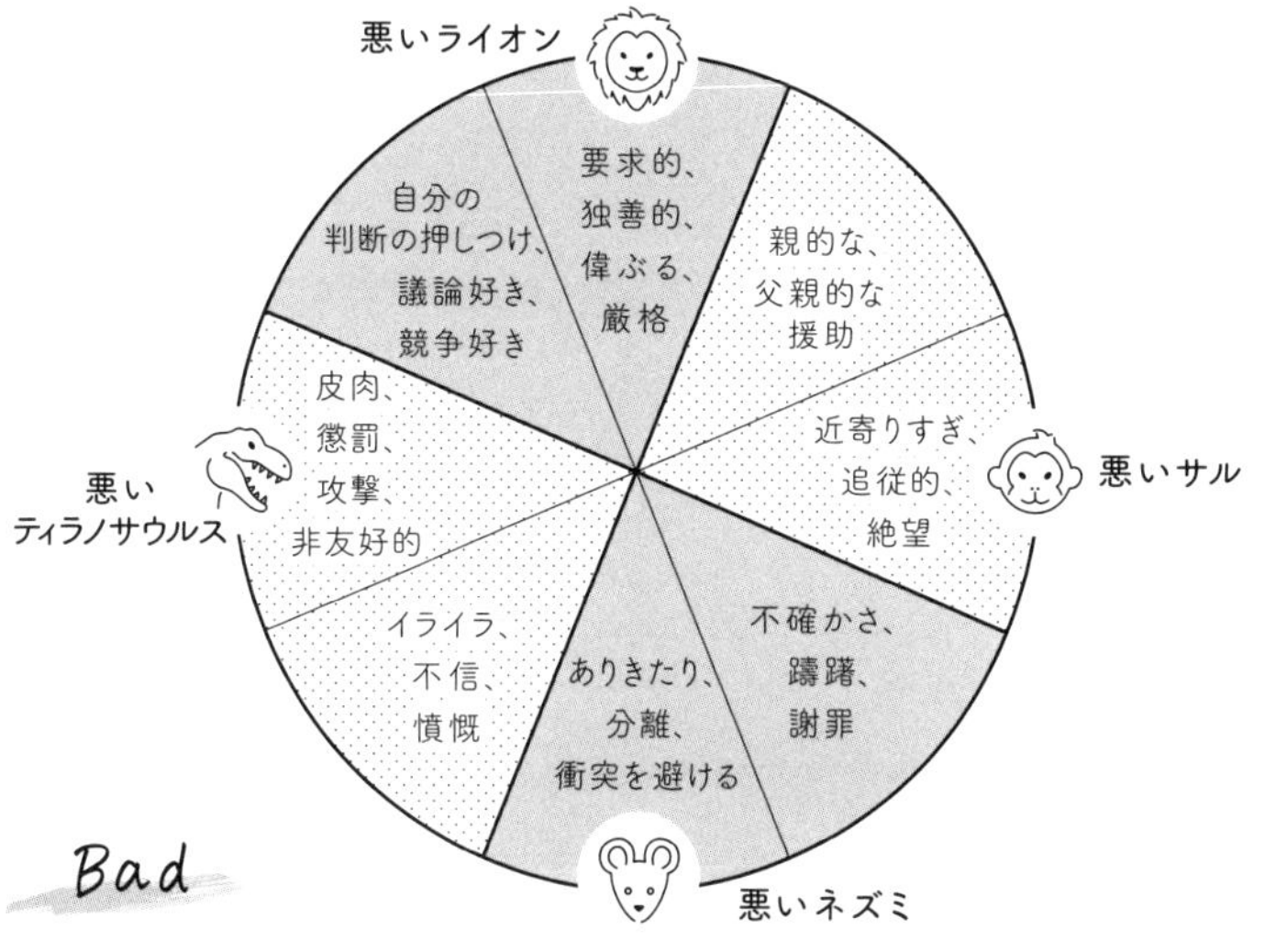
悪いライオン
要求的、独善的、偉ぶる、厳格
親的な、父親的な援助
悪いサル
近寄りすぎ、追従的、絶望
不確かさ、躊躇、謝罪
悪いネズミ
ありきたり、分離、衝突を避ける
イライラ、不信、憤慨
悪いティラノサウルス
皮肉、懲罰、攻撃、非友好的
自分の判断の押しつけ、議論好き、競争好き
Bad

ークルにいただろうか。あなたはどうだろう。やりとりが進んでいくよう、お互いに車輪を回していただろうか。代わりにどんなアプローチをすればよかったのか。

良い動物の技術に習熟し、あまり悪い動物の行動をとらない面接官のほうが、面接はうまくいく。そして、悪い行動をまったくとらない面接官は、さらにうまくいくのである。良い動物でいれば、良い結果になり、悪い動物でいると、破滅的になる。**ラポールを形成するときには、完全に悪い動物を出さないことが大切だ。**

私たちの調査では、ラポール形成の第一の重要なルールは、できるだけ悪い動物の行動をとらないことが示されている。特に有害だったのは、悪いティラノサウルスである。そこで第6章では、激しく攻撃するティラノサウルス型の行動が、ひどい結果になることを示すところから始めたい。悪いティラノサウルスは、人間関係を完全にダメにしてしまうのである。

あなたの得意な動物、苦手な動物は？

あなたがもっとも好ましいと感じる動物のカテゴリーはどれだろうか。ここでは、生まれつき自分の一番得意なタイプと、一番苦手なタイプを見つけるのに役立つ話をしたい。さまざまな行動を理解するため、まず2人のよく知られた人物、テレビのシェフ、ゴードン・ラムゼイとジャミー・オリバーの行動を調べてみよう。

「俺はウソつきが嫌いだ！」――悪いティラノサウルス

ゴードン・ラムゼイは、キッチンのスタッフたちにやる気を出させるため、人をいらだたせるような、遠慮のない、感情的な言葉を使うことで知られている。彼のテレビ番組「ラムゼイのキッチンの悪夢」での短いやりとりを考えてみる。ゴードンは、チームの一人に、ロースト・ポテトについて強く抗議している(2)。

ゴードン：ああ、いいか。ちょっと言わせてくれ。これは、とても、とても、重要だぞ。いいか？　この男は（シェフの上司を指さす）、お前に給料を払っている……（休止）。この男の店は、もう閉めることになる（休止）。状況がどれだけ致命的か、わかるか？**（良いティラノサウルス――率直）**。

シェフ　：はい（羊のように大人しく）。

ゴードン：なら、この男に敬意を払え。正直に言え。お前は、油でポテトを揚げたよな**（悪いライオン――要求的）**。

シェフ　：いいえ、いいえ。ポテトを油で揚げてません**（悪いネズミ――否認、回避的）**。

ゴードン：ポテトにはシワがある。水分が抜けている（ポテトをつまんで、シェフの前に置く）。そして、ポテトは、油たっぷりのフライヤーの中にあったんだぞ！**（悪いテ**

シェフ　：ポテトは……ポテトは、水分が抜けていません（視線をそらす）**（悪いネズミ―ためらい、回避）**。

ィラノサウルス―攻撃、非難）。

ゴードン：お前がおしゃべりしているとき、ポテトは油のフライヤーの中にずっとあったんだ。ウソを、ウソをつくな！**（悪いライオン・悪いティラノサウルス―要求的、攻撃、皮肉）**

シェフ　：（後ろに下がって）私は、自分が何をしたのかわかっています（静かに）。見てください。ポテトはオーブンの中にありました**（悪いネズミ・悪いティラノサウルス―回避的、否認）**。

ゴードン：フライヤーの中だ！　正直に言え！**（悪いライオン・悪いティラノサウルス―要求的、攻撃）**

シェフは、ポテトを油で揚げたと認めることを拒絶している。番組の後半で、キッチン・スタッフのメンバーの一人が、シェフがポテトを油で揚げるように求めたことを認めた。ゴードンはまたシェフに食ってかかった。この時点で、シェフは油で揚げたことを認めたが、とても憤慨していた。シェフは、やりとりを悪いネズミ・悪いティラノサウルスで終えたのである。「俺は、このクソみたいなウソつきが嫌いだ」とラムゼイは言い捨てて、テーブルを叩いてやりとりを終えた。悪いティラノサウルスだ。

彼がどの動物なのか、あなたはわかるだろうか。ゴードンは、明らかに、ライオンとティラノサウルスの両方であることに居心地の良さを感じている。しかし、彼はこれらの動物の良い点と悪い点をとっているだろうか。

以前に述べたサークルで考えてみよう。この短いやりとりで、あなたはどんな行動のタイプを認識できたであろうか。

ゴードンがもう少し長く良い行動をとっていたら（良いライオン・良いティラノサウルス）、シェフも真実を話そうとしてくれたかもしれない。しかし、シェフがまず回避的な行動をとってきたので（悪いネズミ）、ラムゼイは、率直な次元から、要求的で（悪いライオン）、攻撃的（悪いティラノサウルス）になってしまった。これによりシェフは、さらに抵抗的になり、防衛的になり、回避的になった（悪いネズミ・悪いティラノサウルス）。

良いライオン・ティラノサウルスのやり方をとっていたら、次のようなセリフになっていただろう。

「これはとても大切なことだよ。お店が閉店になることだからね。君のやったことが問題なんだ。このポテトは正しく調理されていない。それはわかるね。君は油で揚げてしまったんだろう？」

相手のことをあまりよく知らないときでさえ、私たちは彼らの行動をとても正確に、きわめて素早く、どの動物サークルにいるのかをプロファイリングすることができるということも、この事例は明らかにしている。もうひとつの事例を取り上げよう。今度はジャミー・オリバーの例だ。

子どもたちをまとめ、友好的——良いライオンとサル

この短いやりとりは、ジャミー・オリバーの4チャンネルのテレビ番組「ジャミーの学校の夕食」からとったものである(3)。

ジャミー：(10名ほどの14歳から16歳の子どもに向かって話している)みんな、もっと前に来てよ。みんな、もっと前。これが何かわかる人はいるかな？（冷凍食品の袋を持ち上げながら）

少年　：チキン・ナゲット。

ジャミー：そう、たいていの人は食べたことがあるよね？　じゃあ次に、加工食品や冷凍食品を買う理由はわかるかな？

少年　：安いから！……素早く作れるから！……簡単だから！……安いから！（みんな大笑い）

ゴードン・ラムゼイとシェフの循環モデル上の位置

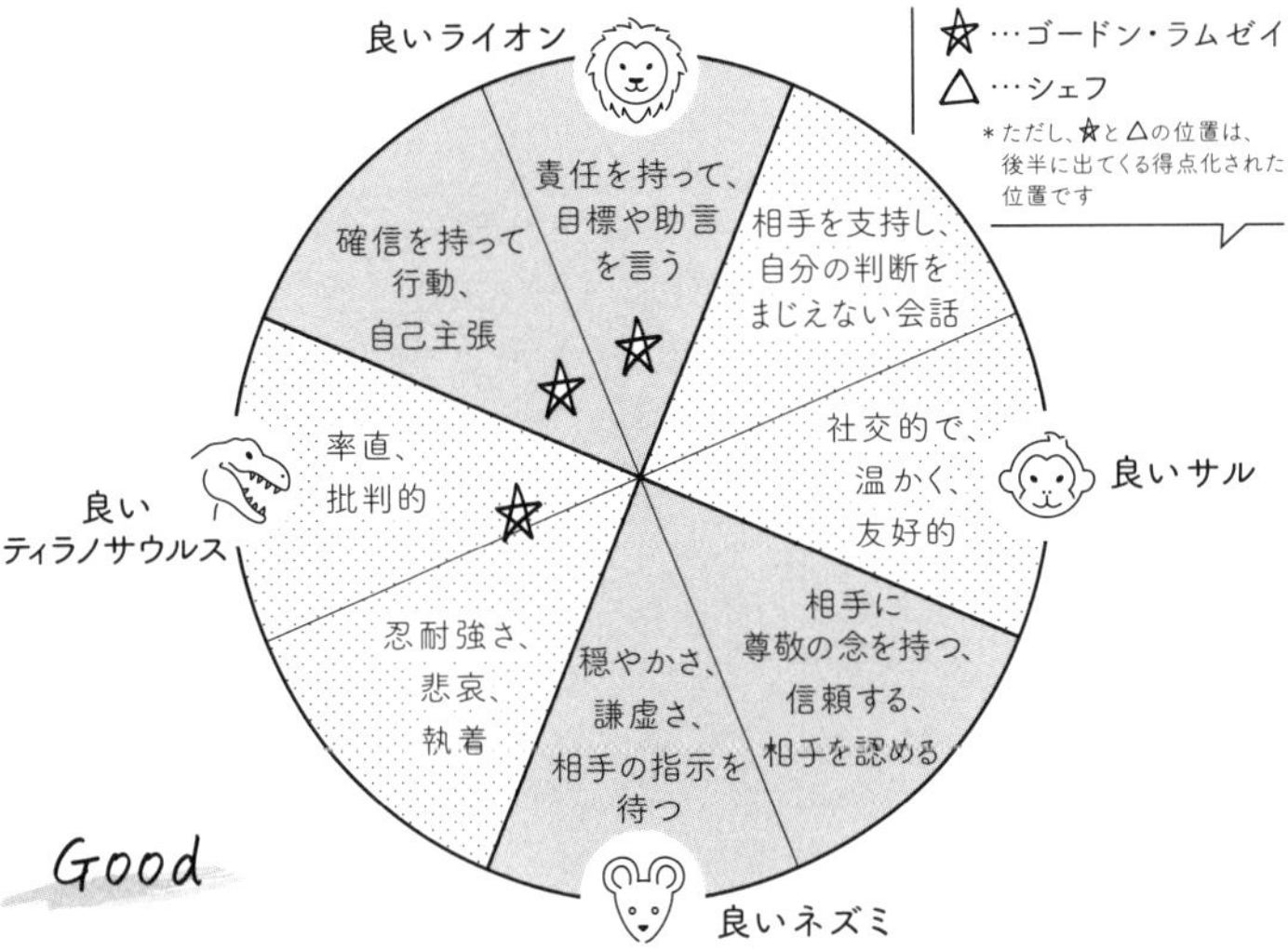
☆…ゴードン・ラムゼイ
△…シェフ
＊ただし、☆と△の位置は、後半に出てくる得点化された位置です
良いライオン
責任を持って、目標や助言を言う
確信を持って行動、自己主張
相手を支持し、自分の判断をまじえない会話
社交的で、温かく、友好的
良いサル
率直、批判的
良いティラノサウルス
忍耐強さ、悲哀、執着
穏やかさ、謙虚さ、相手の指示を待つ
相手に尊敬の念を持つ、信頼する、相手を認める
良いネズミ
Good

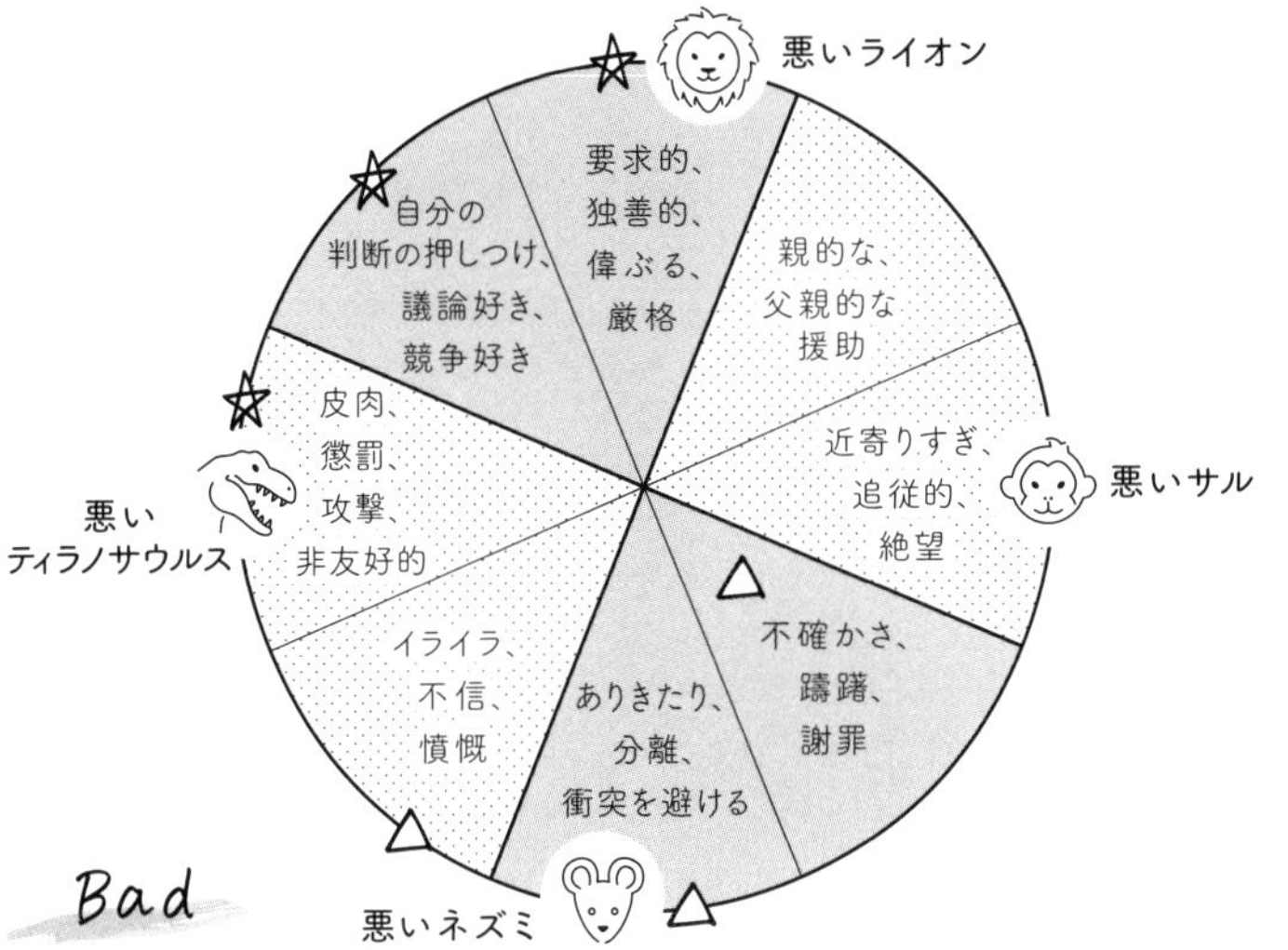
悪いライオン
要求的、独善的、偉ぶる、厳格
自分の判断の押しつけ、議論好き、競争好き
親的な、父親的な援助
近寄りすぎ、追従的、絶望
悪いサル
皮肉、懲罰、攻撃、非友好的
悪いティラノサウルス
イライラ、不信、憤慨
ありきたり、分離、衝突を避ける
不確かさ、躊躇、謝罪
悪いネズミ
Bad

ジャミー：そう、簡単だし、手軽にできるし、安いからだ（自分の指を折って理由を数えながら）。南部のフライド・チキン・ディッパーが、基本2ポンド（訳注：原文では「2杯のイカ」というスラングを使っている）。（一人の子どもを自分の横に引っ張って）僕は君に、ここからここまでの成分表を数えてほしい。声に出してね（子どもは、声に出して成分を数え始める）。手軽で、早くて、安い、だったよね？　これが取引なんだけど、みんなはこの中身にお金を払っているんだよね？　そうだよね（うなずく）。声に出して読み上げてね。（他の子どもが、「そして、おいしいから！」と声を出す）。シー、静かに聞いて。

数える少年：36、37、38、39、40、41、42、43、44―44（割れんばかりの笑い）

ジャミー：みんな、成分はいくつあった？

少年たち：44！

ジャミー：わかった。チキンはいくらだろう？　みんなは、チキンを買ったんだよね？　そうだろ？

数える少年：54パーセントのチキン

少女　：じゃあ、残りは？（前の女の子が素早くムチ打つように言う）

ジャミー：おお、トラのように素早い質問だね。じゃあ残りは？（彼女は彼を見て笑い、全員大笑い）。もし、44の成分があって、54パーセントがチキンだとすると、残りは？　僕がみんなに教えたかったのは、ファストフードのインチキなんだよ。これは54パーセントのチキン。こちらが100パーセントのチキンだ。こちらは調理に14分から16分かかる。こちらは10分以下。こちらは2ポンド。こちらは1・90ポンド。もし、安くなくて、手早くもなくて、100パーセントでさえもないチキンだったとして、みんなはそれをほしいかい？

数える少年：ほしくない。

ジャミーは、自分の肩越しに冷凍ナゲットを床に投げる。子どもたちはみな笑う。

この事例で、人を動機づけ、影響を与えるスタイルはどんなものかを見ることができる。ジャミーは、会話をしているかのように話し、判断を押しつけていないし、社交的で、温かく、友好的である。しかし、彼はまた、はっきりと少年たちをまとめ、課題を与えている。ジャミーは、ライオンとサルである。悪いサークルにあたる行動を見つけることができただろうか。おそらく、ジャミーは、時として少し親しみすぎである。スラングも使っているし、女の子を「トラ」とも呼んでいる。しかし、これはほんのちょっとしたことであり、親しみすぎというよりは、むしろ温かみや、ユーモア行動ととらえることができる。

ジャミーは、どんな反応を子どもたちから引き出せているだろうか？　子どもたちは、ジャミーの話に耳を傾け、会話に参加している。子どもたちは、社交的で、温かく、友好的で、ジャミーに敬意を払っている。子どもたちは、サルとネズミの真ん中だ。10代の子どもたちを生き生きとさせることにとても成功している。

もしジャミーが、悪いティラノサウルスとライオンのように、皮肉っぽく、独善的で、論争していたら、子どもたちの反応はどうだったかを想像してほしい。

「どうしてキミたちはこんな冷凍食品を食べてるんだ？　これはチキンでさえないんだぞ。屑を食べてたら、屑みたいな気持ちになるぞ。体調が悪くならないか。冷凍に加工された屑を身体に入れるのはやめろ。さあ、これから本物のチキンを見せるからな」

このメッセージは本質的には同じだが、伝え方が違う。子どもたちは、いきなりスイッチが切り替わり、説教されていると感じ、おそらくはより反抗的になり、家に戻って紅茶を用意して冷凍チキン・ナゲットを食べるであろう。

このアプローチは、第3章で論じたHEARの原則にかなっているだろうか。論争したり、説教したりするのでなく、ジャミーは、反射を使い、どうして子どもたちが冷凍チキン・ナゲットを買っているのかの理由を引き出している。それから、どうして新鮮なナゲットに変えたほうがいいのかの議論に対する理由を正しく述べている。ジャミーは、子どもたちを説得しようとしていない。子どもたちに理由を出してもらい、その理由に反射することで、子どもたち

ジャミー・オリバーと子どもの循環モデル上の位置

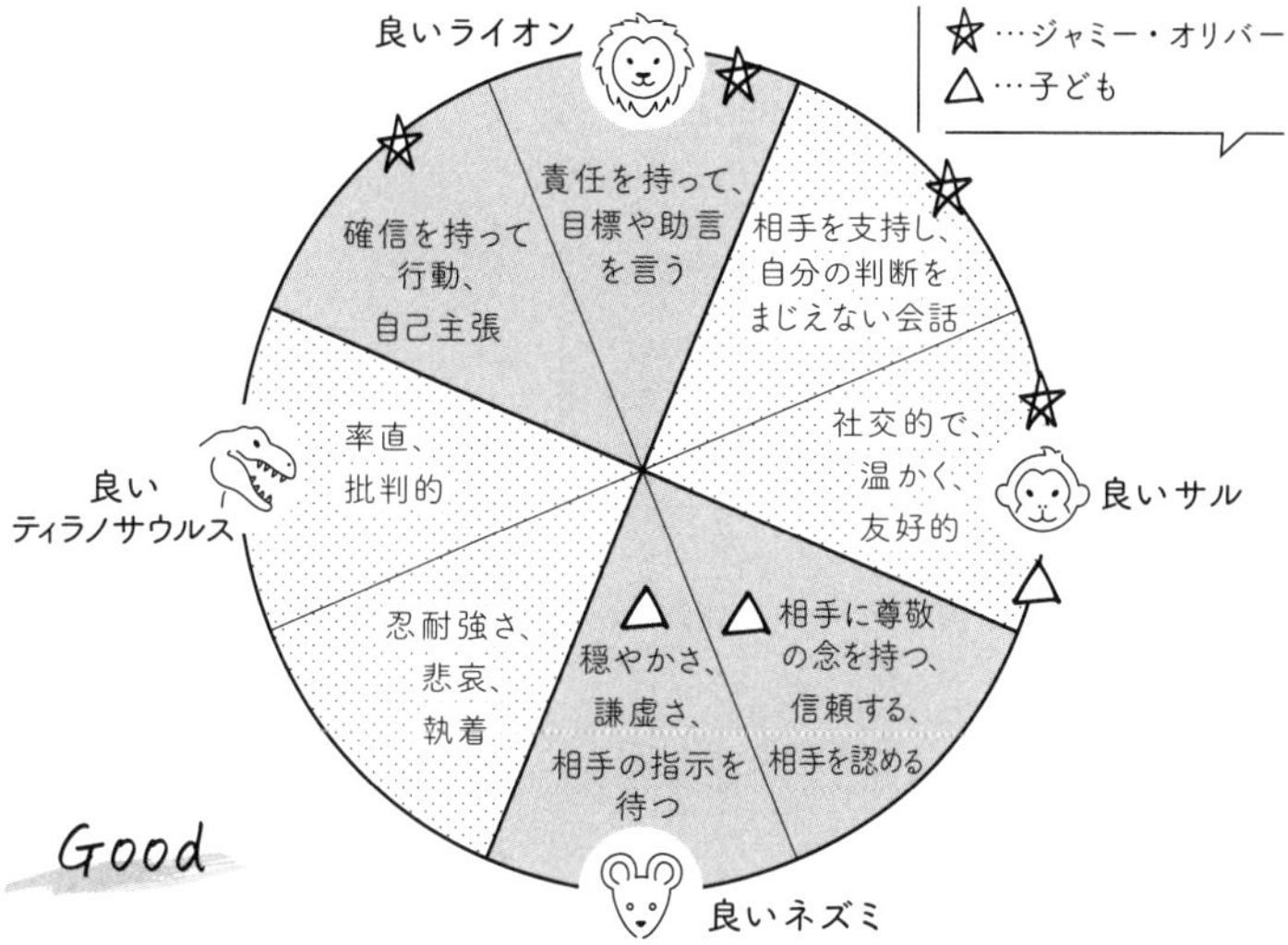
☆…ジャミー・オリバー
△…子ども
良いライオン
責任を持って、目標や助言を言う
確信を持って行動、自己主張
相手を支持し、自分の判断をまじえない会話
社交的で、温かく、友好的
良いサル
相手に尊敬の念を持つ、信頼する、相手を認める
穏やかさ、謙虚さ、相手の指示を待つ
良いネズミ
忍耐強さ、悲哀、執着
率直、批判的
良いティラノサウルス
Good

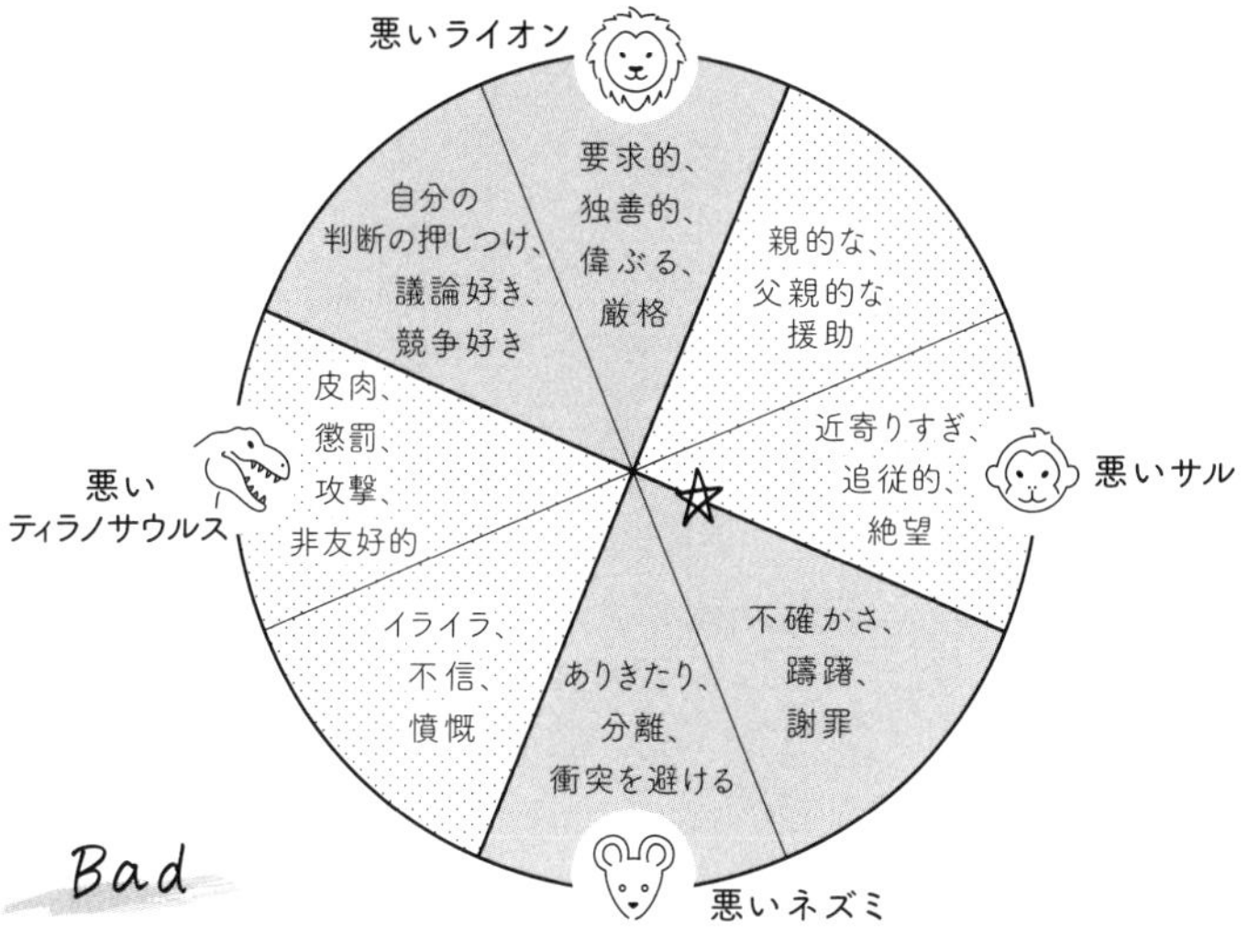
悪いライオン
要求的、独善的、偉ぶる、厳格
自分の判断の押しつけ、議論好き、競争好き
親的な、父親的な援助
近寄りすぎ、追従的、絶望
悪いサル
不確かさ、躊躇、謝罪
ありきたり、分離、衝突を避ける
悪いネズミ
イライラ、不信、憤慨
皮肉、懲罰、攻撃、非友好的
悪いティラノサウルス
Bad

自身に納得してもらっている。ジャミーは、激しく自分の意見をぶつけようとするのではなく、正直で、客観的で、事実に基づいて話を進めている。彼のアプローチは、子どもたちからの理解を求め、子どもたちの自律性を認めている。すなわち、子どもたちは、ジャミーの意見に反対してもいいという機会が与えられている。

これがラポールに基づくアプローチの核となる原則である。第4章で述べたように、**よく話を聞き、反射し、自分自身で変化したいという欲求を引き出したほうが、外側から議論をぶつけたり、プレッシャーを与えたり、脅したりするよりも、人をうまく動機づけ、影響を与えることができるのである。**

ラムゼイもジャミーも、どちらも望んでいることは、自分がやりとりをしている相手の行動を変えたいということである。ラムゼイの事例では、ラムゼイが見張っている限りは、シェフは二度とポテトを油で揚げることはしないであろう。しかし、ラムゼイがいないときにはどうか。その変化は、ラムゼイが監視しているときだけしかつづかないかもしれない。ジャミーの事例では、すべての子どもたちが冷凍ナゲットを食べるのをやめると考えるのは現実的ではない。しかし、多くの子どもたちが食べるのをやめるだろう。永久に冷凍ナゲットを食べない、という変化をする子どももいるかもしれない。ジャミーが周囲をうろうろと監視しているかどうかは関係ない。なぜなら、変化した理由は、子どもたち自身によるものであって、ジャミーに押しつけられたものではないからだ。

管理職が動物サークルを有効活用するには

会社が、従業員のために施策の変化や業務手続きの変化を導入する場合を考えてみよう。何の相談も説明もなく、管理者が指導したりすると、従業員は変化に抵抗したり、変化を無視したりする。それは外部的に押しつけられたものだからである。従業員が、変化の理由について自分たちがそれを決めたのだと思えば、より高い確率で変化を受け入れ、行動が変わったかどうかを確認するために調べたり、監視したりしなくとも、自分たちの作業習慣に変化を組み込んでいく。

すべての管理者は、自分が言ったことをきちんと従業員がやっているか、監視したり、観察したり、叱責したりするのではなく、自分たちでやる気を出し、自分自身で決めさせるようにしなければならない。親もまた、子どもに夢や目標を持ってもらいたいのなら、このほうが望ましいと思うことに同意してくださると思う。HEARのモデルに従って一貫したやりとりをすれば、オープンな会話ができ、外部からの押しつけに頼るのではなく、子ども自身の内部からやる気を引き出せる。動物サークルを使えば、やりとりにぴったりと一致した、正しい調和を設定するのに役立つ。

動物サークルを自分のやりとりに役立てたいのなら、次の3つのステップについて話し合ってみるのが有用だ。

1　自分が相手にしているのは、どんな動物か？

　これを確認するのに便利なのは、「上位に立ちたいのか？」（ライオン）、「それとも下位に甘んじたいのか？」（ネズミ）、「ぶち壊したいのか？」（ティラノサウルス）、「抱きしめたいのか？」（サル）と質問してみることである。それから、相手が良い動物なのか、悪い動物のサークルにいるのかを決める。

2　私の危険な領域はどこか？

　相手の動物がわかったので、次に考えるべきことは、「相手が私をどこに押しやろうとしているのか？」だ。思い出してほしい。ライオンとネズミは、自分とは反対の反応を相手から引き出しやすく、ティラノサウルスとサルは、自分と同じ行動を相手から引き出しやすいのであった。もしだれかが悪いライオンなら（要求的、威張り散らす）、あなたの危険な領域は、悪いネズミになる（抑制、ためらい、不確かさ）。もしだれかが悪いティラノサウルスなら（攻撃、論争、皮肉）、あなたの危険な領域は、悪いティラノサウルスで返してしまうことになる。

3　良いサークルに向かう

　悪い行動には、良い行動で立ち向かおう。たとえば、悪いライオンには、良いネズミで迎え撃つのだ。悪いティラノサウルスには、良いティラノサウルスで、悪いネズミには、良いライオンで、悪いサルには良いサルで応じるのである。

後の章で、私たちはこのモデルを使って、相手とのやりとりをコントロールし、導いてゆく方法について考える。しかし、第一の原則は、自分自身の反応に責任を持つことであり、本能的に動かないことだ。相手のことを診断しようとする前に、どの動物スタイルでいくのが自分にとってもっともたやすいのか、どのスタイルがもっとも困難かを、自己診断しておくことだ。

質問に答えて、あなたの動物タイプを見つけよう

(脚注：次の章に進む前に、自分の動物タイプを知っておくことをおススメする。自分にぴったりのタイプを知りたいときには、いつでもここに戻ってこよう)

次の項目は、あなたはどの動物スタイルでいるときに自分が一番強くなれるのかを知るのに役立つ。また、生まれつき弱い部分はどこかを知ることもできる。これにより、あなたは自分が自然に強くなれる領域と、これから伸ばしていかなければならない領域はどこなのかを知ることができる。

・ある個別の状況で、自分がどのように振る舞うかを考えてみよう。職場でのやりとり、子どものやりとり、義理の親とのやりとり、配偶者とのやりとり、などだ。どれかひとつを選ぼう。現在、もっとも困難だと感じるやりとりを選ぶほうがよいかもしれない。
・245ページのチャートを使って、それぞれの説明に0点から3点までの得点をつけよう。

0は、「まったく当てはまらない」、3点は「いつも当てはまる」だ。

・直感的に答えてほしい。考えすぎてはいけない。
・すべてのカテゴリーに点数をつけたら、それぞれの列ごとの合計得点を出そう。
・その得点を、良い動物サークル、悪い動物サークルに変換しよう（246ページ参照）。
・もし視覚的に把握したいのなら、自分の得点を動物サークルの上に点を打って、その点を結んでみよう（点の打ち方の例は251ページ参照）。
・線を引くときには、相手によって色の違うペンを使ってもよい。身近な人、当面の関係でやりとりがもっとも困難だと感じている人で、色を変えるのである。
・別の状況を選んで、何度も行ってよい（配偶者とのやりとりの記入をし、次に上司とのやりとりで記入してみる、など）。記入を増やせば増やすほど、あなたは自分が同じ状況で、あるいは異なる状況で、どれくらい同じ行動（あるいは違う行動）をとっているか確認できる。

それぞれの列ごとに3つの質問があるので、それを合計する。最低では0点、最高では9点になる計算だ。

コミュニケーション・スタイル

まったく当てはまらない 0点　時々あてはまる 1点　よく当てはまる 2点　いつも当てはまる 3点　合計

1	どうするのが一番いいのか人に助言する	責任をとるのが好きだ	他者に明確なプランを設定し、期待を与える	合計　点
2	物事を簡単に進めさせない	自分の言ったことを人にはやってもらいたい	小さな間違いも指摘し、自分の正しさを示す	合計　点
3	人に判断を押しつけない	人をサポートし、勇気づける	会話を始めるのは簡単だ	合計　点
4	親のようなアプローチをとる	上から目線で話す	沈黙で相手が気づまりだと思うときには、自分が話す	合計　点
5	よく笑う、よく人と話す	他の人といるのが楽しい	温かく、親切な態度	合計　点
6	良い点を褒める	すぐに自己開示する	だれからも好かれたい	合計　点
7	敬意を持って人に接する	人を自然に信用する	しばしばお世辞を言う	合計　点
8	新しい状況では不安を感じる	不確かだとためらう	自分が悪くなくともお詫びする	合計　点
9	自分が間違えていたら謝罪する	人からの手助けを求める	自分がうまくできても自慢はしない	合計　点
10	もし不愉快ならスイッチを切り替える	できるかぎり衝突を避ける	人前では静かにしている。また人の後ろに隠れようとする	合計　点
11	我慢する	思慮深く、反省する	感情を抑制する	合計　点
12	人にイライラを感じる	もともと人を信用しない	人がうまくやると腹が立つ	合計　点
13	明快で簡潔	要点を直接的に言う	怒らせずに批判を返せる	合計　点
14	言葉でやりあうのが好き	議論では皮肉を言う	自分の間違いは自分で責任をとるべきと考える	合計　点
15	自信がある	自分の考えと意見に確信を持つ	言うべきときは自己主張できる	合計　点
16	議論では後で意見を言うのが好きだ	人との議論を楽しむ	自分の基準に達しているかどうかで人を判断する	合計　点

良い動物サークル：

次の列の得点が高ければ、あなたはうまく会話ができていることになる。

1列目	ライオン	9列目	ネズミ
3列目	ライオンと サル	11列目	ネズミと ティラノサウルス
5列目	サル	13列目	ティラノサウルス
7列目	サルと ネズミ	15列目	ティラノサウルスと ライオン

悪い動物サークル：

次の列の得点が高ければ、あまり会話はうまくできていない。

2列目	ライオン	10列目	ネズミ
4列目	ライオンと サル	12列目	ネズミと ティラノサウルス
6列目	サル	14列目	ティラノサウルス
8列目	サルと ネズミ	16列目	ティラノサウルスと ライオン

ライオンからスタートし、ティラノサウルスとライオンまで、それぞれのサークルごとに得点に点を打っていき、それを結んでみよう。それぞれのサークルの突き出た部分と、谷になっている部分に注意を払ってほしい。

自分のサークルをつくる

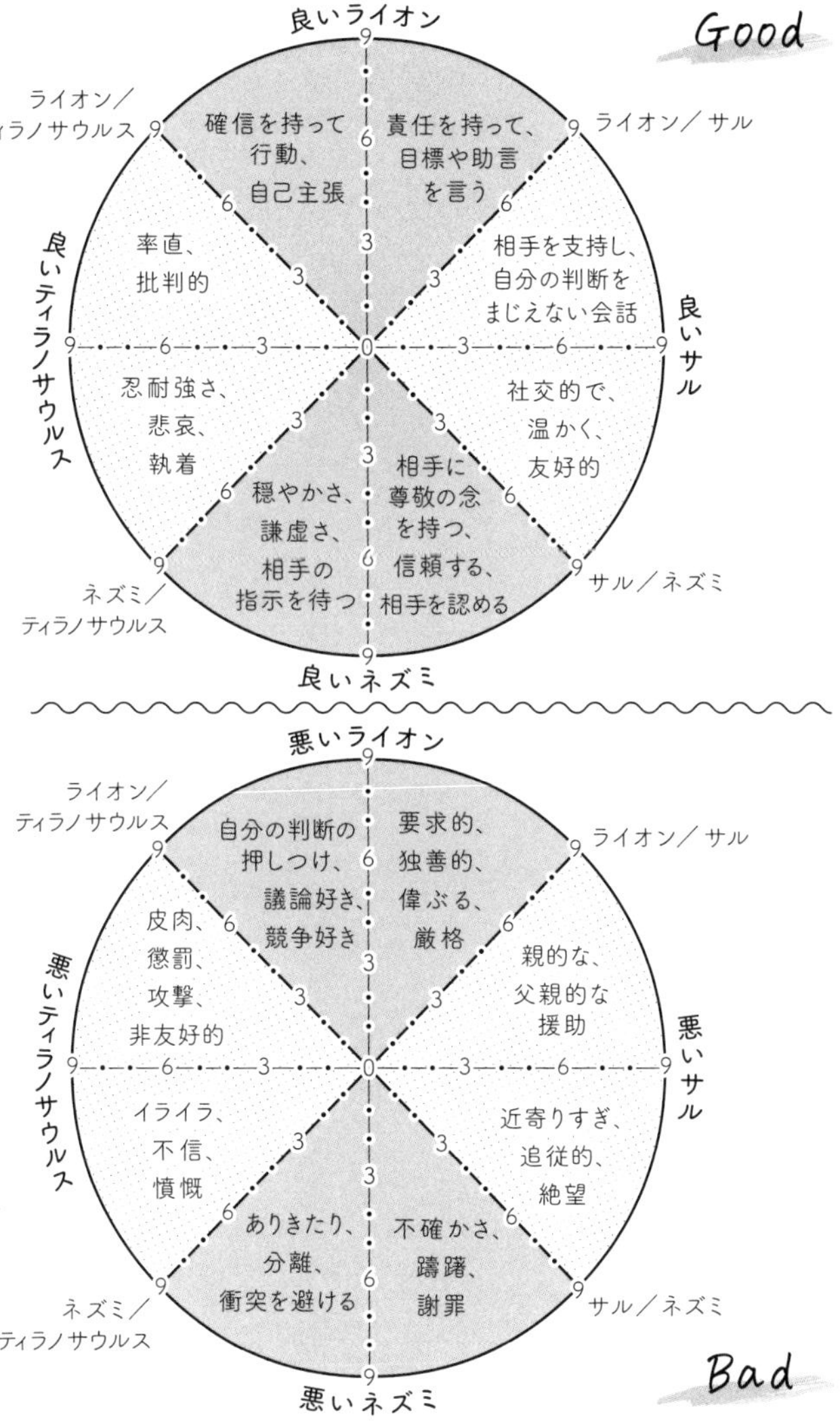

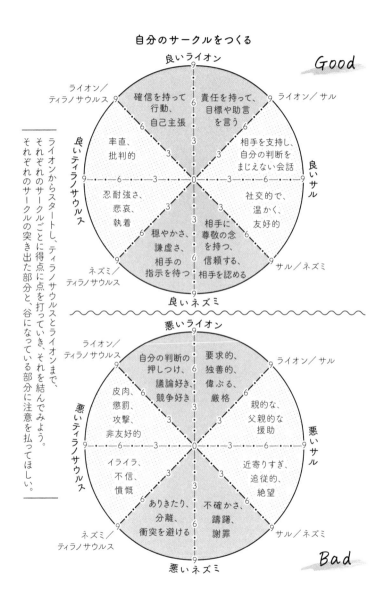

点数をサークルの上に打ち、強みと弱みをつかむ

自分の得点をサークルの上に打ってみると、自分の強みと弱みが確認できる。一番強い動物はどれだろうか、すなわち、どの動物の得点が高かったであろうか。特に一匹の動物が突出していなかったとしても大丈夫だ。良いサークルにプラスが多いことは、融通がきくということである。良いサークルの得点が高くとも、同じ動物の悪いサークルでも高い得点になることがよくある。自分の強みは、時として、自分のアキレス腱にもなるのである。

悪いサークルのどこで自分の得点が高かったのかを考えよう。それらは、あなたの人間関係において、しばしば問題を引き起こす行動なのではないか。そういう行動は、できるだけ自分の会話のやりとりの中から、取り除いていく必要がある。

良いサークルのうちで、得点の低かった領域についても見てみよう。これらは、今後の人とのやりとりで伸ばしたり、強化したりする必要があるところだ。それらは身につけるのに困難を感じるかもしれない。なぜなら、自分でも快適だと感じない領域の行動が求められるからだ。

悪いサークルから悪い行動を完全に取り除くことはできないだろう。時として、悪い行動で道に迷い、もがき苦しむこともあるだろう。しかし、良いサークルの行動で、より強く、より適応的になればなるほど、悪いサークルの行動もうまく修正できるようになり、ラポールを形成するのが全体的にうまくなっていく。

自分の強み・弱みを把握する

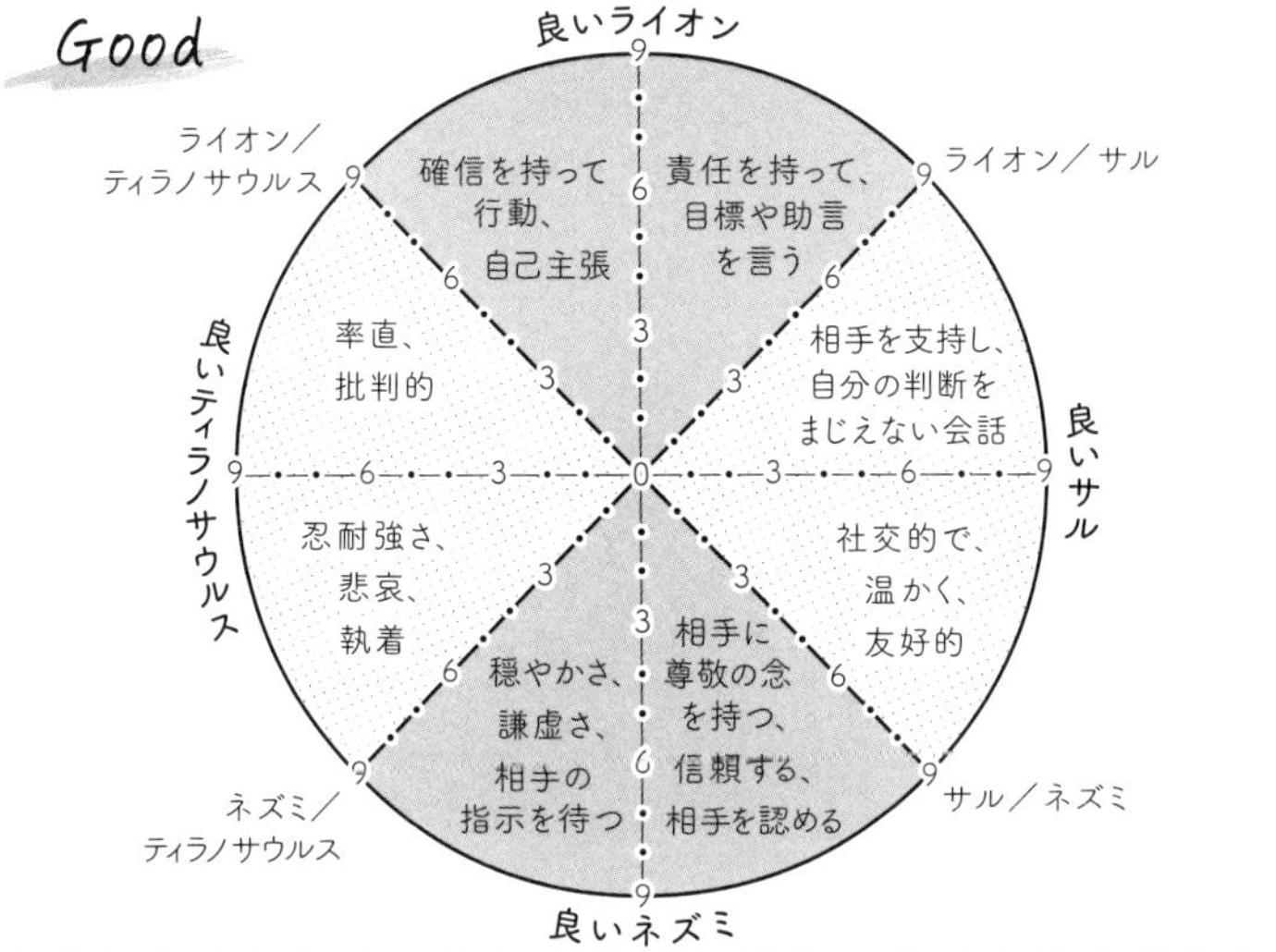
Good
良いライオン
ライオン／ティラノサウルス
ライオン／サル
良いティラノサウルス
良いサル
ネズミ／ティラノサウルス
サル／ネズミ
良いネズミ
確信を持って行動、自己主張
責任を持って、目標や助言を言う
率直、批判的
相手を支持し、自分の判断をまじえない会話
忍耐強さ、悲哀、執着
社交的で、温かく、友好的
穏やかさ、謙虚さ、相手の指示を待つ
相手に尊敬の念を持つ、信頼する、相手を認める

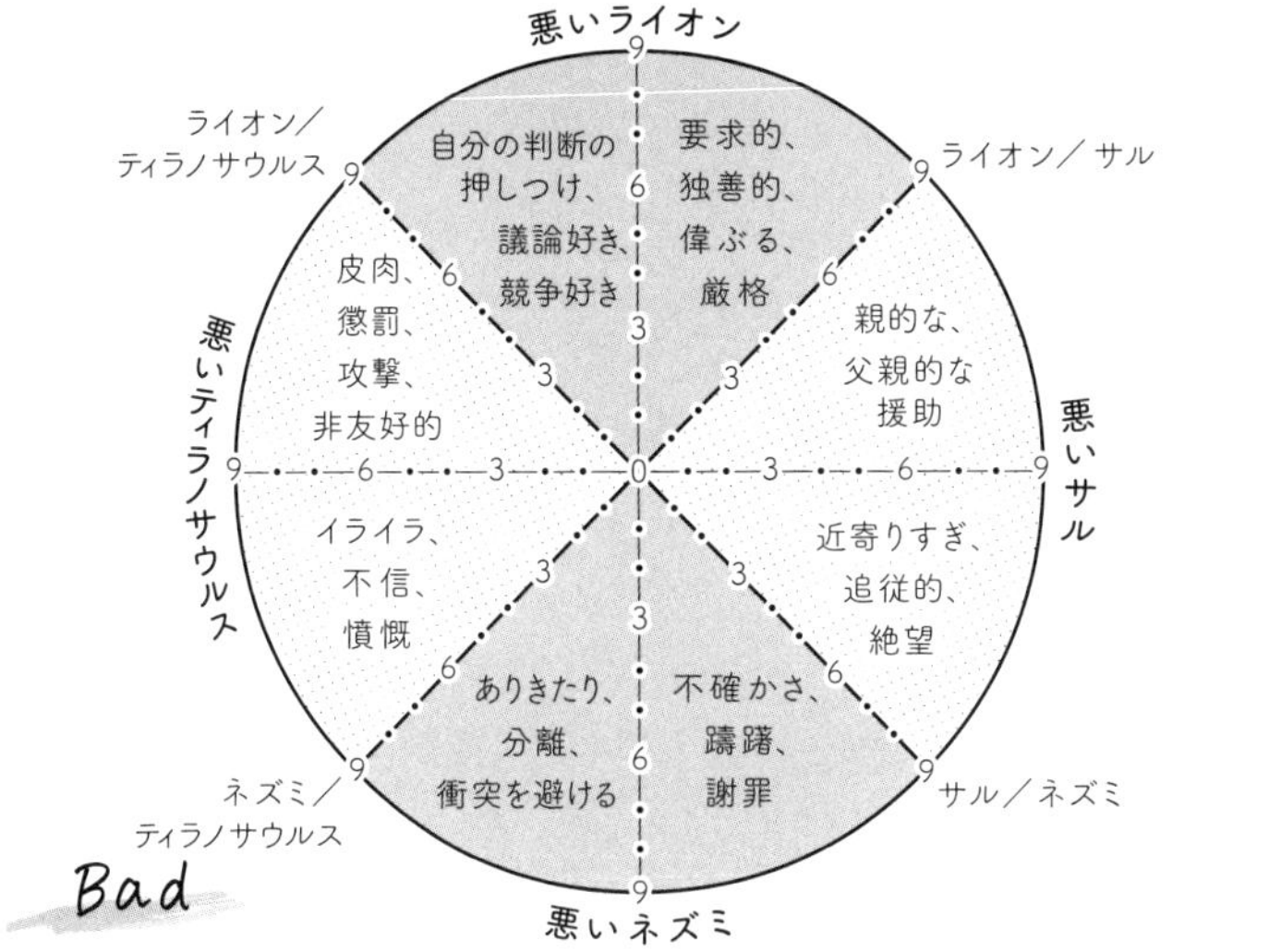
悪いライオン
ライオン／ティラノサウルス
ライオン／サル
悪いティラノサウルス
悪いサル
ネズミ／ティラノサウルス
サル／ネズミ
悪いネズミ
Bad
自分の判断の押しつけ、議論好き、競争好き
要求的、独善的、偉ぶる、厳格
皮肉、懲罰、攻撃、非友好的
親的な、父親的な援助
イライラ、不信、憤慨
近寄りすぎ、追従的、絶望
ありきたり、分離、衝突を避ける
不確かさ、躊躇、謝罪

私たち夫婦のサークルを公開します

私たち夫婦が、どんな得点なのかを知りたいと思う人は、次のサークルを見てほしい。私たちは20年以上もこのモデルに取り組んで、自己改善をしているとはいえ、いまだに伸ばしていく必要がある領域がある。大切なことは、このモデルを使って、自分がどの領域にいるのかを知り、自分自身、あるいは他者を理解するのに役立てることである。

ローレンスとエミリー夫妻のサークル

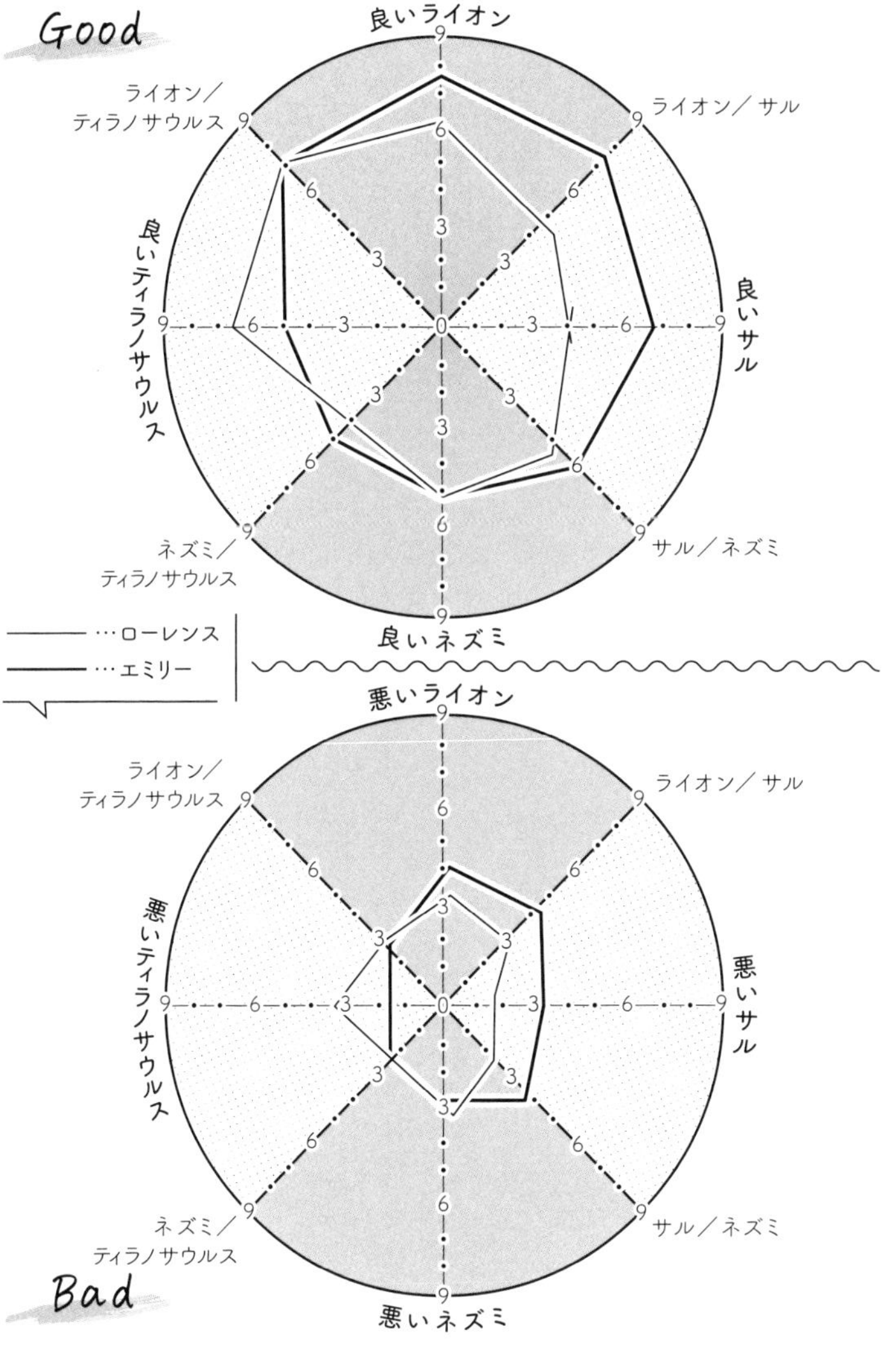

教訓
LESSON

1 自分を知ることから始める

自分の強みと弱みについて考えよう。

あなたがやりとりをする相手のどの部分を変化させようか考える前に、自分の内面をもう少し詳しく調べておく必要がある。本能的な反応に頼るとうまくいかないのはどこなのか。より戦術的になろう。目標に焦点を当てよう。

2 あなたをコントロールできるのは、あなただけ

他人の行動をコントロールすることはできない。できるのは自分の行動だけだ。

「この人といると、どうして私はこんな風に行動してしまうのだろう」と考える習慣を持ってはいけない。だれかがあなたのボタンをいつでも押していると感じるかもしれないが、あなたのほうが彼らにそのような行動をとらせているかもしれないのだ。相手の行動に期待するのではなく、自分の目標に合うような反応の仕方をするように仕向けることが大切だ。

3 上に立ちたいのか、下位に甘んじたいのか

どのようなやりとりにおいても、「パワー」の次元を考えよう。

もし何かがうまくいかないなら、あなたと相手がお互いにパワーをめぐって手綱をとりあっているのかもしれない。長期的な観点からラポールを形成することを考え、あなたはどんな立場をとるのが最善なのかを考えることが大切だ。たとえ、あなたにとって快適な立場ではないとしても、である。

4 ぶち壊しにするか、抱擁するか

さらに、「親しみ」の次元を考えよう。

もしだれかが対決モードに入っていたら、正面から受け止めることも時として価値がある。また、相手が温かい態度でやりとりをしてきても、それを無視して、問題の解決にだけ集中したほうがいいこともある。もちろん、どちらのモード（対決、協力）にも良し悪しがあり、パワーの次元も同様なのだが、より融通をきかせて考える必要がある。単純に自分が心地よいと感じる役割をとっているだけではいけない。

chapter 6

ティラノサウルス——率直／攻撃的

直接的な力の使用は、いかなる問題に対しても良くない解決策だ。そんなやり方がとれるのは、一般的に言って、小さな子どもか、大国だけである。

デイヴィッド・フリードマン
『自由のためのメカニズム——アナルコ・キャピタリズムへの道案内』
（勁草書房）

捕虜の取調べを失敗させた張本人

2007年4月、イラク戦争の最中の都市バスラ。狭くて、物がひとつも置かれていない真っ白な取調室。そこに2人の英国軍兵士が、反乱容疑者と向き合っていた。容疑者の通訳が、彼のすぐ後ろに直立している。2人は、襲撃現場に関する情報を得るために結成された取調チームの一員である。彼らは即席爆発装置の資格を持っていて、財務ネットワークのメンバーの同僚であった。情報を引き出せる可能性は高くなかったが、そんなことよりも重大な結果を引き起こすことになる。

取調官：おい、クソ野郎（容疑者の右前に立っている兵士が床に唾を吐く）。お前は人殺しだ。俺たちは、お前の電話を持ってるんだよ。電話をな。電話の通話記録を調べりゃ、お前は終わりだ。お前が、何を望んでるのかは知らねえが、お前が望んでるようにはいかねえぞ。お前は、これで絞首刑になるんだからよ。

容疑者：私は2日間、何も食べていませんし、飲んでいません。

取調官：お前のクソみたいな歯ブラシを（聞き取れない）……。ムカムカさせるクソ野郎だな。俺の同僚の前に、もう一度そんな風に立ちやがっているのを見たら、俺がお前を迎えに来るからな……（取調官は、容疑者の立ち方をあざける。彼は腕を組み、頭を片方に傾けている)。俺がお前を迎えに来るぞ、わかったか？　昼間だろうが夜中だろうが、俺が迎えに来るぞ、わかったか？　クソみたいな態度をとってごめんなさいって言ってみろ（容疑者は何の反応もしない)。チッ、人殺しめ（容疑者は静かに立っている)。お前なんだろ。お前らの一人が、絞首刑になるんだよ。お前は襲撃現場にいた。いたよな！　お前らの一人が絞首刑だ。だれなんだろうな。お前か？　お前か？

このやりとりは映像が残され、ガーディアン紙に取り上げられた(1)。このような状況下で取調官のとった行動が、人に受け入れられるものなのかどうか、あなたがどう感じたのかはわからないが、このように言葉で攻めまくるやり方は効果がないということは明らかだ。

もしあなたの目標が信頼に足る情報を得ることなら、このようなやり方の取調べでは何も得ることはできない。これは悪いティラノサウルスの極端な事例である。相手の品位を下げ、人間としての扱いをしない。恐怖を植えつけることで、服従を迫る。これは一種のいじめであり、このようなやり方は、どんどんエスカレートし、囚人を非人間化し、拷問にかけることにつながる。ちょうどアブグレイブで明るみに出された事件と同じだ(2)。

拷問についての調査によると、取調官は、何ひとつ情報を得ることができない（容疑者は単純に口を閉ざす)。あるいは、その反対に、たくさんの情報を出しまくる。その多くは完全にウソであり、デッチあげられた情報だ。容疑者は、拷問をやめてもらいたくて話しているだけなのである。

情報を得る手段としては、まったく有効ではないばかりか、拷問はその使用が明らかにされると、テロリストたちにとっては非常に素晴らしい宣伝材料となってしまい、新しいテロリストを集めやすくなるというおまけの効果まで与えてしまう。たとえば、1970年代には、アイルランド共和軍（IRA：アイルランドの非合法武装組織）が、新規の隊員を獲得するときにこのやり方をとった。イスラム国やアルカイダもそうである。アブグレイブやグアンタナモ基地や外国の捕虜収容施設での拷問を宣伝材料にして、人員を急激に増やしたのだ。捕虜を心理的に、物理的に貶めるやり方は、こちらの最悪な側面を見せることになり、復讐の念を高めてしまう。これでは話し合おうという気持ちも生まれない。

この考えは、わかりやすい言葉で、米国陸軍軍曹によって要約されている。イラクでの捕虜の扱い方に関するヒューマン・ライツ・ウォッチ（訳注：アメリカに基盤を持つ国際人権NGO）の報告書での引用は次のようなものである。

私たちは（軍の諜報部から）、やつらは悪だと言われました。しかし、彼ら（分析家たち）は、間違えていたかもしれません。時々、間違えていました。（強制の）ポイントは、すぐに取調べの準備ができることです。（諜報部の将校は）捕虜のやつらは、たっぷり弱らせ、煙を使った拷問をし、混乱させれば、喜んで協力したがるのだと言いました。しかし、彼らの半数は釈放されました。なぜなら、何ひとつとして語らなかったからです。私たちは、彼らをファルージャ（訳注：イラク中部の都市）に送り戻しました。しかし、もし彼らが善人なら、おわかりのように、今では悪人になっているでしょう。なぜなら、私たちは彼らにひどい扱いをしてしまったのですから(3)。

テロとの戦いについて、あなたの政治的態度がどのようなものであれ、悪い人間を生み出すようなやり方はよくない、ということにはだれでも同意できよう。

紅茶を飲みながら仲良く握手できない相手がいる。自分の考えとは、極端に反対の考えを持った人との衝突があることはだれも疑わない。対立は、人生において必要なものであり、避けることができない。まさにそれが戦争の背骨である。兵士たちに敵を殺せと訓練するときには、共感性、思いやり、人間性などのスイッチを切り、求められていることを実行できるようにしなければならない。しかし、いったんそれらのスイッチを切ってしまったら、本当の問題は、もう一度スイッチを入れなおすことができるのか、ということだ。たとえば、敵を暴力で殺すように教え込まれた人に、再びスイッチを入れなおし、共感性や思いやりを持って取調べするように期待できるのか。それが情報を得るのに最善のやり方だとわかっているのに。

そのように極端な状況でなく、より日常的な状況においても、私たちの多くは衝突や意見のぶつかり合いを経験する。同僚や家族と意見がぶつかりあうこともある。失望したり、腹が立ったりするときもある。政治的なものであれ、思想的なものであれ、宗教であれ、精神的なものであれ、個人的なものであれ、自分の意見と真っ向から対立する意見の持ち主と会い、取引をしなければならないときもある。衝突は、多くの人間のやりとりにおいて必要不可欠であるが、バスラの取調べの事例が明らかにしているように、攻撃することが役に立つコミュニケーションになるかどうかは疑問だ。悪いティラノサウルスが出てきたとき、ラポールは崩れ、取り返しがつかないほどに壊されてしまう。**人を攻撃すると、お互いの心は離れ、抵抗が生み出される。**そこでのやりとりは、もはやコミュニケーションとは呼べないものになる。

論争を呼びそうなテーマ、英国EU離脱、トランプ、母乳での子育て、男性の育児、といったテーマに対するソーシャルメディアでの人々の反応を考えてみよう。これらのやりとりでは、自分と反対の態度を持つ人に向かって、攻撃、皮肉、侮蔑、自尊心を傷つける発言がなされていることが確認できる。やりとりの目的が、意味のあるコミュニケーションをすることではなくなってしまって、より大声で、より恐怖を与え、より汚く、より攻撃的になることで相手を「やっつける」ことになってしまっている。

これらはすべて悪いティラノサウルスの行動だ。もしあなたに少しでもそういう傾向があるのなら、それを取り除くことが第一にやらねばならないことだ。たとえ直観に反するように思われても、良い「ティラノコミュニケーション」をとらねばならない。しかし、まず私たちは、悪いティラノサウルスがどうしてうまく機能しないのかの概略を示し、次いで、なぜ良いティラノサウルスがうまく機能するのかを例証しようと思う。

人々の尊厳を壊滅的に損なう言動

悪いティラノサウルスの行動とは、攻撃を加えることであり、罰を与えることであり、相手の品位を下げることであり、屈辱を与えることであり、脅すことである。反対に、良いティラノサウルスの行動とは、率直になることであり、正しい批判をすることであり、明確であることである。この違いを理解するために、バスラの捕虜取調べの事件に戻ろう。これはガーディアン紙によって世界中に伝えられたものだ。取調官は、捕虜の状況に何ら救いがなく、彼らの人生が本質的に終わってしまったということを明らかに伝えた。これは諜報部による情報収集の訓練の一部ではない。それは相手の自己肯定観を失わせるために計画されたものである（「おい、クソ野郎」）。

捕虜虐待をくり返すことで、取調官は、捕虜が完全に支配下にあることを伝えた。次に、捕虜が罪悪感を高めるようなことを口にした。この時点で、捕虜は、自分が何を言おうが関係なく、取調官は反論の余地のない事実を知っており、自分に対して全能なのだと悟った（「お前の電話を持っているんだよ。お前は、これで絞首刑になるんだからよ」）。脅しであり、罰であり、コントロールである。

捕虜が唯一できることは、2日間、何も食べさせてもらっていないと伝えることでチャンスを得ることだけだった。しかし、これも無視された。再び、支配権が完全に取調官の手中にあることを強調されたのである。取調官はさらに捕虜に屈辱を与え、品位を下げつづける（「ムカムカさせるクソ野郎だな」）。恐怖感を高めるために、より物理的な脅威も与える（「俺がお前を迎えに来るぞ、わかったか？」）。

同様の「テクニック」は、共産圏でも使われた。たとえば、朝鮮戦争時に、北朝鮮はアメリカ人捕虜に対して同じことをやっている。心理学者のファーバー、ハーロウ、ウェストの3人によって「衰弱、依存、恐怖」と名づけられた方法によって洗脳がなされたのである(4)。ただし、後になって明らかにされたところによると、捕虜たちが異常状態を示したのは、ある種の洗脳を受けたというよりは、きびしい栄養失調と病気で説明できる可能性が高いという。衰弱とは、慢性的な疲労を与え、半飢餓状態に置くことによってなされる。依存とは、基礎的な人間の欲求を意図的にコントロールすることで生み出される。そして、恐怖は、殴られたり、殺されたりするかもしれないという恐怖や不安を意図的に高めることで生み出される。

同じ状況は、のちにさまざまなカルト集団でも観察され、なぜ信者たちが明らかに脱出のチャンスはあっても、逃げ出さないのかを説明するのに役立てられている（彼らの自律性と自分で選択できるという気持ちは、完全に損なわれていた）。**私たち自身の人間関係でいうと、な**

ぜ私たちは、恐怖を与え、屈辱を与え、攻撃してくるような人に喜んで服従しようとするのだろうか。服従しても、何の報酬もないというのに。人間関係における問題が、こうした方法によって解決されるのなら、勝者はだれもいないことになる。

対立や衝突は避けなくてはならない

ラポールの第一のルールは、いつでも可能な限り、攻撃的な対立を避けることである。特に、悪いティラノサウルスに分類される行動はすべて避けなければならない。たいていの人間関係には、夫婦間であれ、親子間であれ、同僚との間であれ、隣人間であれ、たまたま電車の中で隣り合った知らない人との間であれ、ある種の意見の食い違いや不一致があるものである。

良いティラノサウルスは、仮に議論になっても、直接的に、率直に、素直なやり方で対処する。このやり方は、第3章で論じた正直さと共感性と重なり合う。**人とやりとりをするときには、客観性とバランスを維持することが必要なのだ。**自分が大嫌いな人と衝突したときは、非常に困難かもしれない。相手が攻撃的な態度を見せると、本能的に、私たちも攻撃的になるからだ。たとえ静かにしているとか、その場から離れるとしても、頭の中では、相手に言ってやりたかったことや、してやりたかったことが思い浮かぶかもしれない。その空想には、暴力や、完全な侮辱の言葉が含まれることも多いだろう。

私たち夫婦は、自らの本能的衝動をコントロールすることを学んだが、それでも衝動を感じないようになったわけではない。人から攻撃を受けたと感じると、私たちの自然な反応、すなわち、闘争するか逃走するか、という反応が起きる。もし避けられないとなれば、私たちは攻撃する。それは自然な反応なだけではなく、相手によって引き起こされた化学反応でもある。私たちは、脅威を感じると、身体にアドレナリンやコルチゾンがどんどん分泌される。相手に立ち向かうにしろ、逃走するにしろ、身体の力やスピードが高まるように、私たちの身体は準備するのである。

しかしながら、私たちの取調べにおける研究では、ほんのわずかな悪いティラノサウルスの行動でさえ（自分の意見の押しつけ、論争好き、批判好き、攻撃など）、ラポールを壊滅的に損なってしまい、その結果、その後の情報収集が不可能になってしまうことが明らかにされている。カウンセリングの分野では、信頼を得るために大変な苦労をしていても、その信頼が、ほんのわずかな一言で損なわれてしまうという現象を、「スポイリング」（台なし）と呼んでいる。

「家事をやらないと、お金はやらないぞ！」

より極端ではない状況、たとえば自宅や職場で考えてみる。子どもと衝突している親の例をあげよう。何度も、私は親が子どもと対立している場面を目撃してきた。親は子どもを従わせるために言う。「言うことをやらないなら、やらせるようにしてやるぞ」

もっと小さな子どもなら、「そこで泣いてろ」と言って小児用ベッドに置き去りにするかもしれないし、罰として「いたずら階段」に行かせるかもしれない（訳注：イギリスではいたずらをした子どもに、「〇〇するまで階段で座っていなさい」などと叱ることが多い）。もう少し大きくなった子どもには、スマホ、Wi－Fi、ゲーム機などを取り上げるかもしれない。テクノロジー関連会社は、さまざまなやり方で、親が子どもの機械を遠隔操作でロックしたり、スイッチを切ったりできるような装置を作っている。このような力の行使は、子どもを服従させるのに良い方法であるように見える。なぜなら、親が子どもを支配できるし、子どもは従わざるを得ないからだ。親と子どもにははっきりとした線引きがあり、子どもはどんなに頑張っても、それを乗り越えることができない。

しかしながら、子どもが大きくなり、自律性への渇望が生まれてくると、力の行使で服従させると、すさまじい支配力を子どもに感じさせてしまう。子どもは自分の自由意志で行動を決めるのではなく、従うことしかできない。脅しや、罰で無理に従わせられた子どもは、しばしば、怒り、憤慨を感じる。自分で行動を決められない子どもは、多大なエネルギーを使って親の裏をかこうとし、親のやり方の抜け穴を探し、自律性を取り戻そうとする。

私たちがかつて出会った事例では、自分のスマホを遠隔操作された息子が、外部のコンピュータから自分の母親のアカウントに不正侵入し、同じアプリを母親のスマホにインストールした。もし母親が自分のスマホをロックしたら、その復讐に、母親のスマホをロックしてやるつもりだったのである。息子のやり方は、クリエイティブではある。しかし、まったく何の解決にもなっていない。幸いなことに、その親子はお互いのやり方がよくないことに同意し、別の解決法を話し合うことになった。

悪いティラノサウルスの作戦はうまくいくことが多いが、それは「敵である子ども」があなたを出し抜く方法を見つけるまでか、あるいは、十分に大きくなって、子どももティラノサウルスで応じることができるようになるまでである。一時的にはコントロールの効果はあるかもしれないが、もしそのようなやり方を子どもとの関係でずっと使っていたりすると、子どもは親を信頼したり、尊敬したりはせず、むしろ怒りを強化してしまう。子どもが従うのは、他にとるべき方法がないからであり、あなたの話す理由を理解しているからではないし、あなたのルールを信頼しているからでもない。

ある状況下では、一時的なコントロールも必要かもしれない。子どもには踏み越えてはいけない境界線が必要だ。しかし、そこで生み出される雰囲気が、力を行使しての服従だったりすれば、結局は、恐怖や反抗心を生み出してしまう。それは信頼感、尊敬、思いやり、そして最後には愛情を損なう。

10代の子どもと、家事をもっと手伝うように話し合おうとしている親について考えよう。たとえば、友達と旅行に行くため、お金を稼ぐために夏の間、仕事をしたいと子どもが言ってきたとする。しかし子どもは、この2か月は毎日お昼まで眠っている。もし父親が直接的に、次のように言ったらどうだろう。「どうやってお前がお金を稼ぐつもりなのか、お父さんにはわからないな。お前は、家事なんて何ひとつもしてないじゃないか（攻撃、非友好的）。ましてや仕事なんてできないだろ（皮肉）。ただでお父さんがお前にお金をくれるなんて思うなよ。家事をやらないとお金はやらないからな（競争的、論争）。努力もしないでお金が稼げると思ってないか。そんな考えが、お父さんをイライラさせるんだ（判断の押しつけ）」

結果は、かなりの高い確率で口喧嘩になる。子どもが、いきなり家事の手伝いを始め、掃除をし、やる気まで出して、親に対して従順な天使に生まれ変わってくれることなどありえない。もっとありそうなのは、お金を稼ぐことを諦めるということだ。かりに子どもが仕事をしてお金を稼ぐことになっても、それは悪意からであり、父親が間違えていることを証明することが自分の人生の目標になっているからである。それでも父親は子どもにうまく行動の動機づけを与えているではないかと思われるかもしれないが、それは親子の間に温かな愛情関係があるからではない。子どもは、親への悪意から仕事を頑張るのである。悪意なのだ。

そうではなく、もし父親が次のように言ったとしたらどうだろう。「ジェンマ。お父さんはお前とその旅行について話したい。お前がどんなに旅行に行きたいか、今年の夏にどれだけお金を稼ぎたいと思っているのかはわかった（反射）。ただし、夏はもう半分終わっているから、それでもまだお金を稼ぎたいなら、時間が足りないんじゃないか（正直、批判、率直）。お金を稼ぐかどうかは、お前次第だよ（自律性）。だが、お父さんははっきり言っておく必要がある。もし代金の支払期日までに、お前がお金を稼げなかったとしても、お父さんはただでお金をあげることはできないし、あげるつもりもないよ（主張、確信）。もし本当にお金が必要なら、それを稼ぐ必要があるんだ（率直、直接的）」

「まったく、お父さん、わかってるわよ！」と子どもは応じるかもしれない。あるいは目をきっと睨んでくるかもしれない。しかし、父親は、侮辱しているわけではないし、不親切でもないし、強い言い方をしているわけでもない。父親の発言には、何ひとつ悪口は含まれていないし、最後通牒もない。良いティラノサウルスは、「これが私の考えで、これが私の証拠で、これが重要なんだ」といった発言をするのである。

この事例でおわかりになるように、良いティラノサウルスと悪いティラノサウルスの差異は、明らかである。父親が皮肉な口調で言い、ジェンマが「私は自分で何とかするから、お父さん、大丈夫」と答えたと想像してみよう。父親は絶望して頭を振るしかない。あるいは、「お前にできるわけなんかない。お父さんにはわかるんだ」と言い返すしかない。

言葉に気をつけるだけでなく、その口調にも気をつけよう。スポイルする人（台なしにする人）を避けよう。ほんの些細な一言で、あなたがやってきたすべての行動に大きな穴をあけてしまうからだ。**良いティラノサウルスは、確信を持った伝え方をし、感情をまじえずに話す。**

これは役に立つやり方だ。メッセージは明瞭に伝える。怒りや動揺やイライラによってメッセージを曇らせてはならない。容易なことではないが、それが効果的な伝え方だ。

良いティラノサウルスは、すぐに本題に入る。問題をすぐに特定し、解決のスピードを早める。矛盾するようだが、良いティラノサウルスの行動は衝突をも予防できる。なぜなら、明白で、明確な伝え方をし、人を操ろうとか、悪質なウソで丸め込んでやろうとしないからである。**良いティラノサウルスは、作為を持って人を動かそうとするのではなく、ただ直接的に自分がしてもらいたいことを要求する。**良いティラノサウルスは、第3章の正直さで論じたルールで行動する。すなわち、「対立は避けないが、真実を突きつけて、あなたを地面に叩き伏せる必要もない」

良い取調官になるための3つのステップについて助言しておく。

1　直接的に証拠を引用する

人に問題を伝える必要があるときには、彼らが使っている言葉を、その証拠として使いながら言い返すようにしよう。できるだけ具体的に、できるだけ事実に基づく証拠を出そう。会話では、できるだけ相手が言った通りの言葉に近づけるとよい。文書であれば、声に出して直接的に読み上げるとよい。誇張したり、メッセージを混乱させたりしてはならない。

2　すべての衝突に関する証拠を挙げる

感情や判断をまじえずに証拠を挙げよう。バランスをとり、客観的になるのがポイントだ。

3 解決策を提案する

最後に、どうするのが正しいのか、次にあなたが望むことは何かを伝える。自分にとっての目標は何かを考えることが大切である。「私が正しくて、君は間違えているんだ」と言いたいだけの目的で、衝突してはならない。そうではなく、「さて、これが問題だということで、私たちは意見が一致したね。その解決のために私が君にしてもらいたいことは……」と伝えよう。

このモデルは、多くの状況に応用できる。親子関係でも、仕事上の交渉でも、夫婦間の口論でも、ビジネスパートナーとのやりとりでも、お客さまとのクレーム対応でも応用できる。

しかし、もし目の前の相手が感情的になっていたら、どうなるだろう。非常に怒っていて、聞く耳を持ってくれないときに、どうやって要点をわからせればいいのか。自分が感情的にならないことが大切であるが、他の人を落ち着かせ、話を聞いてもらえるようにするコツは、彼らがそういう感情を抱いていることを認めてあげることだ。129ページで論じた「幼児とTシャツ」のやり方を思い出してほしい。相手がどんな感情状態であっても、共感性と正直さを持って、その感情を認めてあげることにより、相手のリアクタンスを一気に引き下げることができ、あなたが何を言いたいのかに耳を傾けてくれる。相手の感情を落ち着かせないうちに、メッセージを伝えるのはよくない。

良いティラノサウルスは職場をポジティブにする

　職場というのは、パワーの行使が慎重になされている場所である。生産性を高めようと思って、悪いティラノサウルスのやり方でチームに動機づけを与えようとする上司がいる。もし目標に達しないのなら、クビにするぞと脅し、恐怖を与えるのが悪いティラノサウルスである。こういう上司のもとでは、チームのメンバーはやる気を失い、落胆し、怒りを感じ、受動的でありながら攻撃的な復讐をする（備品を盗んだり、仮病で休んだり、仕事の手を抜いて生産性を落とすなど）。最終的には、メンバーは、どこか別の会社で働きたいと思うようになってしまう。

　一方、良いティラノサウルスは、チームのメンバーにポジティブな影響を与える。率直に批判する、といった良いティラノサウルスの行動は、悪魔の唱道者の役割（訳注：わざと反対意見を述べて議論を活性化させる役割をとる人のこと）を提供する。だれもが問題に薄々と気づいてはいるが、怖くてだれも取り上げることができなかった問題を、良いティラノサウルスが明らかにすることで、チーム全体にとっての釣りあいがとれる。

　良いティラノサウルスは、率直で、素直で、批判的で、建設的である。ティラノサウルスは、だれに対しても、どんな意見にも噛みつくことで組織に貢献する。彼らの明確で、直接的な正直さは、時として、言うべき必要があることを言ってくれる人を意味する。効果的なリーダーシップに関する著作の中で、ジュディス・コマーキは、さえないリーダーと違って、優秀なリーダーは、明確で、率直な指示を出す能力があると述べている(5)。スタンフォード大学経営大学院のリンドレッド・グリアの研究によると、**チームのだれかが明確な代案を出したり、みんなと食い違う意見を出したりすると、それによって他のメンバーたちは、より深く問題について考えることができ、もし違う意見が出されなければ、決して思いつかなかった解決策を生み出すことができるのだそうである**(6)。

組織が、現実の状況を考えずに、ただ従来通りのやり方で、慣習的な決定を行うのであれば、破滅的な結果になるだろう。

2010年のメキシコ湾原油流出事故について考えてみる。安全装置がうまく機能せず、油田掘削機が爆発し、11名の作業員は死亡、記録上最大量の原油流出が起きた。後の調査によると、ブリティッシュ・ペトロリアム(BP)社の管理者が、構造の統合性と、問題の早期発見機能を妥協させるような安全装置の設置の決定をしていたという。安全よりも利益を重視するという企業文化のあらわれだ。後の裁判において、BP社には重大な過失と故意の不正行為があると裁判官は判決を下している(7)。裁判官は、その行為を「向こう見ず」であると述べた。BP社は、11名の重罪殺人の有罪申し立てを受け、罰金として450億ドルの支払いが命じられた。

他の企業スキャンダルでも見られるように、権力が腐敗すると、必然的に社員たちが声をあげて反抗できないような恐怖を与える。たとえ問題がどれほど明らかだったとしても社員は声をあげることができない。

安全な手続きの見逃しであれ、手抜きであれ、隠れた人種差別であれ、セクハラであれ、職場で何かの問題が起き始めると、私たちはだれかが勇気を出して「これは良くないことだ」と声をあげてくれることを望む。けれども、声をあげるのは困難であり、周囲が敵になってしまうので、孤独を感じる。勇気のある行為であり、それは正しい行為でもあるのだが、それはまた困難な行為でもある。しかし、マーティン・ルーサー・キングJr博士が雄弁に述べている。「正しいことをするのは、いつだってかまわない」と。

恐怖で職場を支配するリーダーは自滅する

Emily

私は、社会福祉サービスのチェックを受けている家族に取り組んだことがある。父親は妻への暴力で逮捕、起訴され、地域の福祉サービスに送られて、18か月の保護観察処分を受けたのである。父親は、家族から離れて暮らすように命じられた。家族とは、2時間も離れた場所に住まなければならなかった。子どもたちとは、面会センターで週に2回会うことが認められた。母親との接触は完全に禁止され、いかなるときでも自宅に近づくことは禁止された。しかし、子どもに会うため、職場に出向くため、執行猶予の約束をするため、そして福祉サービスに出向くためなどの理由で、父親はたいていの日には朝から晩まで家族の住む町にいたのである。

私たちがその父親に取り組み始めたのは、5か月が経った頃だった。父親にとって、毎日、車を走らせ、電車に乗って町までやってくることは、距離的にも、金銭的にも維持しつづけるのがほとんど不可能なことであった。多くの人は、父親が約束を破って、自宅に戻ろうとしているのだと思うかもしれない。皮肉な見方をする人であれば、自分の置かれた状況をうまく利用して、父親はそうするつもりなのだと考えるかもしれない。

ところが父親のほうは、自宅には戻らなかった。代わりに、自分の車で寝るようにしたのである。その状況についての福祉サービスの上司の一人の考えはこうであった。

「おお、彼は奮闘しているね。タフだな。そんなことしなくてもいいのにね」

次の面接において、私は自分の考えを述べた。できるだけ早く、適当な地元の不動産屋にお願いして、優先住宅リストに登録してもらうべきであること。そうしないと家族全体がおかしくなってしまうということ。

それに対して母親は、恩着せがましく答えた。「あなたは父親にとっての必要性のほうが、子どもより大切だというのですね。それにはだれも賛成しませんよ。父親が、転職したらいいのではないですか?」そして、私のほうに手を向けると、まるで悪臭を部屋から振り払うように動かした。私は卑しめられたように感じた。

私は心の中の自信を集め、少し震える声で、「父親に転職を迫る前に、会議メモに私が異議を唱えたと書かせてください。私はその決定に賛成できません。もし何も変えないのなら、現在の状況は、子どもへのリスクも高めるだろうと私が助言したことを明らかにしておきたいのです」と述べた。

彼女の顔は、疑わしいものを見るときのように紫色に変わった。「いいでしょう。そう記入してください。ですが、あなた以外にはだれもそんな風には感じないでしょうね。まったく無関係なことですから」と母親は答えた。

私が率直に問題を伝えたとき、私には強い確信がなく、主張的でもなかったことを告白する。私はティラノサウルスの前のネズミのように感じた。私はライオンではないことをわかっていた。私は、決定を決める立場にない。しかし、私は賛成できないことを言う必要があることもわかっていた。私の頭の中には、何をするのが一番いいのかについて明確な考えがあったのだ。

面談の後、私は他の3人の担当者に来てもらった。彼らもまた、悪い状況になっていると感じていた。3人は、面談中には勇気がなく、発言はしなかったのである。私は彼らに、それぞれの考えを文書で書いてもらうように求めた。それには彼らも賛成してくれた。

当初、私は腹をたてていた。「どうしてみんな母親との面談中に声を出して、私を助けてくれなかったのだろう。賛成なのであれば、どうして私を放っておいたのだろう」と思った。実際のところ、彼らは、面談での緊張に満ちたやりとりに加わりたくなかったのだ。自分も巻き込まれたくなかったからである。

しかし、私が懸念を口にすることにより、少なくとも他の3人もいくらかの行動をとってくれることになった。正直に思い返してみると、私は彼らを責めなかった。良いティラノサウルスは、私にとっては一番困難なスタイルであるが、正しいことはいつだって正しいのである。


悪いティラノサウルスは、人に恐怖を感じさせ、脅されていると感じるような方法に頼る。彼らが脅しを使うのは、それによって相手より上位に立つことができるからだ。このような振る舞いをするマネージャーは、独裁者になり、だれとも相談をせず、自分で決定をする。自分への反対意見は認めない。スタッフと議論もしないし、妥協もしない。ただ指示を伝え、スタッフがそれを実行することを期待するだけである。

そのような人物と一緒に仕事をすると、大いにやる気がそがれ、自信と批判的志向が損なわれる。面白いことに、会社もまた、権力欲で膨れ上がった人間を、会社がぐらついて倒れるまで上に置いておく。すべての決定をその人がするのであるから、もし何か悪いことが起きれば、すべてその人に責任をとらせることができるからである。悪いティラノサウルスには、カルマ（業、因縁）がついてまわるのだ。

悪いティラノサウルスはまた、かなり強い怒りを有している。長期的には、怒りを感じていることが、心筋梗塞や、心臓発作のリスクを高める(8)。仕事の関係も、個人的な関係も崩れてしまい、孤立する。これは、心理学者が昔から、「破滅的リーダーシップ・スタイル」と呼んでいるものである（こういうリーダーは、破壊の爪跡を残しながら、一気にトップに登りつめる）(9)。このリーダーは、攻撃性が高く、人への配慮に欠ける。トップに登りつめることには役に立つが、悪いティラノサウルスがいつまでもその地位にとどまることはない。なぜなら、そういうリーダーは徐々に、社員の不満、憤慨、回避、敵意を生み出してしまうからだ。しかも悪いことに、このリーダーは、自分の行動に反省もしない。失敗から学ぶことをしない。そのためついには、怒りと鬱憤の高まった部下たちによってトップの地位から引きずりおろされるのだ。このリーダーが地位を保てるのは、数多くの敵が復讐の筋書を作り終えるまでだけである。

良いティラノサウルスは、人との対立を避けることはしないが、まったく反対のことをする。大切な点は、彼らが怒りっぽくないということである。良いティラノサウルスは、たとえ相手に攻撃を受けても、冷静で、穏やかで、しっかりしている。時には、冷静を保つのがとても難しいこともある。特に、悪いティラノサウルスが相手のときはそうだ。**自分の怒りを処理するひとつの方法は、相手がどんなことを感じているのかを知り、相手の感情を認めてあげることである。**良いティラノサウルスになるためには、ヤシの木ではなく、岩にならなければならない。相手から怒りや要求がぶつけられても、折れまがってはいけないのだ。自分の考えを率直に、直接的に伝えよう。そして、頑固にその位置を保つのだ。地面にしっかりと足をつけ、屈せずにやり通すのである。

　ただし、覚えておきたいことは、良いティラノサウルスをマスターするのはとても難しいということだ。なかなかうまくいかないときには、いっそのこと悪いティラノサウルスになってしまおうか、侮蔑や皮肉で、相手に噛みつき返してやろうか、という誘惑もある。また、回避したいという気持ちになることもある。言いたいことを飲み込んで、相手の言いなりになるほうが簡単だからである。時として回避は、状況が悪化するのを避ける賢明なやり方になることもある。しかし、必要なときには、良いティラノサウルスへとステップアップしなければならない。

　良いティラノサウルスでいるための最善の心の持ち方は、穏やかな自信を持つことだ。相手がいくら怒ろうが、関係ない。恩着せがましいことを言ってきても、気にしない。相手の話を聞き、自分の要点だけを伝えるのである。個人的な攻撃は無視し、できるだけ穏やかに、できるだけ明確に、自分の考えをしっかりと何度もくり返すのである。

良いティラノサウルスは不満も穏やかに伝える

Laurence

　南カロライナで家族と休日をとったときのことを思い出す。そのときには、家族10人でひとつの休日用アパートメントをシェアした。だれもが素敵な時間を過ごしていたのだが、アパートの真向かいには建設現場があり、毎日朝の8時から夕方の6時まで、解体用の鉄球を打ち付ける音が際限なく響くのがたまらなかった。その音がいつまでも響いて耳障りなため、みんな気が狂いそうであった。

フラストレーションの高まった妻のエミリーが、受付に電話をかけたのだが、応対してくれた女性によって、怒りを鎮めることができた。受付の女性は、自分には何もできないのだが、マネージャーに電話をかけなおさせることを約束してくれたのだ。それから1時間が経った。が、電話は鳴らなかった。

そこで私は外に出て、真向かいの建設現場から聞こえてくるカオスのような騒音を録音した。それから受付まで歩いてゆき、マネージャーに会いたいとお願いしたが、不在であった。「何かご用件でしょうか？」ときわめて丁寧に話しかけてきた受付の女性は、エミリーが電話で話した人とは、明らかに違う人のようであった。

「そうなんです」私は答えた。「ちょっと読み上げますね」というと、私は、チェックインのときに受け取ったホテルからの歓迎の手紙を読み上げた。「当ホテルでは現在、リゾート施設の一部改修工事を行っております。つきましては、多少の騒音がございますがご安心ください。滞在中には、リラックスして、楽しい時間をお過ごしくださいませ」

受付の女性は微笑みながら、うなずいてみせた。「はい、その通りでございます」

「次に、15分前に私が録音してきたものを聞いていただきたいのです」私はそう言ってiPa

dの「再生」ボタンを押した。2分半の間、絶え間ない削岩機の騒音、サイレンの音、そして60トンの掘削用鉄球が壁に叩きつけられている音の入った録音だった。騒音を一緒に聞いているると、彼女の顔から徐々に血の気が引いていった。

再生を終えると、私は穏やかに、「この騒音は……、〝多少の騒音〟だとあなたはお思いになりますか?」と述べた。

「いいえ」彼女は、首を落としながら言った。

「私もそう思うんです。これは多少の騒音ではないですよ。私たちは外国から家族でやってきて、貴重な家族の時間を一緒に楽しみたいのです。この騒音では、お互いの会話ですら聞こえませんよ。それも毎日なんです。一日に10時間ですよ」

「本当に申し訳ございません」彼女は再び謝罪した。「ですが、私にはどうしていいかわからないのです」

「あなたはマネージャーに取り次いでくれればいいのです。私はもっと静かな部屋に移らせていただきたいのです。あるいは、騒音を毎日聞かされるので私たちは一日中どこかに出かけなければなりませんから、金銭的な補填をお願いしたいのです」

彼女はうなずき、マネージャーを待っている間にバーで飲み物を注文できるクーポン券をくれた。

受付の女性とやりとりをしている間、私は、大声を出すこともなかったし、騒ぎ出すこともしなかったし、攻撃的な素振りは一切とらなかった。ただし、笑顔も温かさも見せなかった。私は、直接的に、感情をまじえず、穏やかに、率直に、問題があることを伝え、それに対して自分が何を求めているのかを伝えたのである。このやり方は効果的であった。

もし私が罵ったり、叫んだり、攻撃的であったなら、騒音が問題なのではなく、「私自身」が問題だとされてしまったであろう。結局、ホテルのマネージャーは、私たちが別の部屋に移動できるようにしてくれた。そして、私の義理の父とその妻が、その年の終わりにもう一度旅行に来るときには、費用の50パーセントを補填してくれることになった。

率直に、直接的に、という良いティラノサウルスのアプローチは、多くの利点がある。まず自分が感情的にならずにすむ。そのため、落ち着いて、言いたいことを伝えることができる。そのため、肝心な点を明瞭な言葉で伝えることができる。こちらがそのような態度をとれば、相手も好戦的になったり、道理のわからないことを言ったり、攻撃してくるようなことをしなくなる。厄介な人だと思われるかもしれないが、こちらは、わざわざ対立しようとしているわけではない。「触れてはいけない人間」だと思われるかもしれないが、相手にもはっきりと自分の立ち位置がわかるので、状況を改善するのに何が必要なのかがわかるのである。

穏やかな自己主張をする良いティラノサウルスをマスターすれば、自分を強化できる。感情をまじえず、目標に焦点を当てると、自己コントロール感と自信が生まれる。良いティラノサウルスを使うときには、相手と戦うことに価値があるのかどうかを考える必要がある。

もし良いティラノサウルスを過剰に使っていると、たとえそれがうまくいったとしても、時間が経ってくると、率直ではあるものの、扱いにくい人間だと思われるかもしれない。良いティラノサウルスは、自分から屈することはないし、妥協もしないので、人間関係を深めるのに必要な温かさや親密さを損なうことさえある。

良いティラノサウルスは、社交的で、友好的なサルとはまさに対極のサークルにあったことを思い出してほしい。良いティラノサウルスになるということは、友達を失うかもしれないということを意味する。そのため、**良いティラノサウルスは非常に役に立つとはいえ、理想を言えば、間欠的に、必要なときにだけ使うべきである。**一方、悪いティラノサウルスはできるだけ消滅させてしまったほうがいい。

教訓
LESSON

1 悪いティラノサウルスを消滅させよう

自分の中に悪いティラノサウルスが少しでも存在していると気づいたら、それを全力で取り除こう。

できるだけ、何を話すかを決めてから話そう。事前に練習をしよう。侮蔑の言葉が入っていないか。相手を傷つけたり、攻撃するような言葉が入っていないかを考えよう。事実に基づいて、はっきりと、正確に伝えよう。不満を口にしたいときには、少し間を置いて、これらのことができているか確認しよう。

2 対立するか否か、選択する

対立しそうな話題を口にするときにはいつでも次のことを自問自答してほしい。

「本当にこれが問題なのか？」「ちょっぴり腹立たしいというレベルではないのか？」対立は、避けるのが最善である。しかし、いつでも避けられるわけではない。対立する価値があるかどうかを確認しよう。

3 具体的な目標を設定する

自分にとっての目標、そして肝心な点を考えよう。

どんなことが起きればいいのか。あるいは、起きなければいいと思っているのか。公平に、バランスをとり、客観的になろう。しかし、相手の立場で考えてみることも必要だ。自分が正しいのだ、自分がほしいものを手に入れる権利があるのだ、という罠に陥らないように。

4 個人的な悪口を避ける

肝心な点を明らかにしたら、相手にそれを伝えるときに、皮肉、個人的な悪口、攻撃、怒り、相手を見下すような発言は避ける。

必要なら、リハーサルをしよう。信頼のおける人とロールプレイ（役割演技）をしてみるのもいい。もしあなたが準備したセリフを言ったら、相手がどんな風に感じるかを教えてもらおう。

5 相手の感情を否定しない

相手にも感情があることを理解する。

相手の感情を否定しない。感情があるのは「当たり前」であることを認める。対立のときに相手が噛みつき返してきたときは、こちらも厳しい態度をとるのはやめて、相手の話に耳を傾けよう（たとえば、10代の子どもが、宿題をしなさいと言われたときに感情を爆発させても、「どうして親に口答えするのだ？」と考えるのではなく、「宿題をすることが、どうしてそんなに一大事なのだろう、子どもに何かあったのだろうか？」と考えるのである）。

chapter 7

ネズミ
——謙虚／追従

謙遜は、あらゆる徳の確固とした基盤である

孔子

謙虚さは、ラポールでもっとも重要な価値

警部補のブライアン・マーフィは、ウィスコンシン州オーククリークにあるシーク寺院の駐車場に向かって車を走らせていた。午前10時25分を少し回ったところで、発砲の連絡が入ったのである。連絡があるまでは、とても静かな、あたたかな日曜の朝だった。ニューヨーク市民のマーフィは、ハンマー台のようにタフな警察官で、めったなことでは驚くことはなかった。清掃作業員の父も、同じイーストコーストの現場に急いでいた。マーフィによると、父親は「壁を突き破って進んでいくような男」であった。シーク寺院からの緊急要請を受けたマーフィは、心理的にも、身体的にも、ありったけの勇気を奮い起こさなければならなかった。

パトカーを飛び出したマーフィは、駐車場に2人の人物を見つけた。一人がもう一人の上に覆いかぶさるようにして倒れている。上に乗っている人物が死んでいることをマーフィはすぐに悟った。もう一人の生存確認をするためにパトカーに戻ろうとしたとき、一人の男がまっすぐに自分に向かって駆けてくるのがわかった。白いTシャツの男は、ホルスターから銃を引き抜くと、マーフィに向けて構えた。マーフィも銃を抜き、発砲した。発砲は、ほぼ同時であった。マーフィの弾はそれてしまったが、男の弾はマーフィの顔をとらえた。弾丸はあごを破って、咽頭を貫通し、後頭部から突き抜けた。

最初の1発目を受けたにもかかわらず、マーフィはまだ呼吸ができ、近くの車の後ろに身を隠すことができた。マーフィはしゃがんで、男がどこにいるのかを探した。できれば正面にいてほしい。そうすれば撃ち返すことができる。しかし男は、マーフィの後ろに回り込んでいた。古典的な軍人の動きだ。男は、マーフィの真後ろにいた。2発目の弾丸は、マーフィの左の親指を吹き飛ばした。マーフィは苦痛のため地面に転がった。男はさらに2発の弾丸を撃ち込んだ。ひとつはマーフィの腕の後ろに入った。マーフィは身を隠すために車の下に転がった。男は静かに再び弾を込めた。男は、その場所で思い出したことを口にした。「この男は、ここから俺を止めようとしたんだよな？」

車の下から出て、自分のパトカーへ戻ると、マーフィはトランクにしまってあるショットガンに手を伸ばそうとした。しかし、血まみれのマーフィは、逆にまた撃たれた。今度は、至近距離である。マーフィは頭を撃たれた。男はそれでもやめなかった。何度も何度も、腕や足に銃を発射した。合計で15発の弾丸がマーフィの身体や頭部に食い込んだ。銃声が何度も響いてから、ようやく静寂が訪れた。

それからまた銃撃が始まった。今度は、警察官のサム・リンダからの発砲である。彼はマーフィの同僚の一人だ。リンダは、駐車場の長い並木道に入って、自分のパトカーを停め、現場を確認し、マーフィを救おうとしたのだ。リンダは、ライフルの照準を男に合わせてから発砲した。距離はそれほど離れていなかった。リンダが、警察官の精密射撃のトレーナーであったことは述べておくべきであろう。臀部《でんぶ》を撃たれた男は、そのまま地面に転がった。他の警官もパトカーで到着した。何人が死んだのかはわからないし、マーフィがどこにいるのかもわからない。他に発砲者がいるのかどうかも定かではない。

リンダに臀部を撃たれて地面に倒れた男は、ウェイド・マイケル・ペイジ。40歳の白人だった。憎しみに満ちた過激派で、アメリカ陸軍での勤務経験があった。結局、彼は自分で自分の頭を撃って自殺した（脚注：ペイジは、少し不愉快なことだが、陸軍に勤務しているときには心理作戦の専門家であった）。彼の目標は、大勢の人を殺して、すぐに自殺することであった。

驚くべきことに、正面からも後ろからも頭部を撃たれた後に、さらに腕や足も撃たれ、合計で15発もの弾丸を食らいながら、マーフィは生きていた。マーフィが駐車場に到着したとき、男は小さな台所の食糧貯蔵室に向かっていた。そこには、正しく数をいえば15人が潜んでいた。多くは女性と子どもである。彼らは、薄いドアの後ろで身を寄せ合い、恐怖に震えていた。ペイジはマーフィが駐車場にやってきたのを認めると、向きを変えて、マーフィとの撃ちあいに向かったのである。後になって、生き残った人たちは、自分たちが食らうはずだった弾丸を、マーフィが15人分食らってくれたのだろうと考えた。

マーフィ警部補は、その日の行動について「英雄」と称されるのを頑なに拒んだ。むしろ、その言葉は、シーク寺院の長であるサトワント・シン・カレカにふさわしいとマーフィは述べた。なぜなら、彼もまた、ウェイド・ペイジを止めようとしたからである。自分が死に直面しているというのに、シン氏は、ペイジが他のだれをも傷つけないように強くしがみつき、爪が剥がれてしまったのであった。

勇気のある行動の例を述べてきたが、本章は英雄的なライオンについてのお話ではない。謙虚なネズミについてのお話しをする。マーフィはその日の出来事によって、自分はヒロイズムではなく、より深く謙遜について学んだと述べている。この物語の大切な要点は、健康が戻り、病院から退院した後の彼の身に起きたことである。マーフィに起きたことが、彼に、直接的な経験として謙遜を教えてくれたのだ。

ザ・ヴァートゥス・グループ（警官や軍人に対して一連のトークを行う）の一環としてマーフィは、とても強くこの点を強調している(1)。あごを貫いた弾丸のため、しわがれた声になってしまったが、ニューヨーク訛りでマーフィは語る。

みなさんの家族こそが、みなさんにとっての命綱なんです。ずいぶんと長いこと、私はこれっぽっちもそのことを考えていませんでした。私は、あまりにプライドが高く、あまりにタイプA人間（訳注：競争的で攻撃的、いつでもせかせかした性格特徴の人）だったのです。

ところが面白いことが起きました。事件の後で、私はクリスマスツリーのように照らしてもらえたのですが、それからは両手が先端まで使えないんですよ（マーフィは聴衆に向かって、自分の手が事件直後から硬い爪のようなものに覆われて使い物にならないことを見せる）。トイレに行くとしますね。ですが……（聴衆に爪を見せて、トイレで行う日常的な動作には役立たないことを示す）。できないんです、紙が。つかめないんです、（マーフィは下を向き、ため息をつく）みなさんには、謙虚であることについて話したいのです。私はずっとそれができなかったということについて話したいのです。結婚とは、お互いの協力なんです。それは毎日、強く感じる必要があります。

そして私は忘れていました……。必要になって、初めてわかったのです。

みなさんが、私と同じ50歳の男だったとして、トイレの壁を叩いて、「ウンチが終わりました」と伝える場面を想像してください。愛する妻が入ってきて、お尻を拭いてくれるんですよ。それは……、レディース・アンド・ジェントルマン、まさしく謙虚な経験です。この経験は、口で説明できるようなものではありません。毎日、毎日、ありがたいと思わずにはいられない経験です。

「弾丸をキャッチした」（彼の用語である）マーフィが見せた、鉄壁のヒロイズムと不屈の精神にもかかわらず、マーフィが同僚の警官たちに最重要なことだと示したかったのは、謙虚であることの必要性と、他者に対する深い感謝であった。シーク寺院のシン氏の妻は、マーフィについて、こう語っている。

「私たちにとっては、神さまでした。なにしろ私たちを救ってくれたのですから。すべての弾丸を自分で受けてくれたのですよ。なんという強さなのでしょう。私は、マーフィさんを抱きしめました。彼は非常にたくさんの命を救ってくれたのです」

マーフィは、英雄であり、助けられた人たちからは神さまのように感謝を受けたのだが、マーフィは謙虚なままであった。その経験は、以前にはマーフィが当然のものだと思っていたことと、すなわち**身近な人からの愛情や気遣いが、自分の人生にとっていかに大切なものだったのかを教えてくれたのである。**

私たちはラポールに基づく行動について数多く述べてきたが、それらのうちで**もっとも他者に与える強い影響は、良いネズミである技術を学ぶことによって成し遂げることができる**のだと聞いたら、みなさんは驚くかもしれない。他人に操縦はまかせて、自分の身に起きることを、後部座席から見つめる技術。そして謙虚である能力。もし悪いティラノサウルスがもっとも避けるべき行動であるとしたら、良いネズミは、もっとも自分に加えたい行動である。

謙虚でいることは、極端に難しい。仏教では、謙虚さは、蒙《もう》（愚かなこと）が啓かれた状態だと考えられている。実際、謙虚さは、一種の空虚、すなわち、「幻想の自己意識のない状態」とさえ考えられている。謙虚でいることが難しい理由のひとつは、謙虚さにとらえどころがないからである。私たちは、脆弱《ぜいじゃく》な自己を強化したいという自然な本能を持っているのだ。

同様に、なぜ謙虚でいることが難しいかというと、私たちは少しでも謙虚さを身につけると、すぐに自分自身が何か偉い人にでもなったように思い込んでしまうという危険があるからである。少しでも「蒙が啓かれた」と感じると、私たちは、追い求めるべき謙虚さをすぐに失ってしまうのである。また、謙虚さを装うことは、偽善的で、自己中心的である。

謙虚さには、正直さを磨き上げることと、他者について知る一方で、自分の長所と短所を客観的に認識することが含まれる。謙虚さには、好奇心、忍耐、そして世界における自分の位置づけの正確な認識が含まれる。正しく自分の価値を知るということは、自分のメリットばかり考えることを意味しない。

謙虚さとは、自己を持たずに行動することである。あるいは、自惚《うぬぼ》れを持たずに行動することである。他者への敬意を持つが、喜ばせてやろうとか、良い印象を与えようとは思わずに振る舞うことである。死を感じるような出来事があると、私たちは、つい不必要なほどの焦点を当ててしまう（人がマーフィにそうしたように）。こんなときにも、謙虚さは必要である。自分にはコントロールできないときがあっても、良いネズミなのだと考えれば、自分が中心でいたいという自動的な欲求に抵抗することができる。

謙虚なネズミは、他者の後ろについていく。服従の立場をとる。西洋の文化では、他人に譲ることは、すぐに弱さと結びつけられて考えられてしまう。そう考えるのは、誤りだ。私たちは、ライオンのようなコントロールをしたがる。サルのような喜びと親しさをほしがる。ティラノサウルスのように感情を発散させたいと思うことさえある。しかし、これから論じるつもりだが、**ネズミこそ、ラポールを形成するもっとも重要で、「唯一の」動物なのである。**

謙虚さは、他の人とラポールを形成するうえで、どのように関係しているのだろう。何千時間もの取調べ場面を観察して、私たちは、最高の取調官は謙虚な人である、ということを発見した。自分が大嫌いな人間と真正面から向き合うときでさえ、最高の取調官は、喜んで頭を下げることができる人であった。

警察の取調べを何時間も観察し、取調べる価値の高い人間やテロリストとのやりとりのデータを子細に調べてみると、予想に反して、**ラポール形成にもっともポジティブな力を与えていた行動は、すべて良いネズミの行動であった。**すなわち、相手を肯定し、敬意を払い、謙虚だったのである。

ネズミの行動は、「屈服」であり「軟弱」だと誤って考えないようにしたい。相手に操縦をまかせるのは、きわめて戦術的なやり方であり、強力な方法なのである。この「優雅に負けて見せる方法」は、ネズミの行動を例証するものだ。私たちがかかわった取調べの中で、古典的な「ダビデとゴリアテ」状況の素晴らしい例のひとつを次に挙げる。

良いネズミの取調官が、テロリストの自白を促す

ディオラは巨漢で、長くて黒いあごひげを生やしていた。足首までの長い白色のローブを身につけているせいで、厚い黒縁の眼鏡は、さらに黒々と光って見えた。ディオラは、彫像のように座り、DS・ダバーを睨みつけていた。ダバーは小柄で、痩せた男である。あごひげは完ぺきに切りそろえているのに、髪の毛はぐちゃぐちゃであった。まるであごひげに手をかけすぎて、頭のほうをすっかり忘れてしまったかのようであった。ダバーは取調官としては新米であった。特に、テロ対策の世界の取調べでは新人であった。ダバーはその前の取調べにおいては、第2取調官としてディオラと会っていたが、今度は第1取調官としてディオラと向き合うことになった。DS・ダバーは、その前の第1取調官が、よくリハーサルされ、徹底的に計画化された作戦を展開するのを観察していた。しかし彼は、ディオラに部屋の隅に追いつめられ、邪魔をされ、取調室から出ていけと言われたのであった。

ディオラは暴力的な雰囲気を漂わせており、それを反映する犯罪歴もあった。この特別な取調べにおいては、ディオラは警察の士官候補生への攻撃計画について、ソーシャルメディアを使ってメッセージを発信したという容疑をかけられていた。ディオラの住居を捜索し、警察は、ハンマー、キッチンナイフ、警察の士官候補生訓練センターの付近の地図が入ったバッグを発

見していた。警察は、ディオラが士官候補生をターゲットにしているとにらんだ。また警察は、ディオラはより大きな組織の一員であり、子どもへの攻撃や誘拐を計画しているとも考えていた。

以前の取調べで、ディオラは取調官の話をさえぎり、お前らは無知で、愚鈍で、道徳的に弱い奴らだと非難した。ディオラは質問に答えることを拒否した。饒舌にまくしたてるものの、ディオラは、取調官に意味のあることはひとつも語らなかった。ただ、歴史と文化に対する無知について講義するだけであった。

DS・ダバーは、前置きの警告を告げてから取調べを開始した。ディオラは、眼鏡の下から、ダバーを激しくにらみつけた。「この取調べの目的は、お前のノートにある、その小さなチェックリストを全部埋めていくことじゃないんだろうな。そんなことをすれば、お前は頭を一叩きされるからよ。もしお前が有名になりたくてここにいると俺にわかれば、話をしてやる。だから、誠実にな」彼の口調は厳しく、皮肉に満ちていた。

ダバーは、まったく落ち着いており、ディオラのほうに少し近づくと、自分の警察用ノートを見せた。ダバーはディオラの目の前で、ノートをペラペラと指でめくってみせた。どのページも真っ白なままだった。「私は質問リストなんて持ってませんし、チェックリストもないですよ。私はあなたに、あなた自身の言葉で、いったいどんなことを計画していたのか話してほしいだけなんです」

ディオラは、薄笑いを浮かべてダバーを評価した。「いいだろう。それじゃ、1回チャンスをやるよ。俺の質問にお前がどう答えるかで、話すかどうかを決める」

それからディオラは、ダバーに近づき、その顔に指を突きたてながら言った。「じゃあいくぞ……。答える前には、じっくり考えろよ（休止）。どうして今日、俺はお前に話そうとしていると思う？」

DS・ダバーは、答える前に、たっぷり10秒ほど考えた。部屋の中から、すべての酸素が吸い出されてしまったかのようであった。私たちは、凍りつくような感じがして、監視室のモニターを見ていた。それから、穏やかに、慎重な声で、ダバーは単純に答えた。

「私たちがあなたを逮捕した日、あなたが警察の士官候補生を殺害したかったのではないか、と私は思っているんです（またしても休止をとって、深く呼吸をする）。あなたがどんなことを意図していたのか。どうしてそうする必要があると感じたのか。何を達成したかったのか。私は詳しく知りません。あなただけが事実を知っているんですよ。ディオラさん（また休止）……、私は上司を喜ばせたいから知りたいのではないのです。私は、人を守りたいから知りたいのです。私はあなたに話すことを強制することはできません。強制したくもないんです。もし話してもいいというのなら、話してください。話したくないというのなら、話さなくてもかまいません。それはあなたが決めることですから」

ＤＳ・ダバーは、ディオラに向かってそう発言した。ダバーは穏やかなままで、落ち着いていて、忍耐強く、そして謙虚であった。ネズミが、ライオンの反応を待っているのである。「そりゃ、素敵な答えだ」ディオラは破顔して言った。「お前は、俺のことをきちんと考えてくれて、敬意を払ってくれているな。よし、話してやる。しかしこの国で本当に起きていることをお前に理解してもらうだけだぞ」

モニターで観察している我々も、ダバーの上官も含めて驚いた。ダバーの正統ではない謙虚なやり方が功を奏したのである。しかし、なぜなのか。

ダバーがうまくできた理由のひとつは、ダバーがディオラをコントロールしようと試みなかったことである。ディオラは、ライオンのように自分が上に立ちたかった。だから、ダバーはそうさせた。**すでに述べたことだが、強制力を使おうとすると、同じように相手からも強制的な反発心が返ってきてしまう。**その場にいたダバーは、強制力をまったく使わなかった。実際には、まったく反対のことからダバーは始めている。「私はあなたに強制なんてしません。強制したくないんです」と述べている。

ダバーの反応を、ＨＥＡＲの原則と関連づけて考えてみよう。ダバーは、公式的な答え方をしていないし、心理的な操作や作為を試みてもいない。彼の返答は、純粋で、正直だ。ダバーはディオラを殴りつけるようなことをしていない。明確に、「私はあなたが警官の士官候補生を殺そうとしたかったのではないかと疑っているので、あなたにここに来てもらっている」と伝えている。ダバーはまた、ディオラの自律性についても大切にしている。「事実を知っているのはあなただけなんです」という発言がそれだ。自分が何も知らないことも認めている。「私は何が起きたのか、詳しく知りません。何をしたいと思っていたのか、そうすることで何を得たかったのかも知りません」ダバーはまた、ディオラの指導も求めている。ディオラに教育者と先生の役割をとらせている。「俺はお前に理解してもらいたい」という部分からそれはわかる。そして、これが重要なのだが、ダバーは自分がどんな質問をしたいのか、あらかじめ決めるようなことをしていない。まったく何のメモも、質問も書かれていない真っ白なノートを見せていることは、「あなたが議題を決めていいんです。あなたが上なんです。私はここに話を聞きに来ているだけなんです」ということを象徴的に伝えている。

ダバーのやり方は、傲慢で、自己肥大しているテロリストに屈服するものではないか、と文章を読んでいて不愉快になった人もいるかもしれない。しかし、ダバーは、とても正直に本音を語っている。とても人間的なやり方であり、とても謙虚である。そのようなやり方は、相手に武器を捨てさせ、正直にさせ、抵抗できないようにさせるのである。

第6章において、私たちはティラノサウルスの本能的な反応について述べたことを思い出してほしい。みなさんは、テロリストに頭を下げさせ、屈服させ、鼻をへし折ってやりたいと思うかもしれないが、それは取調べの目標にかなうものだろうか。ダバーの目標は、ディオラに教えを叩きこむことではなかった。将来的な攻撃をやめさせるのに役立つ、信頼できる情報を得ることがダバーの目標だった。ディオラのような男性とテーブルを挟んで向き合っているとき、ダバーほど謙虚になれる人はいないだろう。もしダバーが己のエゴをむき出しにしていたら、ディオラの仲間について、あるいは無垢の人々に対するテロや殺人計画について、明らかにすることはできなかったかもしれない。

競争に対して、適応的な行動をとるネズミのやり方は、ウサギとカメの童話におけるカメと似ている。ウサギは、カメをやっつける自分の能力に傲慢な自信を持っている。ウサギは、カメの忍耐心、継続力、そして、一歩ずつ歩いてゆく努力をあざ笑う。ウサギは、そんなものが自分に対しての脅威とは感じないし、自分の欠点だとも感じない。ウサギのエゴはあまりに肥大していているので、競争の途中で昼寝をしてしまう。それでも容易にとぼとぼと歩くカメなどは打ち負かせると考えているのだ。ウサギは自分の警戒を解いてしまい、結局はカメが勝つ。

相手に勝ちを譲るのは、いつでも最適な作戦なのだろうか。それは違う。私たちは、いつでも自分の要求を引っ込めるべきなのだろうか。もちろん、それも違う。しかし、私たちは普段の自分がそうである以上に、より反射的で、より謙虚であることを考えなければならない。**うまくいっている人たちの多くは、一歩下がる能力を持ち、謙虚さを示し、相手に謝罪をし、相手の発言のすべてを考慮して、慎重に耳を傾ける。**そういう人はまた、目標を達成するのに必要なときには、相手に手綱をまかせる。どういうときにウサギのやり方をとるのが有効で、どういうときにそうでないのかを知ることも、技術である。

悪いネズミは職場では頼りない

何を「しない」のかを学ぶことは役に立つことが多い。前章では、ティラノサウルスの悪い側面、すなわち、攻撃的であること、判断の押しつけ、皮肉、などを取り除くことについて述べた。同様に、ネズミについても、良いネズミをマスターする前に、悪いネズミを取り除く必要がある。悪いネズミに含まれるのは、ためらうこと、自信がないこと、回避的であること、紋切型になりやすいこと、心理的に相手と離れてしまうこと、などである。

悪いネズミの行動は、謙虚というより、弱々しく見えてしまい、そこからリカバリーするのはとても難しい。特に、競争的な、殺人的なビジネス環境ではそうである。結果として、悪いネズミは、いじめられ、無視され、追いやられ、評価もされないのである。不確かな話し方や、口ごもることは、自信の欠如と人の目には映り、意思決定における信頼を損ねる。ネズミはライオンとは反対であることを思い出そう。リーダーシップ、自己主張性、自信を示すことが求められる状況では、悪いネズミは不適当なのである。

悪いネズミのリーダーのせいで、チームが崩壊！

Emily

悪いネズミがリーダーになるときが、特に破滅的である。私は一人のスタッフメンバーを思い出す。私は、そのスタッフチームの監督を手助けするように求められたのだ。すぐに明らかになったのは、階層が壊れていることであった。いくつかの下位チームは、自分たちのほうが他の下位チームよりも重要だと宣言していた。下位チームがそれぞれ分離されたままに動く、という習慣がどんどん強まり、チーム全体の間に怒りとフラストレーションが溢れかえっていたのである。問題は、単なる知覚の問題であって、実際に能力が著しく劣るメンバーがいるとか、危険な行動をとっているというわけではなかった。スタッフのメンバーはみな、各自の仕事をこなしていた。比較的よく働いていた。けれども、スタッフの全員が惨めな気持ちで、怒りを感じ、やる気を失い、お互いに孤立していると感じていた。どうしてこのようになってしまったのだろうか。

私は、彼らの上司であるアニーに会い、状況について話し合った。アニーはやさしい顔をした小柄な女性で、眼鏡をかけており、その姿を見ると、私はやさしいおばあちゃんを思い出した。アニーは自己紹介のときに、チームには一時的に加わっているだけの予定で、この業務は本当のところ自分の専門外なのだと説明してくれた。私は、どれくらい彼女がチームを管理しているのかを尋ねた。

「うーん。もうすぐ1年くらいになるのかしら」アニーは答えた。自分でもそんなに経つのかと気づいた様子であった。

私は、チームの仕事ぶりをどう思うのかを尋ねてみた。

「ええ、彼らはとても優秀だと思います。彼らは何が必要なのか、みんな私よりもずっとよく知っていますもの。私はただ彼らにそのままつづけてくださいね、何かあったら知らせてくださいね、と言うだけです」アニーは陽気に語った。

私はすぐに問題を悟った。ほとんど12か月もの間、チームは、まったく何の指導もなく、専門家の相談も受けられないまま、自己管理で放ったらかしにされていたのである。彼らは全力で仕事をしていた。しかし、上からの指示がないということは、強烈な個性の持ち主が上に立って、自分の考えやテーマを、物静かなスタッフのメンバーに押しつけていたことを意味する。メンバーが受けていたリーダーシップのスタイルは、不確かなもので、できれば避けたいものであった。つまり、悪いネズミのリーダーシップを受けていたのである。

「何かあったら知らせてくださいね」というアニーのメッセージの裏には、「できるだけ私を蚊帳の外に置いておいてくださいね」という真意が隠されている。それは、『蝿の王』のためのレシピであり、スタッフは自分で自分のことをマネジメントしなければならない。チームは自分たちのルールを設定し、だれの欲求を一番上に置くかを決めなければならない。幸運なことに、事態はそれほど大混乱に陥ることはなく、下位チームの間に殺人事件が起きたりはしなかった。とはいえ、それまでに蓄積された有害な雰囲気をそっくり取り除き、より全体的な、ポジティブな枠組みへと彼らのやり方をリセットするには、さらに3か月もかかった。

この問題の本質的な要素は、アニーが、チームの日々のやり方にもっと注意を払うべきだったということである。アニーは、彼らの欲求や問題点、うまくいっている点などに、もっと耳を傾けるべきであった。私たちの出発点は、アニーの悪いネズミの行動（心理的な分離、不確かさ、紋切型）をはじき飛ばし、良い行動（忍耐強さ、指導を求める、敬意を払う）に置き換えることであった。**チームというのは、お互いに話を聞き、同時に、お互いに導き合うものだ。**

そこで第2のステップとして、アニーのライオンとしてのリーダーシップ・スタイルを促進し、進展させることにした。つまり、アニーにはチームに対する責任をとらせ、目標を設定し、スタッフを支えるようにしたのである。それぞれの下位チームはまた、独自のライオンになって、問題を前に進めるように促された。同僚に何か欲求があれば、はっきりと、オープンにアニーに伝えるようにした。それに基づいてアニーは決断をするのである。チームに対しては、閉ざされたドアの後ろに、もはや何も隠さないようにしてもらった。ゴシップや陰口、お互いの自信や能力を損なうようなことは禁止された。アニーに対しては、スイッチを切らないようにお願いした。アニーは1年間も、別のチームへの異動を心待ちにしてオフィスに隠れていたのだが、そうしないようにしてもらったのである。

良いネズミは相手から信頼を得る

良いネズミになるということは、スイッチを切るということではない。まったく逆である。良いネズミになるには、忍耐心が必要であるし、問題に焦点を当てなければならないし、話を聞くことに力を注がなければならない。**追従者の立場をとることは、嘆かわしいほど過小評価されているが、ラポールを形成するうえでは非常に強力な要素である。**なぜかというと、私たちが関係を結ぼうとしている人に対して、あなたが操縦していいのですよ、あなたには選択権があるのですよ、あなたは私にとってとても重要な人間なのですよ、というメッセージを送ることができるからである。

人間関係において良いネズミをとると、相手が親であれ、子どもであれ、配偶者であれ、同僚であれ、自分の話を聞きたがっていると感じさせることができ、自分が大切に扱われていると感じさせることができる。このような感情を与えることは、長期的なラポールを生み出すのに最良の方法である。私たちには、自分が操縦者でありたいという感情があり、自分自身が大事な人間だと思いたいという感情がある。その単純な事実を認識すれば、そして、もしそれらの感情を相手に与えることができるなら、ラポール形成は自動的に行われる。個人的な人間関係において、**良いネズミは、信頼と配慮を生み出す。**

良いネズミにはまた、戦術的な利点もある。取調べについての私たちの研究によると、情報を引き出すのに、一番有効な動物は何かというと、良いネズミであることが明らかにされているのである。DS・ダバーの事例で見てきたように、うまく実践するのなら、良いネズミのアプローチは、相手を上に置いていると感じさせることで武器を捨てさせ、自分から情報を明らかにさせる効果的な武器になる。個人的な関係においても、信頼と配慮はとてもポジティブに作用し、相手から情報を引き出すときには戦略的な利点がある。

良いネズミの思考の土台となる行動は何だろう。適応的なネズミは、唸り声をあげるライオンを目の前にしてさえ、信じられないほど忍耐強い。目標に焦点を当てつづけ、相手を急かしたり、力やプレッシャーを与えて相手を従わせようとしたりはしない。適応的なネズミは、しつこく迫って、外的なプレッシャーを与えて相手を動かすというよりは、忍耐強く話を聞くことで、相手の内面に影響を与え、相手に動いてもらうのである。

良いネズミになるには、自分のエゴを抑え、相手に勝ちを譲ることの影響力を認めなければならない。基本的なことだが、良いネズミになるには、自分の立場だけでなく、相手の立場についても考えなければならない。時として、自分のエゴや、自分の利益を、より大きな利益のために犠牲にしなければならないこともある。謙虚さこそ、良いネズミの本質的要素である。

マネージャーとして良いネズミのアプローチをとれば、部下たちに独立心や責任感を与えることができる。そうすれば部下たちは、より会社のために力を出してくれる。組織の目標達成のために、より大きな労力を出してくれる。部下たちに、自分たちは話を聞いてもらえるのだ、自分たちは大切に扱われていて、自分の運命を決めていいのだ、と感じさせることにより、チームのメンバーたちは、会社への所属の感情を強め、頑張ろうという気持ちを高めるのである。

たとえば、バークレーにある、「健康な職場のためのインターディシプリナリー・センター」の研究によると、従業員に自由に労働時間を決めてもらったり、チームの役割も自分で選んでもらったりすると、より健康的になり、より幸福を感じ、よりやる気が高まることがわかっている(2)。また、従業員はより生産的になり、効率よく働き、会社に対する忠誠心も高まるそうである。

良いネズミが職場においても有益なのであれば、家庭においてはどうなのだろう。

親子関係の修復にも威力を発揮

親子の関係を修復するときには、ネズミの行動に関して2つの明らかな問題がある。ひとつは子どもにライオンの立場をとらせてしまい、親が「悪いネズミ」に追いやられるという問題である。親は子どもをしつけることに、回避的になり、弱い立場になり、ためらうようになる。できるかぎり子どもとの衝突を避けようとするかもしれない。自分の親としての技術については不確かで、自信が持てない。

ふたつ目の問題は、親がネズミの立場を一度でも採用することを拒絶するときに起きる。子どもに敬意を払ったり、間違えたときに謝罪したり、自分が悪いことを認めたりすることは、自分の権威を損なってしまい、子どもを大暴れさせることになると考えるのである。

どちらの問題もポイントがズレている。なぜなら、ネズミの立場をとることは、信じられないくらいのパワーを持っているからである。**ネズミは、殺人を犯したテロリストの心の扉も開いてしまうのだから、怒りっぽく、気分屋の10代の子どもを扱うことにも役立つ。**子どもとの衝突に困難を感じている親を手助けするために、私たちが使う標準的なテクニックのひとつは、私たちがポジティブな親子関係の「十戒」と呼ぶものである。このテクニックを知れば、どんな行動をとれば良いのかはっきりわかる。テクニックには、謝罪を促し、子どもを落ち着かせるために自分が一歩後ろに下がることなどが含まれる。

1　もしだれかに罵り言葉を使ってしまったら、私は謝罪する
2　もしだれかに大声をあげてしまったら、私は謝罪する
3　もしだれかの個人空間に踏み込んでしまったら、私は謝罪する
4　もし言うべきではないことや、意図しないことを言ってしまったら、私は謝罪する
5　もし相手が求めるなら、私は落ち着かせるための休憩をとる
6　もし私が必要なら、私は落ち着くための休憩を相手に求める

7　議論に勝つために相手を脅すようなことは絶対にしない
8　私は、自宅のものを壊すなど、だれをも傷つけないやり方（自分自身をも傷つけないやり方）で自分の怒りを発散する。
9　私は家の中で、絶対にだれをもぶったりはしない
10　ここが私の自宅であり、私の家族であり、私は敬意と愛情を持つ

家族全員が、この十戒に同意しなければならない。これらは、手に負えない10代の子どもに対して両親が押しつけるような「ルール」ではない。家族全員が、母親も父親も含めて守るものである。十戒を守るのは容易ではない。

両親にとっては、しばしばこの十戒のうちの2つが厄介だ。

1　子どもに落ち着いてもらうための休憩を認める
2　もし子どもの空間に踏み込んだら、謝罪をする

この2つは、親としての権威を放棄するものだと感じられるかもしれない。それがまさにネズミの行動だからである。しかし、うまくやれば、状況を指数関数的に悪化させることを予防できる。

子どもが感情を整理するために

言い争いが熱くなってきたら、子どもに落ち着くための時間を認めてあげると、さまざまに重要な技術を子どもに教えることができる。ひとつは、**議論が口論に変わってしまっており、もはや生産的ではなくなってしまっていることを認識させられること。**言い争いがこの段階に進んでしまったら、お互いに離れて落ち着いたほうがよい、ということを学ぶ必要がある。ふたつ目は、**落ち着くための時間をとることによって子ども自身が、感情をうまく処理できること。**落ち着いてから議論に戻ればいいのである。これは、感情的自己規制と呼ばれており、子どもが成長するにあたって大切な要素だ。

容易だと思われるかもしれないが、ネズミのアプローチをとって、議論を途中で切り上げ、子どもに落ち着くための場所を与えるのはとても難しい。ライオンになって落ち着けと命じるほうがよほど簡単である。これは「タイムアウト」と呼ばれる適切なテクニックである。罰として「いたずら階段」に行かせるのはよくない。タイムアウトを使えば、子どもに自分の感情を規制する方法を教えることができ、人生で避けることができない否定的な感情をどうやって処理すればいいのかを教えることができる。

私たちは心理学者の親として、私たちの子どもが小さな頃から、この原則を守りながら育ててきた。口論になると、息子は「落ち着くための場所を僕に与える必要があるよ。僕は今話し合える状態じゃないからね」と言い残して、どこかへ行ってしまうのである。私たちは、それほど頻繁にではなかったが、歯ぎしりをして、心の中で不満を叫んでいた。しかし、このルールは効果的であり、私たちはこのルールを大切にしている。もちろん、実践は困難であったが。

子どもへの謝罪は親の権威を損なわない

両親にとってもうひとつ大変なのが、謝罪だ。私たちの行動が、悪い動物に含まれることに気づいたら、それを認めて、謝罪しなければならない。**謝罪は、誠実さや、真実性を伝えるうえで、もっとも強力な社会的道具である。**警察の取調べにおいて、私たちはあらゆる種類の謝罪について観察してきた。うまく謝罪をすれば、驚くほどの効果で、取調べで高まった感情をリセットすることができ、容疑者からの敬意を得ることができるのであった。悪い謝罪をすると、やりとりのすべてがぶち壊しになるのであった。

取調官と同様、親も子どもに対して「ごめんなさい」と言うと、自分の権威が台なしになってしまうと感じることがよくある。謝罪を拒絶する親がやっていることは、「たとえ私が間違えていても、お前はそれを受け入れなければならないぞ。なぜなら私のほうが立場は上なんだからな」という独裁者のお手本である。謝罪をすれば、自分が誤っていて、その責任が自分にあることを子どもに示すことができる。大切なことは、自分がお手本になって、この原則を教えることである。

この原則の黄金律は、心から謝罪できるときに謝罪するということである。3回も注意したのにプレイステーションをやめようとしない子どもがいるとする。あなたは大声を出して、警告もなくWi-Fiのスイッチを切ってしまう。いきなり切られるとゲームのデータが消えてしまうことを、あなたは知らない。こんなときには、悪いのは子どもでも、あなたが謝罪すべきだ。しかし、あなたが謝罪するのは、大声を出したことと、警告なしにWi-Fiを切ったことに対する謝罪である。子どもには、親の言うことを聞かなかったという問題が残されている。それに対して子どもは責任をとらなければならない。

どんな謝罪であれ、自分が誤っていると認めることは、すべてを台なしにするのではないかと心配する人もいる。しかし、子どもの空間に入り込んでいると気づいているのに謝罪しないとか、自分のほうが間違えているのに謝罪しないのは、謙虚さとは真逆である。それは傲慢というものだ。これを避けるためには、だれかと練習しておこう。謝罪の演技をしてみて、相手にあなたが心からお詫びしていると思ってもらえるくらいまで、練習しよう。私たちは、子どもたちのグループで「ごめんなさい、でも、はダメ」という訓練を実施している。この訓練では、だれかが言い訳をしたり、謝罪に何かをつけたそうとしたら、他の子どもたちが、大きなボール紙を持ち上げて、「でも、はダメ！」と大声を出すのだ。

以下に、その状況での謝罪の実例を示そう。

大声を出して、何度も注意したことは謝るわ。警告もなしにWｉ－Ｆｉを切ってしまったことも謝る。私は、そんなことをすべきじゃなかった。あなたが腹をたてたのもわかる。そういうつもりじゃなかったんだけど。

私はあなたに、何かお願いをしたら耳を貸して聞いてほしいのよ。そうすれば、今夜みたいにWｉ－Ｆｉを消さなくてすむから。明日はお互いにもっとうまくやってみましょう。あなたは耳を貸す。私は大声を出さない。

謝罪はネズミだ。子どもに対してさえ、謙虚になるのである。依然として問題が残されていることを確認するのなら、ライオンの立場を再び主張することになる。お互いにもっと努力しようと促すことは、サルのチームワークへ移動することになる。

必要なときにネズミから外に出るのであれば、謝罪をしても何の問題もない。事実、私たちは小さな頃から、そうするように期待されている。自分の失敗は自分で責任をとらなければならない。他にとってくれる人はいないからだ。言い訳をしたり、他の人に責任をなすりつけたりするのは良くない。

良いネズミは、いつでも相手をコントロールすべきでないという考えを受け入れている。この考えを忘れないようにするには、私たちにとって大切な人との出来事を時々振り返って考えてみるのが役立つ。愛する人を失ったり、自分が病気になったり、他に何か出来事が起きたりすると、その人の大切さがわかる。些細なことを不必要に心配することはない。良いネズミは、相手に文句を言わずに同意し、謝罪し、自分が知らないことを認める、という事実を受け入れよう。それが人間の徳であり、強さである。それは弱さを示すものではない。力を行使することや、パワーを握ることが、過大評価されすぎていて、忍耐と謙虚さはしばしば過小評価されすぎている。

教訓
LESSON

1 常に感謝し、謙虚であれ

日々の出来事の中から良かったことを時々振り返って、そのことに感謝しよう。

他の人に対して感謝の念を持つことは、自分自身など、この大きな宇宙の中では、ちっぽけな歯車にすぎない、ということを見つめさせてくれる利点がある。また、自然、精神性、宗教などに感謝することにも利点がある。人の上に立って、優越的な立場をとることに慣れてしまった人には、謙虚な気持ちは生まれない。

2 耳を傾ける

なるべく言葉を控えめに。耳を傾けることを多くしよう。

相手が興味を持っていることがあれば、それを尋ねよう。自分が話す機会を探すのではなく、相手に興味を持とう。私たちは、相手に返答を考えてもらうために、少なくとも7秒は次の言葉を我慢することを勧めている。相手が反応を心地よく考えられるように、じっと座って待つことを覚えよう。

3 謝罪する

自分が迷惑をかけた相手がだれなのかは関係がない。嫌いな人であろうが、好きな人であろうが、犯罪者であろうが、警察官であろうが、若者であろうが、囚人であろうが、上司であろうが、従業員であろうが、謝罪をするのである。相手が許してくれるだろうと甘い考えをせずに謝罪をしよう。見返りを求めてはいけない。自分が間違えたのであるから、それを認めないことのほうが弱いのである。

4 小さなことを喜ぶ

ネズミを学ぶことに終わりはない。

相手に興味を持つことは喜ばしい経験であり、いったんそれを身につければ、努力も苦痛も感じなくなる。小さなことでさえ大きく喜べるようになる。大きな出来事ばかり考えるのではなく、たまには心を落ち着けて、小さなことを楽しむ時間を持とう。小さなことを喜べる自分はなんと幸運なのだろうと考え、感謝しよう。好きな音楽、学校までの送り迎えでの子どもとのおしゃべり、波を見ながら海岸沿いを散歩する。そういう小さなことに感謝しよう。自分が当然だと思っている些細なことに目を向けよう。

5 落ち着きのある自信を持つ

状況がよくわからず、ためらいを感じるときにも、それを相手に見抜かれてはいけない。自信がなくとも大丈夫だ。しかし、一貫した態度を見せていないと、あなたの決定に対して人からの信頼を失ってしまう。あるいは、相手に踏みつけにされてしまう。3回ほど深呼吸し、自信のなさを飲み込み、前に進もう。

chapter 8

ライオン
――責任感／独善的

私は、羊に率いられたライオンの軍隊は怖くない。ライオンに率いられた羊の軍隊のほうを恐れる。

アレキサンダー大王

アラビア語には、300を超える「ライオン」の単語がある。「ハンザ」という単語は、強いライオンを意味する。ハンザは、敵から群れを守る強靭な強さを持っている。しかし、ハンザはまた、バランスをとりながら群れを守るという寛容さを持っている。ハンザは、敬意と忠誠心を得ることによって群れを導く。「ガダンファ」は悪いライオンを意味する。アラビア語では、ガダンファは、気分屋のライオンを意味し、予測不能で、悪意を持ち、あらゆる機会を見つけては争いを求める。ガダンファは、恐怖と脅しによって群れを導く。

なぜ恐怖でなく、自己の強さによって導くのが良いのか。答えは簡単。**追従者たちが尊敬と献身の念に満ちて見上げるリーダーは、追従者たちがリーダーを見くびって、追い落とす機会を狙っているリーダーよりも、長くリーダーをつづけられるからだ。**

兵士たちの倫理観に訴えた、優れた司令官

Laurence

11月中旬に船渠《せんきょ》（ドック）のそばに立っていると、温かいコートと帽子が必要だ。私は同僚たちと集まって、灰色の波立つ海の向こうからやってくるフェリーを見つめていた。フェリーには56人の私の教え子たちが乗っていた。「今日の学生は、どんな感じなんだろうな」私は言った。私たちは、大規模な「重大事件訓練」を実施していた。緊急事態対応チームで、意思決定力をテストしていたのである。フェリーで大事故。セメントを積んだ一艘のタグボートが、

フェリーに衝突し、セメントの粒子がフェリーに巻き散らかされ、乗員は呼吸困難になったという想定である。もちろん、本物のセメントをぶちまけてはいないが、フェリーは本物であり、フェリーの乗員たちも本物である（私の学生たち）。彼らは実際の衝突に遭い、セメント粒子で覆われたふりをしたのだった。現実にそのような重大事件があれば、フェリーを船渠に入れて、全員の除染をしなければならない、という差し迫った状況である。集団の除染のためには、大きくて、不燃性のチューブのようなテントを設営する必要がある。そこで汚染された人たちに冷水を浴びせるのだ。

火災の主任オフィサーが、この場面を観察していて、未経験なスタッフたちがどのように対応するのかを熱心に見つめていた。しかし、問題が起きた。フェリーは船渠から9メートルほどの距離で、ほんの少しも動かない状態になったのである。そういう状態になってしまったのは、訓練の一環ではなかった。それでどうなったのか。最初の計画はこうであった。フェリーが港を離れる。セメントを積んだタグボートが衝突する。セメントがフェリーにばらまかれる。フェリーは船渠に戻る。除染の開始。ところが、フェリーは船渠に戻らないのである。

「いったいどうしたっていうんだ？」私は同僚に向かって言った。

「どうして船渠に戻らないんだろう？」緊急事態対応チームの他の人からも声があがった。何か問題が起きたのではないかと私は考えた。

「クソッ、もしフェリーに本物の乗員でもいたら、今頃大変な問題だぞ」

除染手続においてもっとも重要な点は、意思決定のスピードだ。どんな除染をするかにかかわらず、すぐに洋服を剥ぎ取り、肌を素早くぬぐわなければならない。どんな状況でもそうする必要がある。刻々と時間が過ぎてゆく。決定の責任者がだれであれ、遅れるほどに乗員をリスクにさらすことになる。フェリーが港を出てから10分。それから20分。そろそろ30分が近づいてきた。

「神さま、どうしてだれも事態を理解しないんだ?」私は考えた。フェリーが船渠のそばまできているのに、そこから動かないという事実で、私のフラストレーションはさらに高まった。

ついに、約45分が経過したところでフェリーは船渠に入った。一人ひとり、教え子たちは除染テントに入っていく。冷水をかけられ、みな叫び声をあげていた。それからもう一方の出口で身体を乾かしてから外に出て、ベーコンサンドイッチと1杯の紅茶が与えられた。明らかに、教え子たちはみな楽しんでいた。しかし、私はまだ遅れたことを考えていた。後になってわかったのだが、巨木か丸太が、船渠のすぐそばに浮かんでいたのが問題であったという。丸太のせいで船が港に入れなかったのだ。興味深かったのは、主任の反応だった。彼は予期せぬ丸太によってフェリーが入れないのを見て、気が狂いそうだったのである。

主任のダン・ステファンズは、引退したパラシュート降下隊員で、身体の大きな男であった。彼は親しみやすいが、戦車のような男で、昔気質の、実際的なライオンのリーダーだ。彼は非常事態が好きで、困難も受け入れる男である。彼は、この訓練の観察役だったのだが、管理室の人間の明らかなリーダーシップのなさには気が狂いそうなほど腹をたてているのを私は目撃した。このような事件においては、確固とした行動要綱、すなわち船を船渠に入れて、除染を開始する、というルールに従わなければならない。ほとんどの乗員がそれに従おうとしたのだが、丸太のことで議論になって、まごついていたのである。もしダンがリーダーだったら、そんなことにはならなかった。

除染が遅れるほど、死亡リスクが高まってしまうことを、生まれつきのリーダーであるダンは知っていた。「おい、手順を見ろ。船渠とフェリーの間に、クソみたいなＲＩＢ（硬くて膨らませて使うボート）を置け。それで、クソみたいな丸太をどけろ。最低限、ボートを浮かべて脱出し、血のりのついた洋服を脱ぎ、船渠に戻って、すぐに除染を開始しろ。お前ら、みんな死ぬぞ。いまいましいかもしれんが、責任を持て。すぐに取りかかれ！」

もしティラノサウルスが衝突を扱う方法で、ネズミが話を聞き、人に従う方法であるとすれば、**ライオンは強くて、責任感のあるリーダーである。**この話では、火災オフィサーの主任であるダンが、決定力のある、責任感の強い、良いライオンの例だ。もっともいくらか汚い言葉も使ってはいるが。状況に対処する責任感を持ち、フェリーの乗員の命を救うことが、リーダー次第であることをダンは知っていた。たとえ予測不可能だったとしても、状況に対して責任をとり、適応しなければならない。ライオンのリーダーシップは、「良い天気」の元ではなく、逆境にあってこそ、はっきりと現われるものである。

良いライオンは、主張的で、他の人に明確な目標を設定する。ティラノサウルスが、自分の行動をはっきりさせるのとは違って（私はこれをするつもりだ、あるいはしないつもりだ）、ライオンは、他者に対して期待をする（私があなたにやってほしいのは、これこれだ）。良いライオンは、チームの他のメンバーを導くためのはっきりとした目標、モラルの規範を作りだす。

この線に沿って、ティム・コリンズ大佐が、2003年のイラクにおける王立アイルランド連隊の第一大隊を前に、戦闘前夜に行ったスピーチを考えてみよう。

我々はイラクを解放するために赴くのであって、征服するためではない。我々は、イラクの人々を自由にするために向かう。かの歴史ある大地にはためいていい唯一の旗は、彼ら自身の国旗である。彼らに敬意を示すのだ。

敵の目には、我々は疑いなく、悪魔のように映るだろう。我々が破壊をもたらすためにやってきたと思うだろう。

敵には憐れみを示さなくてよい。

しかし、相手の国民の生命を奪うことは、大変なことだ。軽々しく奪ってはならない。私は、他の紛争で不必要な生命を奪った男たちを知っている。たしかに、彼らはカインの印を持って生きている（訳注：カインの印とは、旧約聖書で弟のアベルを殺害したカインに神が定めた印のことで、人間の罪深い性質のことを指す）。しかし、もし敵のだれかがみなさんに降伏してきたら、彼らにも国際法で守られた権利があることを思い出してほしい。いつの日か、故郷に戻って家族に会えることを約束してあげてほしい。

戦闘を望む者がいれば、好きにしてよい。

けれども、敵を過度に殺害することで、あるいは卑怯なことをすることで、連隊、あるいはわが国の歴史に傷をつけるのであれば、傷つくのはみなさんの家族であることを覚えておいてほしい。己の行動が最高のものでないならば、その行動を避けよう。みなさんの行為は、これからの歴史にずっと記されるのだから(1)。

ここに挙げたコリンズ大佐の圧倒的なテーマは、倫理的な行動と力の行使のバランスである。コリンズ大佐は、兵士たちに取り組むルールを設定している。明確に、しっかりと兵士たちに何を望んでいるのかを述べている。コリンズ大佐は、兵士に紳士的な振る舞いを期待している。占領する国家と文化に敬意を示してほしいと願っている。彼は蛮行や卑怯な行動、そして国際法を無視することに警告を発することで、やるべきではないことの境界線も引いている。

大切なことは、コリンズ大佐が自分の望みをはっきりさせるだけでなく、兵士たちには各自の行動に責任をとらせていることだ。自分の評価、そして、道徳的な心のコンパスに責任を持たせているのである。コリンズ大佐は、兵士たちに、名誉、強靭さ、献身、そして憐れみを持って行動することを望んでいる。自分の指示に兵士たちに従ってもらって、彼らから忠誠心と敬意を得るためには、コリンズ大佐は、まず自分自身でこれらの資質を持っていることを示さなければならない。偽善は、リーダーシップを発揮するうえで、死を告げる鐘である。もし兵士たちに何も期待しないのであれば、自分自身に対しても厳しいことは求めなくてよいが。

　良いライオンのコントロール法とは、しっかりと案内することである。首にリードをつけて、行きたくもないところに引っ張っていくことではない。相手を犠牲にして、力を押しつけると、やりとりがコントロール（相手が、自分の望んだように動いてくれる）から、コントローリング（私は、自分が望んだように人を動かしてやる）になってしまう。**良いライオンのリーダーシップとは、相手に影響を与え、指導はするが、独善的な要求をしたり、服従を期待したりするものではない。**

爆弾を設置した容疑者は、なぜ自白したのか？

　良いライオンの取調べとして、私がこれまでに見た中でもっとも強烈な事例を示すために、軍隊の話に戻ろう。その取調官は、一刻を争う情報を求めていた。賭けの要素が強かった。この事例では、取調前のスパイ活動によって、すでに道路脇に爆弾が埋め込まれているらしいということがわかっていた。取調官は、どこにそれが埋め込まれているのかを明らかにする必要があったのである。

取調官は容疑者に、なぜその場所にいたのか話してくれないかと、しっかり求めることから取調べを始めた。話を切り出すとき、取調官は容疑者の目を見つめていたが、容疑者は視線を避けようとしていた。取調官は、話すときにはきちんと自分の目を見るようにと求めた。

「人違いです」容疑者は答えた。

取調官は、自分の目の前の男を厳しい目でにらむと、視線を固定したまま言った。「人違いなんかじゃない。起きたことを話せ」

男は答えなかった。

取調官は、語気を強めた。「いつ爆弾を隠したんだ。朝なのか、夜なのか。どっちなんだ。早く言ってくれ」

「朝です」男は返事をした。「彼らはＩＥＤ（即席爆弾）のための計画を練っていました」

取調官：「いつだ？　昨日か？　今日か？」
容疑者：「昨日です」
取調官：「よし、わかった。いつだ？」
容疑者：「わかりません……。」
取調官：「お前は、わかってるよ。何を埋めようとしたんだ？」

容疑者：「他には何も知らないんです」

取調官：「協力者はだれだ？　協力者がいるのはわかってるんだ（休止）。それを言えば、お前がどれくらいここにいることになるかが決まるんだよ（攻撃的ではあるが、脅威を与えてはいない）。でたらめは言うなよ」

この時点で、容疑者は、たくさんの名前を挙げ始める。取調官は、穏やかに、容疑者を安心させるように言った。「いいぞ、OK。OK」

そのとき部屋にいたのは3人。取調官、通訳者、そして容疑者の3人は全員でコンピュータの画面のそばに集まって、腰をかがめ、爆弾が設置された場所を正確に特定するため、一緒に作業をしたのである。良いライオンがうまくいき、3人は今や協同作業員になったのである。支配的なライオンから、協力的なサルへと移ったのである。

取調官はさらに親切になり、柔らかな態度になったが、それでもまだ主張的で、自信を見せ、はっきりとした態度をとっていた。何が起きたかを話すかどうかは容疑者にまかせると説明した。容疑者には、自分は正直でありたいのだと伝えた。だから、容疑者も正直になることでお返しをした。取調官は、容疑者には敬意を示し、水や食べ物も出せるし、お祈りの時間をとることもできると再確認した。

取調官は、容疑者を貶めようとしなかった。いじめたり、恥をかかせたりするようなこともしなかった。取調官の質問の仕方は激しいもので、明らかに緊急性があることを感じさせたが、侮蔑の言葉や脅しの言葉は一切含まれていない。悪いティラノサウルスを示すものは何もない。自分に従うことを期待しているが、それを要求してはいない。

第6章の最初で取り上げた、バスラの取調べを思い出してほしい。ここにハンザのライオンと、ガダンファのライオンの違いがある。この取調べは、まるで違う。激しいやり方ではあるが、相手を見下したり、貶めたりはしていない。今回の取調官のやり方が、アルカイダやタリバン組織のより上位にいる人間に使っても、同じ効果があったという可能性は低い。彼らは、自分たちの大義に揺るぎなく身を捧げているからだ。また、明らかな敵意を示す人や、ティラノサウルスの行動を示す人にも、今回の取調官のやり方が同じ効果をあげられたとも思えない。**良いライオンは、相手がネズミのような行動を示す人間に、とても効果的なやり方なのである。**

容疑者は、強要されたり、恐怖を感じさせられたりするのではなく、自分の選択で話をした。組織とのつながりの証拠も見せた。私は、取調官が、同じメンバーで数週間後に取調べをするのも目撃した。容疑者が家族のもとへと解放される前の最終取調べにおいて、容疑者は、取調官のことをライオンと見なし、敬意と愛情を持っていた。取調べの最後に、取調官は、まもなく勾留センターから解放されるだろうと告げた。容疑者は、取調官のほうを向き、その手を握り締めると、温かな握手をして言った。「あなたがいないと……、寂しくなります」

職場で部下を監視する、悪いライオンの上司

あなたの過去に出会った上司について考えてほしい。その人物はハンザだったであろうか、それともガダンファであったろうか。その人物はチームをどのように導いていたか。自信があり、責任をとり、サポートしてくれただろうか。明確な計画と目標を持っていたであろうか。何かうまくいったときには、名誉を分かち合ってくれて、何か悪いことが起きたときには責任を肩代わりしてくれたであろうか。あなたを鼓舞するため、上司はどんなことをしてくれたか。良いライオンなら、チームが精を出せるように鼓舞し、やる気を引き出してくれるだろう。ガダンファのような上司なら、要求的で、独善的で、頑固で、非生産的であったかもしれない。この種の上司は、チームを細かい点まで管理する。部下は監視されているように感じ、自分の仕事ぶりに神経質になる。ガダンファのような上司は、サポートするというより、規律の手段として、部下たちに行動評価の報告書を見せて脅すかもしれない。**良いライオンがやる気を鼓舞してくれるのに対して、悪いライオンは職場の雰囲気を競争的にし、ピリピリしたものにしてしまう。**

悪いライオンの問題は、長期的にかなりネガティブな結果をもたらしてしまうということである。それは悪いリーダーシップである。このリーダーは、独善的、物知り顔、責任の要求、

によって特徴づけられる。チームに利益を与えることはない。この種のリーダーは、部下たちに細かい点まで監視されていると感じさせ、行動のプレッシャーを与え、一つひとつの行動と決定に異議をさしはさみ、部下が何をしても不十分だと感じさせる。

チームのメンバーを分断し、競争を促し、非現実的で、達成不可能な目標を立てるのが悪いライオンのリーダーだ。悪いライオンはまた、不適切なまでに、親のように振る舞い、チームのメンバーが自分で動こうとしたり、責任をとろうとしたりすることを決して許さない。悪いライオンは、部下たちに挑戦する機会を与える前に、自分が割り込んできて助けてしまう（「ほら、私にまかせてごらん。君はやらなくていい。私が自分でやったほうが早いからね」）。これにより部下は、自分はダメな人間なのだと感じるようになり、自分の役割がなくなったように感じる。自分が成長できないのに、なぜ挑戦する気持ちになれるだろうか。**悪いリーダーはチームを腐らせ、ネガティブで、破壊的な雰囲気を生み出し、やる気を失わせる。**

もっとも問題が多い2つのスタイルは、ライオンとティラノサウルスである。ティラノサウルスは、要点を絞って、それをはっきりと、明確に伝える。ティラノサウルスは、相手を導くことをしない。相手と衝突したら、ただ立ちはだかるだけである。ティラノサウルスは、人をコントロールしたいとも思わない。コントロールされたいとも思っていない。

それとは反対に、ライオンのスタイルをとる人は、細かいところまで相手の行動を管理し、直接的に自分が導こうとする。提案に対して心を開くつもりはないし、話を聞くつもりはない、という意味ではない。だれかが自分で責任をとりたいとき、ライオンは対立を望むと考えるべきではない。ライオンは、人を導くが、対立を求めているわけではない。

良いライオンは、チームを導き、すべての仕事に責任を持つ。ライオンは、指導し、助言し、部下を助ける。コントロールはするが、ライオンがすべてのメンバーの作業をやってあげるわけではない。良いライオンは、チームの多様性を認めるし、それぞれが異なる専門能力をうまく発揮できるように、それぞれに役割を与える。こうすることで、良いライオンはリーダーになり、チームの指揮者になる。部下は、さまざまなパートの演奏家だ。

しかしながら、オーケストラがうまくいかないときには、良いライオンはその失敗を認め、責任をとる。個別の演奏家を非難したりはしない。良いライオンは、一番前でチームを率いる人間は、後からついてくる人たちの行動に責任を持つものだということを認識している。

こういう理由により、**ライオンであっても、少しはネズミの謙虚さを学んでいないと、効果的なリーダーになるのはとても難しい。**ヌミディア（訳注：古代の王国、およそ現代のアルジェリアに対応する北部アフリカの地名）のキリスト教神学者にして、哲学者の聖アウグスティヌスの素晴らしい言葉を引用しよう。博識なアウグスティヌスは、謙虚さが先で、リーダーシップが後だという考えを持っていた。

人の上に立ちたいと思うのなら、身を低くすることから始めよ。雲を貫く高さの塔を建てたいのなら、まずは謙虚さの基礎を下に置け。

私を勇気づけてくれた教授

Laurence

私の大学時代の教授について考えてみたい。彼はエイドリアン・ファーンハム。彼はいつでも学生の話に耳を傾け、学生と付き合う努力をしていた。たとえ、格下の学生に対してもそうしていたのである。彼は、並はずれてよく働いていたが、同じことを学生にも期待していた。

一人ひとりに対して、彼は穏やかに、支持的に、共感的に接してくれた。私はいつも、彼が心から私に頑張ってほしいと望んでいることを感じていた。彼は、私が気にかかっていることがないか、興味を持っていることがないか、知りたがった。彼の指導と指示は明確で、私を勇気づけてくれ、多くの物事を達成できるよう、意欲を持たせてくれた。彼の指導、援助、勇気づけのことを、私は決して忘れない。彼のおかげで私は自信を持ち、研究者としてのキャリアを追求する意欲を持つことができた。

この支持的な手助けは、洪水、火災、化学薬品を用いたテロなどの重大事件での負傷者に対するインタビューでもとても役に立った。緊急事態サービスの人たちが、負傷者たちとやりとりするときには、良いライオンが完ぺきなレシピとなる。**何をすべきかについて、明確に、わかりやすい指示を出す。共感的に、元気づける。**自分たちは守られている、という感情を持たせる、などである。

あなた自身の人生の中で、自分に意欲を持たせてくれたリーダーについて考えてみよう。あなたが敬意を持ち、信頼できる人はどんなことをしてくれただろうか。彼らにはどんな特徴があるだろうか。あなたは彼らにどんな風に接していただろうか。彼らは、あなたの心に何をもたらしてくれただろうか。

親子、夫婦関係にも良いライオンが必要

家庭で見られる親子のライオン行動について考えてみよう。恋人との関係でもよい。DV経験のある家族とのやりとりをする中で、エミリーは、彼らの関係を修復し、特に親子の間で健康的な関係を取り戻すためにコミュニケーションのサークルについて教えている（224～225ページ参照）。私たちは相談者に質問する。「もしあなたの子どもが、あなたが家庭にいる間はどんな動物だと思うのかと尋ねられたとしたら、子どもは何と答えると思いますか」

多くの親にとってライオンの立場は、親にとっては理想的な場所のように思える。ライオンになれば、自分の立場が子どもの立場より明らかに上になるし、ルールや境界線を設けることができるし、子どもを従わせることができるからである。多くの親にとって、子どもが服従してくれるというのは、良い親であることを保証してくれるようなものだと感じられる。しかし、子どもの上に立つという親には問題もある。もし悪いライオンになってしまったら、子どもは

すべて親の言いなりだと感じるかもしれない（「歯を磨いたの？」「宿題は？」「ラグビーシューズをきれいにした？」「豆も食べた？」）。これでは、親は子どもの作業監視員になってしまう。親子の関係は、ほとんど管理だと感じられてしまう。もし自分の上司が自分に対してそんな風に振る舞ってきたら、どう感じるのかを考えてみよう。常に要求を突きつけて、あなたがそれを完全に終わらせているかどうかに監視の目を向けているのである。あなたはすぐに、そういう管理が邪魔だと感じてイライラし始め、もっと自律性がほしいと感じるであろう。**子どもを細かく管理しすぎることは、子どもが言うことを信用しないし、子どもが決めたことを信用しない、というメッセージを子どもに伝えてしまう。**

「私のやり方は一方通行」という親の接し方は、力でねじ伏せて馬を小屋に入れようとするのに似ている。子どもを支配して、コントロールしているからだ。最終的に、子どもは自分の独立性を主張することを諦め、言われたことをするようになる。しかし、そういう同調的な服従者は、尾の中に針を隠し持つものである。

コントロールをする親は、しばしば子どもの批判的思考と、独立心の発達を台なしにしてしまう（私は言われたことだけをただやればいいのであって、それが正しいとか間違えているとかを考える必要はない。私は自分で決めるのではなく、決めてくれる人を見つければいいのだ）。そのような子どもが、成長して家を出るとき、あるいは親よりもさらに影響力のある人に出会ったとき、どんなことが起きるだろうか。子どもの道徳的なコンパスは、どんな状況であれ、安定的で固定されたものではないので、より強い影響力を持った人に振り回されることになる。

私たちが問題のある両親に取り組むとき、私たちは彼らに子どもとのやりとりを振り返ってもらう。子どもが親との関係に満足しているかどうかを質問してみる。私たちはまた、動物サークルで理想的な親子関係についても語る。一般的に、親にとって一番良いポジションは、良いライオンと、良いサルの行動である（しっかりしていて、親切）。子どもは、良いネズミと、良いサルの行動である（幸せで、従順）。**親は手綱を握っていていい。しかし、手綱はゆるくしてあげて、子どもが自分の考えを探求し、失敗し、学習し、個人として成長発達できるくらいのスペースは残しておくのである。**

良いライオンの親は、依然として子どもに責任を持つが、独善的でなく、支持的である（たとえば、子どもが学校に行くために起きる方法を見つけられるように促すときには、たくさんの目覚まし時計を使わせるとか、翌日に着る洋服を用意させておくとか、夜のうちに翌日の準備をカバンに詰めさせたりする。毎朝、階段のところでくり返し大声を出したりはしない）。良いライオンの親は子どもとの会話に時間とエネルギーを惜しまない。そうすることによって、子どもが何を考えているか、物事についてどう感じているかに関心を示すのである（たとえ自分には関心がないことでも！）。もし親子のやりとりが、単なる要求と回避のサイクルになってしまっているとしたら、お互いの動物を再配置することに力を注ぐ必要がある。

面白いことだが、私たちが両親に、「夫婦の理想的な関係のためにはどの動物がいいと思いますか？」と尋ねると、「子どもと同じ」という答えが返ってくることが多い。これは正解ではない。片方が、いつでも片方よりも上にいてはいけないのである。夫婦間の関係にしろ、親子の関係にしろ、チームとしての努力、すなわちお互いに時々は譲り合って、共通の目標のために力を出し合って、家事を分担するとか、育児を分担するとか、家計を助け合うことなどが必要である。

もし配偶者が、あなたがボスであるとか、逆に、自分がボスであると思っているのなら、お互いに話し合って、いくらか調整を行う必要があるかもしれない。DVの大部分は、片方がもう片方を脅しや暴力によってコントロールしようとするところに原因がある。たとえDVにまで発展しないとしても、圧力、要求、配偶者に対して親のように振る舞うことはみな、不健康な行動だと考えてよい。配偶者との会話は、いつでも可能な限り、HEARの原則に則ったものでなければならない。

夫婦におけるHEARの原則

・正直さ

もし何か不満を感じる、あるいは、気がかりなことがあるなら、配偶者に対して正直になることに怯えてはいけない。もし会話を避けたいと感じたり、意見が食い違ったからといって相手を攻撃したいと思ったりするのであれば、お互いの関係のバランスをとるためにもっと力を注ぐ必要があるかもしれない。

・共感性

相手の立場から物事を見なければならない。このことは、あらゆる点において相手に賛成しなければならないことを意味しない。相手がどう感じているのか、核となる価値観は何なのかを理解するように努めるべきだという意味である。もし自分の価値観と大いに異なるなら、それが解決されるまでは、衝突の種になりつづける可能性が高い。

・自律性

あなたと配偶者は、それぞれ別々に行動することができるだろうか。配偶者と話し合いをするのではなく、許可を求める必要があると感じているだろうか。独立した大人として、あなたは自分で何でも決めることができ、配偶者からの「許可」など求めない自由があると感じているだろうか。夫婦になると、独立した自分の一部を失わなければならないと感じる人は珍しくない。お互いに相手の生活の中に、意識的に自分を巻き込ませようという選択をする夫婦もいるかもしれない。

けれども、もし自分勝手なことは許されないと感じているなら、やはり問題である。健康的な夫婦関係は、信頼と正直さによって作られるのであり、コントロールや制限によって作られるのではない。

・反射

配偶者にきちんと理解されている、話を聞いてもらえている、と感じるだろうか。もし意味のある会話を切り上げてしまうとか、相手の考えや意見に興味を持てないというのであれば、会話が崩壊している明らかなサインである。相手の話に耳を傾けよう。相手の考えていることや感情を探求する時間を持とう。そうすることで親密さはより強固になり、健康的に結びついた夫婦になれる。

相手を追いつめるのではなく、導くことが良いライオンの指標である。コントロールし、リーダーになることは、他者とラポールを形成し、結果を出すうえで重要な要素である。しかし、あらゆるコントロールとパワーと同様、リーダーシップも慎重に使う必要がある。リーダーシップは、正しい相手に、正しいタイミングでのみ、使用しなければならない。私たちが相手を導きたいと思い、相手も導かれることを期待されているときに使うのである。**現実には、リーダーシップではなく、チームワークが要求されているのではないかと慎重に考えることも必要である。**

もしリーダーシップが必要なら、**相手を罰するためではなくて、計画を達成するためにリー**

ダーとしての立場をとるのだ、という基本的な心構えが必要である。できる限りの情熱を持って、相手には自分に従ってもらい、歩調を合わせてもらうことを期待することも大切であるが、長期的なラポールを形成するためには、相手の自律性を認め、従うかどうかは相手に選択権があることを認めてあげなければならない。

教訓
LESSON

1 リードするには、まず他の教訓を学ぶ必要がある

良いリーダーになる第一歩は、効果的なリーダーシップを発揮するうえで障害となる悪い要素を取り除くことである。

物知り顔で細かく管理すること、攻撃すること、競争的になること、興味がなさそうな顔や、自信のない顔を見せること、親しくなりすぎること、お互いの境界線を破ってしまうことなどである。一番大切なことは、恐怖によって人を導きたいという欲求を持たないことだ。恐怖を使えば短期間であればまさしく効果的であることは事実かもしれないが、それがずっとつづくと期待してはならない。

2 いつ前に出て、いつ後ろに下がるかを知る

偉大なリーダーは、作戦を自分一人で進めない。

偉大なリーダーは、周りにいる人に、いつでも命令に従うことを期待するのではなく、彼らに手を貸して、彼らが成長、発展していけるようにする。良いリーダーは、チームに自らの知

性と経験によって批判的に考えるように仕向ける。リーダーは責任をとらなければならない。その責任のひとつは、明日のリーダーを育て上げるという責任である。

3 利益を得るが、責任も引き受ける

コントロールすることには、多くの利点がある。

個人の目標も、チームの目標も設定できる。困難を突き抜けることができる。大きな夢を持つことができる。あなたは他の人を使うことができる。しかし、リーダーになったら、自分の行動だけでなく、チームの行動にも、すべての責任があなたの両肩に乗っていることを覚えておかなければならない。物事がうまくいっているときには、リーダーはチームと栄誉を分かち合える。うまくいかないときには、一番の責任をとるのはあなたである。

4 道徳性のコンパスを持って導く

長期的にリーダーをつづけられる人は、チームの面倒を見るだけでなく、彼らの行動のより広い意味についても考える。

大切なことは、チームを導くことと、メンバーを守ることであり、競争することではない。もしあなたがリーダーになるのなら、道徳性のコンパスを持って導こう。相手を征服したい、打ち負かしたいという欲求に基づいて行動してはならない。リーダーが道徳性のコンパスを失

うと、フォロワーたちは、すぐにそばにあるごみ箱にリーダーを捨てようとすることは、歴史が証明している。

5 従う選択をさせる

偉大なリーダーは、自分の意思を相手に押しつけたりはしない。

フォロワーには、自由に、従うかどうかの選択を与えなければならない。権威を使って、意に反することをやらせるのも、時には必要だと思われるかもしれない。しかし、長期的には、怒り、抵抗、最後には反乱を引き起こす結果になることを覚えておこう。フォロワーたちに選択を与えれば与えるほど、彼らはますますあなたに敬意を払うようになり、あなたと一緒に、そしてあなたのために、さらにやる気を出して、献身的に働いてくれる。

chapter 9

サル
——協力的／卑屈

もし早く行きたいのであれば、一人で行くのがよい。
しかし、もし遠くまで行きたいのであれば、
だれかとともに行くのがよい。

アフリカの諺

これまでの各章で、ラポールはただ素敵な人間になるだけではない、ということを少し長く述べてきた。ラポールを形成するには、ティラノサウルスの率直さや正直さが必要であるし、ネズミの謙虚さや忍耐も必要になるし、ライオンのリーダーシップや指導も必要である。しかし、そうはいってもやはり、ラポールを形成するためには、「素敵な人になる」というレパートリーが必要である。やりとりの核心には、サルの素敵さが求められる。

サルのアプローチとは、心からの協力を形成することである。人と協同するのである。すなわち、**グループやチームになって、同じ目標のために一緒に協力しあうのである。**友人関係におけるサルのやり方とは、お互いに気遣いを示し、お互いに助け合い、仕事を平等に一緒にやり、お互いのことをよく知り、何が起きても一緒にいる、といったことである。

サルは、恋人との関係でも理想的な働きをする。愛情とは、お互いに深く、身体的にも、感情的にも、精神的にも結びつくことである。たとえどんな障害に直面しても、自分は一人ではないということを認識し、一緒に助け合う人がいることで心の安らぎを感じることである。サルのやり方がうまくいくと、お互いに強い絆を持つことができ、一緒に働くことを可能にする。そのため、**一人ではとても成し遂げられないようなこともできるようになり、長期的な幸福と成功をもたらしてくれる。**

協力は、ビジネスの成長に結びつく。芸術の分野でもそうであるし、スポーツでもそうである。目標は、個人でやるよりも、グループでやったほうが、たいていの場合にはより効率的に達成できる。チームワークには機能的な利点もあるが、それ以上に、協力することで社会的な結びつきが得られる。第1章で見たように、社会的な結びつきは、身体的にも、精神的にも、私たちの健康にとって必要不可欠な要素である。だれかとの意味のある結びつきがなければ、人生にはまったく価値がなくなってしまう。

トミーはなぜ、一人で頂上に立たなかったのか？

おそらく世界でもトップクラスのノリークライミングのプロであるトミー・コールドウェルは、初めの頃の登攀《とうはん》は、妻のベス・ロッデンとともにやっていた。2人は、協力し合い、愛し合うチームとして、お互いに信じられないほど重要な存在だった。2人は10代で出会った。出会ったばかりの写真を見ると、2人はとても若々しい顔で、生涯、太陽に照らされるかのような愛情をお互いに抱いていた。

しかし、20代の初めの頃、キルギスタンのカラ・スー谷での登山中、2人はトラウマ的な経験を共有することになった。2人は、ウズベキスタンのイスラム運動を行う反乱軍の人質とされてしまったのである。延々とつづく激しい脅迫を受け、貧しい食事しか与えられないという苦痛を経験させられてから、ようやく2人は救助され、アメリカに戻ってきた。しかし、数か月後、日曜大工中に事故を起こしてしまい、トミーは、丸鋸《まるのこ》で自分の左手の人差し指を切り落としてしまった。医者は、プロのクライマーとしてのキャリアは忘れるようにと伝えた。しかし、ベスの助けもあり、トミーは登攀のためにジムに通うようになり、それから半年間、一日に14時間ものトレーニングをつづけた。アメリカのヨセミテ国立公園にあるエル・キャピタン（訳注：花崗岩の一枚岩で、世界でも有数のロッククライミングの名所）に登るためである。闘志を持ち、2人で助け合いながら、トミーとベスは、困難な時期を耐え抜いた。そして、地球上でもっともフリークライミングが難しいエル・キャピタンの登頂に成功する。片手で、登山を成功させたのである。これで話は終わりだと思うかもしれない。実際、2人は協力しあったのであり、協力から得られるパワーも示されたのだから。この事例では、愛情による絆もあった。愛情によって困難な時期も耐え抜けた。しかし、彼らの結婚は次第に悪化し、2人は離婚した。ベスは、新しい男性との交際をスタートさせ、再婚し、子どもを一人もうけた。

いきなり、トミーは、とても大切なつながりを失うことになった。トミーにとっては暗黒の時期であった。人質のときにも死に近い経験をしたし、指を切断してクライマーとしてのキャリアが終わりそうになったという経験もしていたが、それ以上に辛い経験であった。**彼を絶望のふちに追い込んだのは「一人になってしまった」と感じることである。**彼の思考はひとつのことだけに向かった。登山である。特に、ドーンウォール（訳注：夜明けの壁の意）として知られるエル・キャピタンの厚い岩板を登ることである。

このルートは困難であるばかりか、不可能であった。しかし、不可能であるということが、トミーの心を惹きつけた。この300フィートのツルツルした斜面のルートを登るには、ロープが必要になる。前回の登山のときにはベスがいてくれた。しかし、今度はパートナーが必要だ。トミーは、パートナーとしてケビン・ジョージソンを見つけた。

普通の人間なら、ドーンウォールを登ろうということさえ考えないだろう。そこには、蚊が噛みつけるほどの大きさしか登攀できる場所はなく、斜面は、剃刀《かみそり》の刃のように鋭く、骨から肉をそぎ落とすような感じであった。しかし、あらゆる可能性を調べ上げ、何年もの訓練の後、2人は、登攀を始める。スタートから6日後、2人は最初の14ピッチを早くも攻略した（訳注：ピッチとは、壁の斜面をさまざまに分割することである）。しかし、15ピッチが大変だった。腕と足を鉄の十字架のように伸ばして、岩の薄い帯を横断しなければならないのである。ほんの少しでも滑ると、落下して、また最初から登攀しなければならない。何度か失敗をした後で、コールドウエルはついにこの場所を横断する。そこでコールドウェルは、ケビンが15ピッチを越えてくるのを待った。

しかし、ケビンは成功しなかった。壁から離れてぶら下がっている小さなカンバス・テントから出発するのだが、出発直後に、落ちてしまうことが何度かあった。あるいは、50パーセントから70パーセントほど横断したところで、指が滑り、やはり落ちてしまうのであった。ケビンの身体は岩にぶつかり、彼はまた最初から試みなければならない。挑戦の一回一回が、ひどく大変であった。ケビンは攻略できないと思われたが、諦めなかった。彼は岩肌からツイッターでつぶやいている。「絶望的だ。しかし、それと同じくらい、忍耐心、執着心、そして登りたいという欲望を学んでいる。諦めないぞ。私は休む。そしてもう一度挑戦する。私は成功する」

しばらくの間、トミーは、エル・キャピタンの高い場所にある小さな棚のようなところで、ほとんど倒れ込んでいた。最後のもっとも苛酷なピッチを攻略したばかりだったのである。頂上まではもう一息であった。その瞬間についてのコメントを求められ、トミーは後に語っている。「ケビンがいないのに頂上に行くのは嫌だ、とその夜、私は思いました」。トミーは高揚しているというより、がっかりした顔であった。トミーは、頂上に一人で登る孤独感に耐えられなかった。そこで頂上目前という英雄的な瞬間を前にして、トミーは頂上へと登ることはせず、ケビンの元へと戻り始めた。「私は、頂上にはケビンと一緒に登るのだ、とその瞬間に決定した」

小さなテントまではい降りてゆくと、トミーは、ぼろぼろに傷ついたケビンに出会った。小さなテントの暗闇の中で、温かい飲み物を沸かし、トミーは、神経質な10代の若者が女の子をダンスパーティに誘うときのようにもじもじしながら伝えた。「僕はキミと一緒に成し遂げたい」。それから言葉につまって、微笑んで言った。「ええと、僕はキミと、あ、あの、それはちょうど、とても素敵な、つまり、つまり、素晴らしい。でも僕は……」(そこで喉の調子を整えて)、「ただ僕はキミに一緒に来てほしいんだよ」。トミーは、ケビンにプレッシャーを与えることはしなかった。ケビンの準備が整ったと感じたら、2人はまた登攀するつもりだった。そのときまで、トミーは喜んで待った。

それはとても優しく、親密な友情と自己犠牲の瞬間だった。トミーは、栄誉がほしかったのではない。正しいこと、すなわち、協同での作業を望んだのである。信じられないことに、その次の試みで、ケビンは15ピッチを攻略できた。彼らは一緒に登った。トミーの道徳規範は、「どんな犠牲を払ってもミッションを成功させる」ではなく、「ケビンを置いていかない」だったのである。

サルのアプローチは人をハッピーにする

ノースカロライナ大学チャペルヒル校にあるポジティブ感情と心理生理学研究所の主任調査者バーバラ・フレドリクソンとその同僚たちは、ポジティブ感情は、私たちを最高の状態にし、より創造的にし、開放的な精神状態を生み出し、元気を回復させ、他者との結びつきを生み出すことを研究によって明らかにしている。**ハッピーな人は、平均して、より健康的で、より活動的で、より成功しやすく、より生産的で、より寛大でさえある。**彼らはまた、恋人との関係で満足感が高く、深い会話ができ、よい友達をたくさん持っている(1)。いくつかの研究によれば、より長生きすることさえ確認されている(2)。

サルのアプローチには、たくさんの利点がある。サルは、もっとも社交的で、温かみがあり、人とのやりとりにおいて心地よさを感じる。相手もまた、同じような温かみやサポートを返してくる。

サルはまた、もっとも容易に採用できるアプローチのように思われる。笑顔を見せ、フレンドリーに振る舞い、会話好きな人になればいいのである。そうすれば、相手も同じことを返してくれる。しかし、サルになるには少しだけ努力もいる。会話をするときに冷や汗をかくような人は、どうすればいいのか。そのときには、何ができるのか。

良いサルの会話は、話をよく聞くことから

会話はしばしば芸術のような技術だと考えられている。人間関係における手腕や技巧が求められるからである。流れるような会話が、身体のDNAの一部のようにうまくできる人もいる。しかし生まれつきそのような能力を持たない人は、どうすればいいのだろう。フレンドリーに温かみがあって、社交的になることが、自分にとってエベレストのように高すぎる人はどうすればいいのか。

意外な事実だと思われるかもしれないが、会話の技術は、適切なことを言うことではない。**良い会話とは、話すこと以上に、聞くことなのである。**他者とのやりとりにおいてサルの要素を持つということは、相手に話をさせるということである。あなたの目標は、相手の出身はどこなのか、どういうときに意欲的になれるのか、どんなことに価値を置いているのかを理解し

ようと努力することなのである。生まれつき内向的で、引っ込み思案な人は、とても気が重いと感じるかもしれない。もし天気についての会話でさえ大変だと思うのなら、相手が大切にしている価値観や信念を明らかにすることなど、不可能だと思われるかもしれない。

もし求められることが大きすぎると感じるのなら、サルの会話を向上させるための具体的な手順を次に示すので、それを練習してみるとよい。

ステップ1　話を聞く

相手の話を注意深く聞けば、相手の関心や価値観についての手がかりが得られる。良い会話とは、相手の話を聞くことであり、相手の話の中から情報をすくい上げることである。第4章で述べた反射の技術を使おう。相手についての情報がいくらか手に入ったら、全体像がわかるように、その話を広げ、展開してゆけばよい。実際、あなたがやるべきことは、きわめてたやすい。**なぜなら、相手が言ったことを褒めてあげて、さらに話を促すだけだからである。**あなたが自分のことを話す必要はない。もちろん、話したいのであれば話してもよい。

ステップ2　経験を共有する

お互いに同じ経験をしていることがわかれば、お互いの絆が強まり、「似た者同士」という気持ちが生まれる。同じ経験を共有していることは、会話を始めるのに素晴らしい方法である。

なぜなら、あなたと相手との間に共通の基礎をすぐにでも作りだすことができるからだ。研究が示すところによると、**私たちはお互いに似た者同士だと感じると、その相手のことをすべてのことに関して好意的に評価することがわかっている。**遅延した電車に乗り合わせて、お互いに同情しあっている通勤客。大変な宿題を課せられた学生たち。赤ちゃんがいて、睡眠不足な親たち。そういう人たちは、お互いに経験を共有しているので、自然な心の絆を感じることができる。

もし会話を始めようとしている人が、どんな経験をしているのかわからないなら、たいていの人に共通する可能性の高い経験を選び出そう。たとえば、休日の過ごし方、仕事、家族などの話題だ。会話の魔法の鍵は、まずは相手に話させることである。いったん話し出してもらえれば、何らかの手がかりは手に入る。社交的で、抜け目のない美容師やタクシー運転手などがそういう作戦を使うので、あなたもそれらの作戦を真似するのである。

ステップ3　探す

相手が話してくる以上に、さらに多くの情報を仕入れよう。心理学者は、自分自身についてはほとんど明らかにしないのに、他者からはたくさんの情報を入手することで悪名高い。この理由は、人は自分自身について話すのが楽しいからであり、自分自身について話すことがたやすいからである。**いくつかオープンな質問をしてみて、その話題について水を向ければ、人は**

話しだす。自分の物語や経験について語るべきではない、ということでもない。しかし、もしそうするにしても、話す割合は相手が2でこちらが1、あるいは、3対1の比率にするのがよい。良いサルは、会話のボールを受け取っても自分が長く持つのではなく、たくさん相手に投げ返すのである。

相手にボールを投げ返し、会話を促そう

Emily

私が最近、電車でしたやりとりについて考えてみよう。

私　：すみません、こちらの座席はどなたかお座りですか？
乗客：いいえ。ただ私のカバンを置いておいただけです。どけますね。
私　：ありがとうございます。普段ならこんなことを尋ねないのですが、この電車はとても混んでいますので。前の列車が遅れたのでしょうね。
乗客：そうです。私はすでに3時間も乗っているんですよ。
私　：ええ〜、それは災難ですね。行き先は遠いのですか？
乗客：はい。スワンシーに行くところなんです。着くのに時間がかかりますよ。
私　：あら、それは遠くて、時間がかかりますね。ウェルシュ・コーストに行く時間があれば、ヤシの木があって熱帯のような場所がありますよ。

乗客：ふふ、スワンシーは正確には熱帯ではありませんよ……（丁寧な笑い）
私：ところで、あなたは太陽の日が差す休日が好きですか？
乗客：いいえ、それほどには。私がどちらかと言うと好きなのは（窓の外にある運河船を指さす）
私：運河船ですか！　どんな感じなのですか？
乗客：素晴らしいですよ。心が落ち着きますし。酒場から酒場に沿って、ただ漂うのです。とても自然な感じがします。
私：自然で、安心する……、素敵ですね。ストレスなどもなさそうですから。それなら、あなたの大好きな場所はどこですか？
乗客：ノーフォーク・ブローズです。この列車で終点までいくと、何もないところの真ん中に一軒だけ酒場があるのです。送電線さえないんですよ。酒場の中は、ろうそくの明かりがあって、すべての電気は、くたびれた古い発電機からとっているのです。
私：ろうそくの明かり！　人里離れた場所で休日を過ごすのがお好きなのですね。
乗客：はい。シンプルであるほど、いいのです。Ｗｉ－Ｆｉもなく、メールもなく、人混みもなく。水の音と、新鮮な空気と、１パイントのお酒があるだけでいいんですよ。

特にワクワクするようなやりとりではないかもしれないが、とても満足のゆくやりとりであった。しかし、乗客がほんの短い時間で、自分の関心や価値観や信念を明らかにしている点に目を向けてほしい。

彼は明らかに、シンプルで、自然を求めることが好きなのであり、自然の中でくつろぎたいと思っているのである。彼はまた、お酒も好きなようだ。これらの情報は、彼の答えから単純に導き出すことができる。私たちは、一緒に運河船の休日に出かけたわけではないが、彼は会話を楽しんでくれたし、電車を降りるときには、喉が痛いと話していた私に、1箱のワイン味のチューインガムをどうしてもといってくれたのであった。私のために自分のカバンをどかしてくれるときに、もし黙っていたら、温かく、友好的で、素敵な経験はできなかった。

では、私の会話も振り返ってみよう。私は、私自身について何を明らかにしただろうか。ほとんど明らかにしていない。私はスワンシーに行った経験があることくらいだ。しかし、自然なサルとして、私は自分のやり方が気に入っている。自分のタイプによって、フラストレーションを感じる人もいれば、喜びを感じる人もいるだろうが、**良い会話をするためには、自分のことはあまり話さないほうがよい。相手の言ったことを拾い上げ、それを反射して返し、さらに話してくれるように促せば、相手はさらに多くのことを語ってくれる。このやり方をしてい**

れば、相手についてより多くのことを知ることができる。相手が言ったことを表面的に反射するのではなく、より深層にある価値観を反射することが有用だ。174ページで取り上げた最初のデートの事例を思い出してほしい。

悪いサルの上司は、部下との境界線をなくす

チームを導くときにサルのやり方を採用する上司は、スタッフからの高い献身や忠誠心を引き出せることが多い。サルのリーダーは、どんな作業をするときにも、平等に一緒にやる準備をしているので、スタッフは自分が大切にされているという感情を持つ。人員不足のために、残業を求められると、恐怖からではなく（ティラノサウルスのリーダー）、あるいは、義務感からではなく（ライオンのリーダー）、手助けしたいという善意の気持ちから引き受けてくれる。サルのリーダーは、チームのパフォーマンスにとって重要な要素、すなわち、善意を生み出すのである。

しかし、**友好的にやろうとするあまり、過度に馴れ馴れしくなってしまったり、卑屈になりすぎると、悪いサルになってしまう。**仕事上では、上司と部下の境界線がなくなってしまっているときに、この問題は起きやすい。もし会話の境界線をなくしてしまうと、たとえば、月曜日には、スタッフと二日酔いの話をしたり、役員の一人が私はムカつくのだといった話をした

りすると、上司と部下の境界線を越えていいという許可を不用意に相手に与えてしまうことになる。スタッフは、他の同僚について、嫌いな悪口ばかりいうマネージャーについて、忙しい週末に「ゆっくりやれ」と言うオペレータについて、自分もゴシップを言っていいのだと感じるかもしれない。スタッフはまた、遅刻して出社しようが、仕事の締切を守れなかろうが、あなたならきっと見逃してくれるだろうと思うかもしれない。なぜなら、あなたは「良い友達」なのだから。サルの管理術がうまくいくためには、プロのチームワークと、親密な友人関係には明確な境界線がある、ということを、チームにも理解させなければならない。あなたもまた、自分自身がそれを理解しておく必要がある。

仕事をするチームと友人の境界線を損なわないようにするのは、とても難しい。あなたがチームのメンバーに対して、自然な心の結びつきを感じている場合は、特にそうである。スタッフのだれかを友人として好ましいと思っていると、あなたは、彼の失敗やミスを許してしまうことが多くなり、彼に難しい課題を与えることも困難になる（271ページで述べたように、良いティラノサウルスであればできることなのだが）。

バランスを失わないためには、自分が成し遂げたいと思っている目標について考えることである。プロジェクトの、チームの、組織の、全体的な目標を阻害するようなことを、そのままに放っておいたり、見逃していたりすると、客観性を失い、悪いサルに陥ってしまう可能性が高くなる。同僚と終生つづく友情を形成するのはまったくかまわないが、目標を達成することに影響を与えていないかどうかを確認することが重要である。もし問題だと思うのであれば、改めて境界線を設けるようにしよう。

これはとても大切なことなので、195ページで述べた幼児とTシャツのアプローチを使った事例を見直してほしい。ただし、今回は、相手の気持ちを認めるのではなく、自分の感情を正直に、オープンに認めることにしよう。たとえば次のようになるかもしれない。

「私は、あなたとの友情をとても大切に思っているし、お互いにオープンに話し合えることも大切に思っている。だけど、私はあなたが気を悪くするようなことも話さなければならないんだ。あなたは勤務時間中に、ソーシャルメディアやオンラインショッピングをしているよね。私はそれをやめてもらいたいんだよ。休憩やランチのときじゃないんだから。私はスタッフ全員にそれを守ってほしいと思っている。私たちが友達だからといって、あなただけは別、というわけにはいかないんだ。」

これは明らかに気まずい会話である。それなら、最初からお互いの境界線を損なわないようにしたほうがずっといい。しかし、もし相手が悪い態度をとってきたり、自己防衛してきたりするようなら、その人との関係を見直したほうがいいかもしれない。本当の友達なら、あなたの立場も理解してくれるはずだし、考慮してくれるはずだ。自分ばかりがいい思いをしようとはしないはずだ。

良いサルの親は、権威に欠けることも

サルの親であることには素晴らしい特徴がある。子どもとの経験を共有し、お互いに話し合い、愛情を表現できるという特徴だ。サルの親は、子どもを仲間や友達として大切にする。親としての義務感や親の仕事だからと感じるのではなく、自分がしたいからという理由で、子どもとの時間を過ごす。彼らは、温かく、支持的で、親切である。子どもに対してこの種の行動の見本を示せば、子どもも、同じことをするようになってくれる。

この重要性は、子どもが10代になるとはっきりわかる。子どもが大きくなると、いきなり付き合いが難しくなるからだ。子どもはホルモンの分泌によってジェットコースターのように気分が変わり、独立したいと主張して衝突が避けられなくなるのである。

寝室に溜まった洗濯物を下まで持ってきてねとお願いすると、子どもはそうしてくれる（たとえしぶしぶでも）。なぜなら、子どもも親の手助けがしたいからであり、そうすることが正しいことだとわかっているからである。それがルールだからと感じると、子どもは動いてくれない（ライオンの親）。脅されていると感じたり、やらないとスマホを取り上げられると思うと、かえってやらなくなる（ティラノサウルスの親）。

お互いを大切に思い、お互いに愛情を感じて親に従うことは、大人になってから、子どもに

とって重要な教訓になる。サルの親は、たとえどんな状況でも、人が見ているかどうかにかかわらず、他の人がやっているかどうかにかかわらず、相手が年上か年下かにかかわらず、**「正しいこと」をするような道徳性のコンパスを子どもに植えつける。**サルの親は、子どもが自分の考えを明らかにすることを認める。子どももあなたからの助言や注意を必要としているし、それによって、道徳性のコンパスを強固にし、強さのある性格を発達させる。あなたが子どもに教えるべき究極の教訓は、正しいことは、正しいのだからやりなさい、ということである。それを教えることができれば、もう十分である。

　子どもと素晴らしい関係を持つサルの親でも、規律や規則を教えるときに、問題を起こしてしまうことがある。良いサルは、時として権威に欠けるため、ネズミのサークルに追いやられてしまうのだ。子どもには指導が必要だし、親子の境界線も必要なのだが、そうではなく、「友達」として子どもを見てしまうのである。すべての親は、たとえ良いサルの親でも、少しはライオンの要素を持って、バランスをとる必要がある。親がリーダーである。子どもではない。子どもに対してリーダーのポジションを譲ってしまうことは、親としての責任を放棄することになるのである。

子どもに好き放題させるのは愛情ではない

Emily

私はこれまでに、親の役割が緩すぎる家族、あるいは、過度に子どもと親しみすぎることで問題を引き起こしている家族に、数多く取り組んできた。ひとつの事例を紹介しよう。スティーブ（年齢は24歳）は、2人の子ども（ディラン6歳、グレイシー4歳）との接触が半年以上も許可されていない。なぜなら、スティーブは彼らの母親に何度も暴力を振るっているからである。あるときは、彼女の喉をつかんで、意識を失うまで壁に押しつけたこともある。大人としては暴力的な傾向があったとはいえ、スティーブは、10代のように見えたし、10代のように行動していた。彼は痩せて、ひょろっとした体型である。たえず少し口を開けており、だれからも侮辱されてなどいないのに、つねに不機嫌そうな表情をしていた。

スティーブとのかかわりで重要な点のひとつは、子どもたちの母親に対する彼のひどい暴力が、子どもの感情的、行動的発達にとって、否定的な影響を及ぼしてしまうことを彼に教えることであった。グレイシーは、保育園でしばしば癇癪を起こすことや、ディランは学校で暴力を振るい、自宅では妹のグレイシーに暴力を振るうことなどを話し合った。スティーブは、子どもはまだ小さすぎるし、そんなことは子どもにとってはごく普通のことだと感じていた。自分とはまったく関係のないことだというのである。

私たちはまた、スティーブが、大人と子どもには適切な境界線がある、ということを認めないことについても心配していた。私はスティーブに、子どものことを「大人」のように扱わないように、と古典的な警告をした。スティーブは、グレイシーについて「小さなビッチのように振る舞う」とコメントしたり、ディランのことを、俺の「僚機《りょうき》」（訳注：自機と編隊を組む友軍機のこと）とコメントしたりすることが多かったのである。

子どものディランに、グランド・セフト・オート（訳注：街中で突然に人を殺害したり、車両を盗んで走り回るなどの犯罪を中心にした内容のゲーム）をやらせるのは良くないと言ったときのスティーブの反応は、こうであった。「ディランは、俺がプレイしているのを見るのが好きなんだ。だから俺もやらせてやる。ディランは本当にゲームがうまいんだ。俺はバーの錠の開け方なんて教えてないんだけどな。映像も本当にびっくりするんだ。もっとも、俺はよくわかんないんだけどさ」

ハロウィンに、映画『ソウ』のジグソウ（訳注：映画に登場する猟奇殺人者の名前）のような格好をしたいとディランが言ってきたときのことを尋ねると、スティーブは何の感情もまじえずに答えた。「ああ、ネットフリックスのアカウントがあって、俺の映画リストにその映画が入っているんだよ。だけど、ディランは映画を見ても、悪夢を見たりすることはなかったな。ディランは、ただジグソウのキャラクターが好きなんだよ。ディランは怖がらないんだ。まあ、映画の話であって、現実の話じゃないからな」

ソーシャルワーカーも私たちも、あまりのことで仰天したのだが、家庭裁判所は、スティーブに、ディランとグレイシーとの接触を許可した（スティーブのお父さんの監視の下ではあったが）。子どもたちが初めて宿泊したときには、警察への通報がなされた。ディランとグレイシーが、スティーブの父親が住んでいる建物の吹き抜けの階段を、午前2時になっても、駆け上がったり、駆け下りたりしていたのである。警察官に話を聞かれたスティーブは、「何か問題があるんですか？　学校のお泊まりじゃないんだから」と答えた。

子どもたちは、「小さな大人」ではないのだから、一緒につるんだり、関心を共有したりすることはできないのだということをスティーブは理解できなかった。スティーブにとって適切なことでも、年齢や、道徳的、認知的発達段階を考えると、子どもにとっては適切ではない、ということも認識できなかった。スティーブは、あまりに極端に子どもと近すぎるのであり、大人の親としての能力がほとんど欠如していることを示していた。スティーブと子どもの関係を、２４７ページにあるサークルで位置づけるとするなら、親子で友達になっているときには悪いサルであり、口論しているときには悪いティラノサウルスになるだろう。親として、これほど悪いポジションはない。

子どもに興味を持ってもらい、一緒に楽しみを共有したいという強い誘惑はだれにでもある。一緒に遊んだり、一緒に何かを見たりして、親子で同じ経験を楽しみ、お互いを結びつけるような共通の関心を持ちたいのだ。子どもと一緒に座って、延々とディズニーのテレビドラマを見せられたり、「マイリトルポニー」（訳注：アメリカで発売されている女児向けの玩具）、や「ボブ・ザ・ビルダー」（訳注：イギリスで制作されたテレビアニメ）で何時間も遊ばせられたことのある親なら、早く子どもたちが、自分と同じような段階の大人になってくれないかなと思うものである。

しかし、親としての私たちの責任のひとつは、子ども時代を守ってあげ、それを大切にしてあげることだ。**子どもには、子どもにならせてあげるのである。**人生において、子ども時代はとても短く、そして重要な時期である。私たちは、急いで子ども時代を通過させないように注意する必要がある。「うちの子は年齢の割にとても落ち着いている」とか「うちの子は、私と同じものを見て、私と同じことをして遊ぶ」ということのないように気をつけよう。子ども自身がやりたいことをやらせてあげ、親がさせたいことを押しつけるべきではない。

すでに述べたように、良い親は、子どもに対していくらかはライオンを採用する。親として、私たちは子どもにルールを与え、境界線を設けることで、子どもの発達を導き、サポートする責任がある。子どもと過ごすとき、時間のほとんどを、協力的で、友好的な態度で接するのだとしても、ライオンモードが必要なときになれば、何がよくて、何がダメなのかの行動規範を子どもに与えなければならない。

親はいついかなるときもルールや制限を押しつけるべきだ、と言っているのではない。親が子どもに受け入れ可能な境界線を設けるといっても、親によってさまざまなバリエーションがある。ある親は、就寝時間に関してはとても厳しいかもしれないし、人工着色料や甘味料は絶対に許さない親もいるかもしれない。部屋の中で水合戦をしてもまったく問題ないとか、眠る前にお菓子をまるまる一袋食べても問題ない、という親もいるだろう。子どもにとって明らかに有害ということでなければ、親なりの原則や価値観を与えても大丈夫である（もっとも、かかりつけの歯医者はお菓子を食べ過ぎることには反対するかもしれないが）。よく言われるように、子どもを育てるのにマニュアルのようなものはない。

ダメなのは、親がサポートも指導もせず、子ども自身にルールや価値観を決めさせることである。14歳の子どもなら、いくらでも好きなだけ夜に起きていて、いくらでも食べることができて、いくらでもタバコを吸うことができて、いくらでもポルノを見ることができて、いくらでも学校をサボることができれば、無上の喜びだと感じるかもしれない。しかし結局、そういう子どもは、自分がわからなくなり、親に見捨てられていて、愛されていないと感じるものである。子どもは、しっかりした建物を願っている。自分を守ってくれて、心が落ち着き、元気が回復できるような建物を切望しているのである。親が与えるルールはまた、子どもが大きくなり、独立心を持つようになるにつれて、子ども自身に、どう行動するのがいいのかの型板（テンプレート）を与える。ルールと境界線は、子ども自身に、自分で自分を管理する技術を教える。自分の欲求、感情、衝動、そして行動を自分で規制する技術を教えるのである。それらの技術は、子どもが大人になって、人生が、より苛酷で厳しくなってきたときに必要になるものである。

子どものほしがるものを与えるのではなく、子どもに必要なものを与えるのが良い親だ。時として、親はとても難しい立場に置かれる。自分の決定が子どもには受け入れがたく、理解できないだろうとは思うが、それを押しつけざるを得ないこともある。子どもをサポートし、安全に育ってもらうためには、サルの親でも、ライオンにならなければならないときもあるのだ。

親切の仮面で束縛する、悪いサルの恋人

恋人との関係、あるいは友達との関係において、悪いサルは、ほど良い距離感をとることができない。とにかくしゃべりまくり、お互いの関係をどんどん深めようとしてしまうのである。いきなり、毎週、週末は一緒に過ごそうとし、まったく話し合いもしていないのに、お泊まりすることが当然の権利のように考えてしまう。もし、相手が親密になることに気乗りしないようなら、あなたは、あまりにも急いで、距離を縮めようとする悪いサルになってしまっているのかもしれない。

悪いサルは、相手が我慢の限界を迎えるまで、相手からの愛情や励ましを求めようとする傾向がある。過度の贈り物をしたり、あなたが義務感を感じるように夕飯をおごったりするのは、あなたを縛りつけておくための作戦のひとつかもしれない。悪いサルは、相手からの許可などを求めない。それが当然だと思っているからである。自分だけの居場所がない、自分の時間がない、自分で決めることができていないと感じるのなら、あなたは悪いサルと付き合っているのかもしれない。

ある意味、悪いサルは、悪いティラノサウルスや悪いライオンよりも油断がならない。だれかが大声をあげたり、強く命令してくるなら、こちらをコントロールしようということが明々

白々である。けれども、社会的な義務感を負わせてコントロールしようとすると（こんなに親切にされたら、嫌とは言えないな）、その試みと影響力は、静かに忍び込んでくるのである。この人物は、私と、私の自律性を大切にしてくれているのだろうか、と自問自答しよう。その人との関係が、HEARの原則に一致するものであるかを確認しよう（88ページ参照）。もしそうでないのなら、表面的には友好的な態度が満ちているように思えても、相手は悪いサルである。

どんな人間関係の中心にも愛情を

良いサルのポジションは、結びつきが強く、やりとりをしている相手を勇気づけてくれる。良いサルは、サポートをしてくれるし、判断を押しつけてこないし、考えや価値観を共有することを促してくれる。相手が夢中になっているものなら、たとえその情熱を自分が必ずしも共有していないとしても、興味を示してくれる。

子どもとの関係が壊れてしまっているたくさんの両親とエミリーはかかわってきたが、彼らは、子どもとのコミュニケーションができていない、すなわち、「子どものことを知らない」ケースが多かった。エミリーが彼らに、「子どもは何をしていると楽しいのですか」「何に興味があるのですか？」と尋ねると、親はしばしば、「わかりません」と答えるか、曖昧に「テレビゲームをしたり、地下鉄に落ちているがらくたを見たり、友達とぶらぶらしたり、家にあるものを何でも食べることでしょうか」と答えるだけである。そういう親にとって、関係を修復し、もう一度作り直すための第一歩は、子どもとコミュニケーションをとってもらうことである。子どもとのコミュニケーションとは、指示を与えることではないし、子どもの行動を評価することではない。子どもが好きなこと、楽しいことについて話すのである。

子どものことを考えすぎるのは、欠点ではない。彼らを抱き上げ、より逞しい子どもに成長させ、手をかけて世話をしてあげることは素晴らしいことである。ネバダ大学教授で、ACT（アクセプタンス&コミットメント・セラピー。訳注：認知行動療法と呼ばれる心理療法のひとつ）の創始者スティーブン・C・ヘイズは、「愛情がすべてではありません。愛情が唯一のものなのです」と語っている(3)。ヘイズによると、愛情はあらゆる人間関係の中心であるべきなのだという。同僚との関係にしろ、地域の人たちとの関係にしろ、家族との関係でも、愛情が中心になければならない。世界が必要としているものは、私たちが他の人たちとお互いに勇気を与えあい、愛情を持てるようになることを学ぶことだとヘイズはアドバイスしている。相手にそれだけの価値があるからとか、相手がそれに値する人物だから親切にするのではない。**どんなときでも、どんな相手に対しても、広く愛情の種をまくことによってのみ、私たちの社会構造は大きく成長するのである。**

ハーバード大学の「愛情を広げよう」プロジェクトでは、「優しい」子どもを育てる可能性を高めるのに役立つ、5つの親の要素を明らかにしている(4)。これは、他の人間関係、たとえば恋人、同僚、家族のメンバー、友達に対しても有用である。より親密になりたい、より温かな関係になりたいと思う人がいれば、次に示す原理をできるだけ当てはめて付き合うようにするとよいだろう。

1 優しさの手本を示す

自分がお手本になろう。優しさ、共感性、他者への全般的な配慮のお手本を見せてあげるのである。自分が間違えているときには、謙虚に失敗を認めるお手本を示そう。

2 感性の練習をする

相手の思考や感情について考えよう。自分には賛成できないことや、好きではないことでも考えるのである。議論のときは、反対の立場も理解しよう。自分の考えだけを追求するのはよくない。

3 相手の感情を大切に

相手に、自分が大切にされているのだな、気遣いをしてもらっているのだな、と感じさせよう。そのためには、相手にしっかりと注意を払い、質問をし、相手が好きなものには関心を示そう。愛情を示し、彼らの努力や成果を認めてあげよう。

4 「英雄」行動を強化する

だれかが自分の欲求を後回しにし、他の人のしたいことを先にやらせてあげていたら、そういう英雄的な行動の素晴らしさを褒めてあげよう。あるいは、不正、不平等、不満、人を傷つける行為に立ち向かう努力をしている人がいたら、その人にも注目し、その道徳的な素晴らしさを褒めてあげよう。

5 「灰色」思考を促す

道徳や正義にはいろいろな形があるのであって、すべてを白か黒か、善か悪かで述べるのを避けなければならない。どんな状況にも、どんな人物にも理解を示すように促そう。

良いサルは、人と協調を維持するために、つながりを大切にする。もし何か素敵な言葉が浮かんだら、それを声に出して相手に伝えよう。素敵な言葉は、挨拶状や特別な場合のためにとっておかなくともいい。あなたが相手の強いところだけでなく、弱いところも含めて愛情を持っていることをわかってもらうために時間を使おう。たとえ嫌いな相手でも、相手が成功するように、また、幸福になる道を進んでいけるように促そう。

教訓
LESSON

1 サルとはチームワークと協調である

たとえあなたが権威的な立場にいるのだとしても（マネージャー、親、コーチ）、しっかりとした一体感を生み出そう。

私たちはチームなのであり、ともに同じ目標に向かって働いているのだという気持ちを持とう。サルのメッセージはこうである。「私たちは、いつだって一緒だ」

2 素敵な人になることは素敵なこと

親切にすれば、相手からも親切が返ってくる。

人に親切にできる人はまた、より健康で、より幸福で、より満足のいく人生を歩める。素敵な人になることは、弱さを示すものではない。それは強さを示すものである。たとえ相手からの無関心、怒り、命令に直面したとしても、それを上回るような善意を心に持とう。

3 サルの親（管理者、恋人）は、相手にプライベートな時間と空間を与え、独立した人間として成長と決定ができるように導く

相手の成長を認めてあげよう。

そうすれば彼らは道徳性のコンパスと、独立した強さを持つことができ、人生の困難にも耐えられるようになる。

4 過度に馴れ馴れしくしない

子どもとの境界線、あるいは職場の人間関係における境界線をいったん越えてしまうと、修復するのが極端に難しくなる。

魔人ジーニーをいったんランプから出してしまうと、戻ってもらうのは大変だ。子どもは友達のようであっても、友達ではない。従業員は、友達になるのはたやすいのだが、やはり友達ではない。あなたの役割としてリーダーシップと権威が求められるなら、それを相手に伝える必要がある。悪いサルになって、境界線を損なわないように気をつけよう。

5 会話の技術を学ぶ

自然な会話ができるようになるのは難しいかもしれないが、温かく、社交的な人間になるた

めには、次の3つのステップが役に立つ。

・聞く

相手にたくさん話させ、こちらはなるべく話さない。相手の話を聞くことに、会話の大部分を当てよう。

・共有する

結びつきを強めるために、相手と同じ経験を探そう。もし見つからないのなら、多くの人がたいてい経験することを切り口にして、会話をしよう。

・探求する

会話のボールは自分が持ちつづけるのではなく、少なくとも2回は相手に投げ返すように努力しよう。気が利いて、面白い話をたくさんしなければ、と自分にプレッシャーをかける必要はない。

chapter 10

ラポールに磨きをかけ、「融通のきく人」になる

風をとらえるわずか１枚の帆だけを与えて、人生の風のない海に子どもを漂わせることのないように。

D・H・ローレンス

多くの人は、自分が気楽だと感じるスタイルだけを身につけ、ほとんどの人間関係で同じスタイルをとりつづける傾向がある。どんな人とのやりとりでも、いつものやり方をとるのである。しかし、成長するためには、自分の快適な領域から外に出る必要がある。異なるコミュニケーションスタイルに挑戦する必要がある。慣れていないやり方が嫌いだとか、大変だとか、冷や汗が出てしまうとしても。「これが私のやり方なんだ。だから、他の人が私に合わせるべきなのだ」と決めてしまうと、人間関係をうまくやっていく能力に限界を設けることになってしまう。

技術の幅を広げるほど、より多くの利益を生み出すことができる。事実、人間関係で柔軟性を持つことは、感情的知能（訳注：日本ではＥＱとして知られる）や共感性といった概念とも関連している。

研究によると、**最高のコミュニケーターは、融通がきく人物であるという。**彼らは４つの動物をすべて操ることができ、相手によって動物を変えるのだ(1)。融通をきかせる力を高めるための努力を惜しまず、なかには自分にとって快適ではないという動物もあるだろうが、４つすべての動物に習熟しよう。そうすれば、どんな状況においても、穏やかな自信を持って人と接することができるようになる。

3つの鍵――有能性・感受性・融通性

さまざまな人間関係の研究により、ラポールの専門性を高めるためには次の3つの鍵となる要素があることが明らかにされている。

1	有能性	自分のレパートリーの中から、不適合な（悪い動物の）特徴はすべて取り除く
2	感受性	相手のコミュニケーションスタイルを正確に診断する能力。あなたはどんな動物を相手にしているのだろうか
3	融通性	必要なときには、適合的な（良い動物の）あらゆる行動を使いこなせる能力

有能性

対人有能性とは、悪い行動という「間違い」を避けながら、人間関係を処理する能力のことである。単純化して言えば、**良い動物サークルから悪い動物サークルへと陥るのを避ける能力といえる。**私たちは、相手が悪い行動をとってきたら、こちらも悪い行動で応じたいという衝動を感じるため、これはとても困難である。時々失敗するのなら大丈夫である。しかし、しばしば失敗してしまうのなら、悪い習慣を自分のレパートリーから取り除く必要がある。正しい習慣を試してみる時間と場所を持つようにすると、長期的には人間関係がもっと楽になるであろう。

やりとりする時間が限られているとか、良い第一印象を与えなければならないというときには、悪いサークルを避けるのはさらに困難になる。最初のデートは、古典的な例である。ちょっとしたやりとりで、2度目のデートができるかどうかが決まってしまう。そのため、悪い動物を出さないようにし、不適合なコミュニケーションに迷い込みそうになったら、すぐに修正することが大切である。

「マルタ、ごめん」デートでの失敗を挽回する法

マルタとジェイクは、大学で同じ数学の講義をとっている。2人は、少しだけおしゃべりする間柄だが、初めてデートすることになった。2人ともいくらか緊張しているが、ここまではうまくいっている。2人とも温かな態度で会話ができている。

ジェイク：ところで、この場所には来たことがある?
マルタ　：ううん。素敵なところね。バー全体の照明が気に入ったわ。
ジェイク：うん、照明がいいよね。今日のハンフリー先生は信じられなかったよね。講義の途中で脳みそが溶けちゃったみたいで。
マルタ　：(笑) 本当よね。どうすれば公式をすっかり忘れられるのかしら。ブラッドが先生を助けようとしたとき、先生はとても恥ずかしそうだったわ。
ジェイク：そうそう。すっかり恐縮してたよね。ブラッドはものすごく勉強しているから。ブラッドが講義をしたほうがむしろいいくらいで (2人とも笑う)。

ここまでは順調だ。2人は、素敵な照明のあるバーで、直近の経験について会話を共有しており、同じ出来事 (ハンフリー先生) について話している。温かく、社交的で、打ち解けている。これらは第9章の「良いサル」の特徴だということに気づいてほしい。

マルタ　：昨日の夜は何を着ていけばいいのかわからなかったわ。この場所がどれくらいフォーマルなのかわからなかったから。12回も洋服を変えたのよ (自信がなくて不確かな気持ち)。
ジェイク：(一拍置いて) ええっと、今日の服は素敵だと思うよ。とても可愛らしい。でも、僕は、君がその紙袋を可愛らしく見せているのだと思うよ。

マルタ：まあ、ありがとうジェイク。この紙袋は本当に可愛いのよ（赤面）。

ジェイクはうまくやっている。マルタは、いくらか謙虚で自信をなくしている（悪いネズミ）。そこで、ジェイクは援助的なお世辞で、彼女を勇気づけている（良いライオンとサル）。

ジェイク：私たちは、2人で紙袋を着てくればよかったかもしれないね。そうすれば夜の終わりには、簡単に破り捨てられるし、リサイクルもできるから。

マルタ：（気まずい休止）。ええ、そうね。でも、ちょっとおかしいかも……。

ジェイク：あっ、違う。僕が君の洋服を破るわけじゃないよ。自分で破るんだよ。ごめん、待って。君が僕の洋服を破るということでもないよ。つまり、僕が言いたいのは、それぞれが別々に……、一緒に洋服を破ろうという意味じゃなくて。ああ、神さま。ごめんなさい……。そういうつもりじゃないんだ。ごめん、気にしないで。忘れて。僕が何も言っていないふりをして。

ジェイクは、ちょっぴりユーモアをまじえようとしたのだが、事故的に、気まずい方向に踏み込んでしまった。悪いサルに陥ったのである（過度に距離を詰め過ぎた）。そして、自己弁護しようとして、結局は、悪いネズミになっている（口ごもって、自信をなくしている）。もしマルタとのデートをつづけたいのであれば、ジェイクは修復する必要があるだろう。しかし、どうやって。何も言わなかったふりをするのは良い方法ではない（悪いネズミ）。そんなことをしても、2人の間には嫌な空気が漂ったままになるからだ。

では、どうすればいいのだろうか。もしあなたが悪い行動に進んでしまったとしたら、どのようにやりとりを修復することができるのか。**もっとも手早く修復する作戦は、「私はどの悪い動物になっているのだろうか？」と考えてみることである。**そして、悪い行動を、良い行動に変化させる試みをするのだ。ジェイクの例で言えば、彼は悪いネズミになっているので、良いネズミに変化する必要があるということである（謙虚に、下手に出て、相手にどうすればいいのかを尋ねる）。たとえばどのような感じになるのか。

ジェイクは、次のように言ったほうがよかったであろう。「マルタ、本当にごめん。僕はちょっとだけ緊張しているんだ。僕は緊張すると、口を滑らせちゃう悪い習慣があるんだ。許してくれ」

これに対する彼女の反応はどうなるだろうか。悪意を持つのは難しいはずだ。ジェイクは、心から、率直に謝っている。きちんと謝っているのに、彼のことを性的異常者のような人間だと考えつづけることは難しいであろう。

マルタは、おそらく次のように返答する可能性が高い。「正直な人なのね。心配しなくていいわよ。私も緊張しているから。もう一杯、おかわりを頼みましょう」

人間関係で有能になるということは、悪い行動をまったく出さないか、出すとしてもできるだけ少なく出すことなのである。**あなたの社会的な関係を向上させるのにもっとも大切な点は、悪い動物になりそうになったら、いつでも良い動物へと変更させることである。**私たちはみな、さまざまな点で悪い動物になってしまうことがある。それも日常的に、である。私たち夫妻は、お金を稼いで生活するために、これらの技術を教えている先生ではあるが、いまだに日常的に悪い行動が出る。しかし、失敗の発生を意識的に最小限にする努力をし、もし悪い行動が出たら修正している。マントラ（訳注：仏の真実の言葉）はこうである。悪い動物が出たら、それに気づき、それを改めよ。

感受性

人間関係の技術を向上させる2つ目の戦略に移ろう。感受性だ。

「対人感受性」という用語は、相手を正しく知覚する、という意味である。相手を正しく知覚できれば、結果として、**適切で、相手にとって好ましい行動をとる可能性を高めることができる**(2)。自己意識の高さと、より良い社会的適応能力は、お互いに結びついていることが、対人感受性についての研究で明らかにされている。対人感受性のある人は、より共感的で、より社会的知能（ＥＱ）が高く、人との接し方が柔軟なのである。

感受性を鍛えるには、相手がどんなスタイルでコミュニケーションしているかに大きな注意を払うことが必要である。どんなやりとりにおいても、いくつかの手がかりが相手から与えられる。その中には、気づくのが難しいものもある。判断や解釈が難しいものもある。やりとりしている相手を診断するときには、第5章で述べたようにたった2つの質問を自問自答するだけでよい。**ひとつ目は、相手が上位に立ちたがっているかどうか、もうひとつは、相手が仲良くなりたがっているか、それとも関係を壊したがっているか**だ（２１７ページ参照）。

相手がライオン、あるいはネズミなのか（コントロールしたいのか、追従したいのか）、サルなのか、ティラノサウルスなのか（協力的なのか、衝突したいのか）という2つの点に基づいてやりとりを単純化してみれば、非言語的な手がかりや言語的な手がかりの全体を考える必要がなくなる。相手の行動が極端なものであれば、判断もたやすくできるのであるが、たいていの場合においては、リーダーになりたがっているのかどうか、協力するつもりがあるのかどうかで判断したほうが、より迅速にできる。

次のステップは、相手が良い動物なのか、悪い動物なのかを判断することである。もし目の前の人物がライオンであるなら、良いライオンなのか、悪いライオンと接しているのかを考えてみるのだ。

もし悪いライオンと接しているのなら、労力と時間をかけて、彼らを良いライオンのサークルへと導いたほうがよいかもしれない。そのためには、あなたが良いネズミになって辛抱強く我慢する必要がある。じっと耐えていれば、あなたの行動は、相手に影響を及ぼし始めるからだ。

相手のコミュニケーションのスタイルを観察し、分析できることが、あなたの対人感受性と、認識スキルとなる。相手の行動を分析する練習をすることは、さらに共感性と理解力を高めることにも役立つだろう。

練習のために、次の事例に出てくる父親が、まずはどんな動物だと思うのかを考えてみてほしい。次に、父親が良い動物なのか、悪い動物なのかも診断してみてほしい。

水曜日の夜10時30分。15歳のジャスミンはまだ帰宅していない。父親のジェロームは、午後6時半に職場から帰宅しており、ジャスミンに8回も電話をかけているのだが、ジャスミンは電話に出てくれない。ジェロームは、ジャスミンが友達とよくぶらつく場所にも車で出かけてみた。公園、ワンストップ(訳注:ショッピングセンター)、テスコの駐車場(訳注:テスコはイギリスのスーパーマーケットチェーン)。しかし、どこにも娘はいない。

ジェロームは、自分のスマホに登録してある娘の友達のすべての親御さんにも電話をした。娘の友達の親に電話をかけ、娘がどこにいるのかがわからないということを伝えるの

動物のタイプの循環モデル

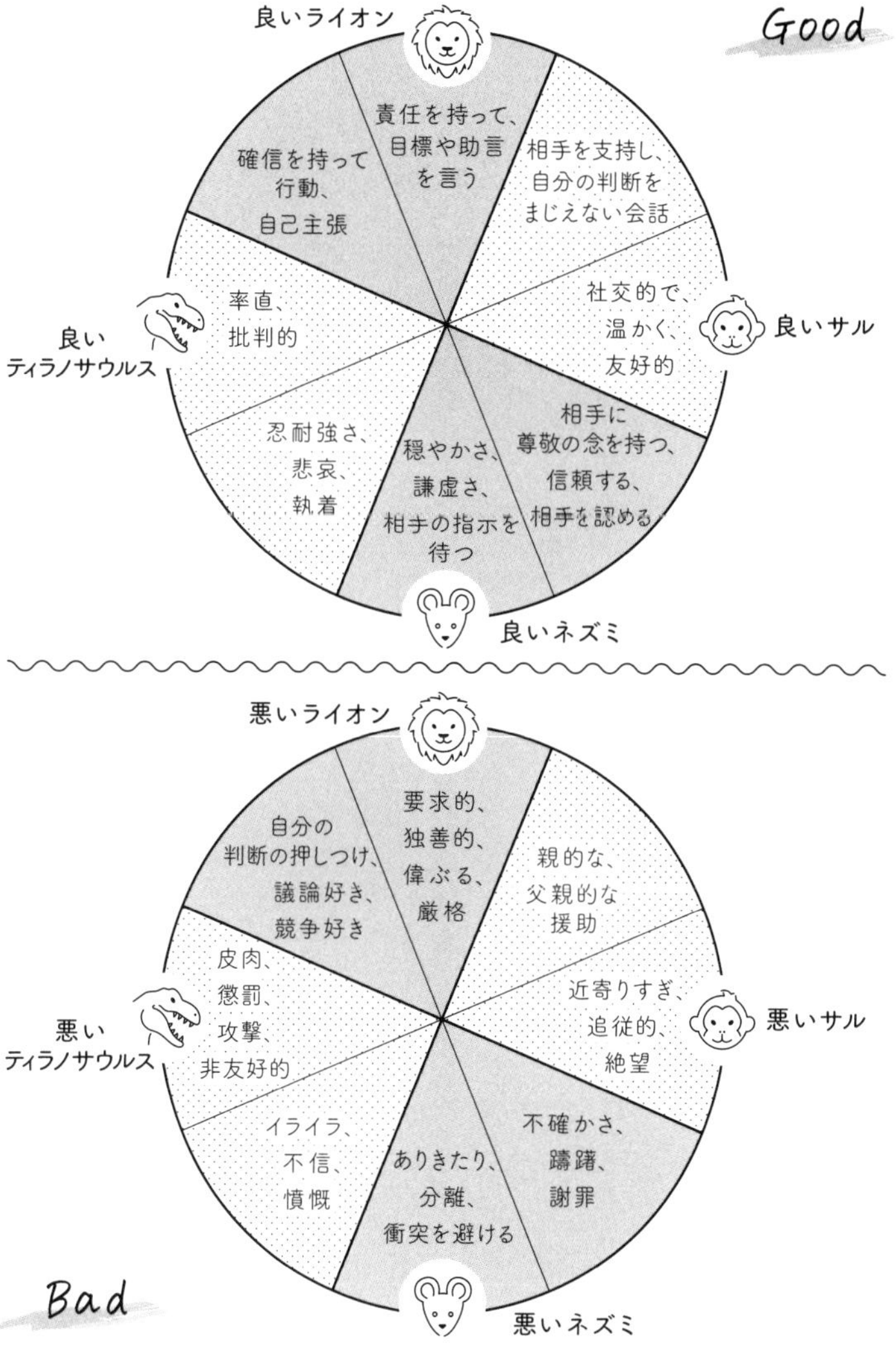
Good
良いライオン
責任を持って、目標や助言を言う
良いサル
相手を支持し、自分の判断をまじえない会話
社交的で、温かく、友好的
良いネズミ
相手に尊敬の念を持つ、信頼する、相手を認める
穏やかさ、謙虚さ、相手の指示を待つ
良いティラノサウルス
忍耐強さ、悲哀、執着
率直、批判的
確信を持って行動、自己主張
悪いライオン
要求的、独善的、偉ぶる、厳格
悪いサル
親的な、父親的な援助
近寄りすぎ、追従的、絶望
悪いネズミ
不確かさ、躊躇、謝罪
ありきたり、分離、衝突を避ける
悪いティラノサウルス
イライラ、不信、憤慨
皮肉、懲罰、攻撃、非友好的
自分の判断の押しつけ、議論好き、競争好き
Bad

は恥ずかしいことだった。

ジェロームがまさに警察に電話をしようかと思ったとき、ジャスミンは玄関から入ってきた。

スマホでだれかとしゃべりながら、笑って、自分の部屋へと階段を上がっていこうとしている。

「ジャスミン、こっちへ来てくれないか?」ジェロームは、落ち着こうとして言った。

返事はなかった。ジャスミンはスマホでおしゃべりしながら、階段を上ろうとしている。

A

ジェロームは、ジャスミンの部屋までずかずかと歩いてゆき、電話を取り上げて、切った。「ジャスミン、お前は何をしているのか、わかってるのか? お前は、1か月間、外出は禁止だ。そして、これ(スマホ)は、今から私が預かっておく」とジェロームは言い捨て、音を立ててドアを閉めると、下に降りて行った。

この反応は、明らかに悪いティラノサウルスとライオンである。コントロールと罰を使っているところにも目を向けよう。言葉は怒っていて、攻撃的だ。父親がこのように感じるのも理解できなくはないが、ジャスミンにどのような影響を与えるだろうか。もし父親が悪いティラノサウルスとライオンなら、娘からは何が返ってくるだろうか。モデルを思い出そう。ライオンはネズミと引き合う。ティラノサウルスはティラノサウルスと引き合う。したがって、ジャスミンは、悪いティラノサウルスと悪いネズミの態度をとるだろうと予想される。

悪いティラノサウルスは、口数が多く、皮肉っぽく、機嫌が悪い。悪いネズミは、憤慨していて、ずるくて、こそこそしている。父親の行動では、実際に望んでいること、すなわち、ジャスミンが協力的になって、ルールに従ってくれるようにはならないであろう。もっと可能性が高いのは、父親と口論をするか、こそこそとして顔を合わせないようにするであろう。

B　ジェロームはジャスミンの後について階段を上り、部屋のドアをノックする。

「ジャスミン、少し話してもいいかな？」ジャスミンは、ジェロームを無視する。

「ジャスミン？」ジェロームは顔を部屋の中に突き出す。

「お父さん、出て行って。私は着替えるんだから。信じられない。ノックくらいしてよ。いったい何がしたいの？」

ジェロームはドアを引く。「ごめん」と言い、愚かなことをしたと感じる。

ジェロームは下に降りてゆき、今夜のところは娘に何か言うのはやめようと決める。娘に話をするには大変な労力がいる。そこでジェロームはビールをあおり、ソファにもたれかかって、自分はまったくダメだと感じる。

これはジェロームが悪いネズミになっている例だ。彼は、問題について話そうとしているのだが、ジャスミンが着替えようとしているところに入ってしまい、怒鳴られてしまう。そのため、気が動転し、躊躇し、謝罪するという行動をとらされている。父親としてのパワーは完全に損なわれ、悪いネズミになってしまい、衝突を回避し、娘の悪い行動をただ見逃そうと決めている。ここでの問題は、ジャスミンをライオンとして自分よりも上のパワーを与えてしまっていることだ。ジャスミンは、いつ帰宅するかは父親でなく、自分で決めていいという考えを持ちつづけるであろう。なぜなら、父親が、力を行使していないからである。

C

ジェロームは、ジャスミンの部屋から電話のしゃべり声が聞こえなくなるのを待つ。彼は気分を落ち着けるために、自分にコーヒーを淹れる。ジャスミンにもコーヒーを淹れてやろうと決める。2階へ上がってゆき、ドアをノックする。今はヘッドフォンをしているかもしれないので、3回ノックした。ようやく返事が返ってきた。「なに？」

ジェロームはドアを開けて、頭だけを入れると、「ジャスミン。コーヒーを持ってき……」

「いらない」父親が言い終える前に、ジャスミンは答えた。

ジェロームは深く息を吐くと、「わかった。一言だけいいか？　話があるんだよ。大切な話」

「なんで？　どんな話？」ジャスミンは言う。

「少しの時間でいいから下へ来てくれないか。話したいことがある」

ジェロームはドアを閉めると、自分のコーヒーを持って下に降りて行った。自分を落ち着かせようと「大声を出すな、大声を出すな、大声を出すな」と言い聞かせた。

今度の例では、ジェロームは良いライオンとサルを試みている。彼は、ノックをしてもジャスミンが返事をするまでジャスミンの個人空間に入らないということで、敬意を払っている。そして、コーヒーを淹れてあげることで協力的になろうとしている(もっともジャスミンは拒否したが)。ジェロームは問題について話し合いたいと求めている。問題は、もしジャスミンが下に降りてこなかったらどうするかということだ。もしジャスミンが悪いネズミとして回避してくるなら、ジェロームは、良いライオンの態度を強めなければならない。もし最初の試みがうまくいかないなら、それに合わせてライオンの度合いを強くする必要がある。サルの立場からでは、しつけはうまくいかない。特に、相手がサルになってくれないときはそうである。

D ジェロームは、ジャスミンの後について部屋の前まで行く。ジャスミンの電話が終わるまで待ち、ドアをノックし、頭を中に入れる。

「ジャスミン。水曜に帰宅するにしては、許されない時間だ。お前が遅くまで帰ってこないから、お父さんは死ぬほど心配したんだぞ。警察に電話しようとも思ったんだ。お父さんが電話しても、電話に出なかったろう。電話がかかってきたかどうかも確認していない。もし自分のことを大切にできないなら、今後はお父さんが決めなければならなくなる。2週間はスマホを使わせないし、今週は毎晩午後7時が門限。週末もだぞ」

「でもお父さん、それはフェアじゃないわ」ジャスミンは抗議した。

ジェロームはつづける。「一晩でも、門限までに家にいなかったら、さらにもう1週間スマホは使えなくさせる。もし門限を守れるなら、翌週は午後8時の門限に戻す。明日の朝、きちんと話し合おう。今日はもうお休み」ジェロームはドアを引いた。

これは良いライオンとティラノサウルスだ。ジェロームは、**明白に、直接的に、自分の言いたいことを主張している。**ジェロームは**事実から会話を切り出している。**侮辱したり、批判したりしていない。ジェロームは結果として、どうなるのかについても明らかにしている。議論の余地はない。ジェロームはしっかりと親の立場をとり、単純に罰を与えるのではなく、どうすれば門限が元に戻せるのかについても話している。

この練習は、動物サークルを現実の生きた状況に実践的に応用する診断スキルのためのウォームアップだ。同じような練習をできるだけたくさんやってみよう。テレビのメロドラマで見る人間関係のやりとりで練習してもいいし、カフェにいる見知らぬお客さんでもいいし、職場の同僚でもいい。**診断のスキルを練習すればするほど、より早く、より自然に、自分がやりと**

りしている人物のことも読めるようになる。

本書の最後に、さまざまな診断用シナリオを用意したので、そちらで練習していただければ、あなたの人間関係の筋肉を鍛えるのに役立つだろう（404ページ参照）。他の人が読めるようになれば、自分もどんな動物になればよいかがわかる。そして、ラポール形成の技術を向上させることができるのである。

融通性

ラポールを向上させる最後の方法は、融通をきかせることができるようになることである。**融通をきかせるとは、必要なときには、どんな動物のスタイルも利用できる能力、という意味である。**私たちが取調官を評価するときには、素人なのかそれとも専門家なのかを、融通がきかせられるかどうかで区別する。融通をきかせるためには、まず自分が取り組むべき、良い動物を特定しなければならない。「自分の動物タイプを知る」クイズの結果に戻ってほしい（243ページ参照）。もっとも難しい動物サークルはどこなのか。他の動物よりも、困難に感じる動物はどれなのか。

専門家は、4つすべての動物を演じ分け、どれもうまくやることができる。そのため、良いコミュニケーションができるのである。ひとつの動物に「こだわる」と、たとえそれが良いサルのようなポジティブな動物であっても、長期的には、それほど効果をあげられなくなる。なぜなら、相手によって、他のスタイルをとることができないからである。自己主張が激しく、攻撃的で、皮肉っぽい人がいるとする。そんな人物に対してまで、常に友好的で、温かく、社交的にしていると、心が軋み始め、自分の態度が間違いだと感じるであろう。そうなると、コミュニケーションは、結局、崩壊する。

融通をきかせるということは、それぞれの状況で、適切に異なる行動をとることができるという意味である。たとえば、ライオンのタイプを相手にするときには、少なくともしばらくの間は、あなたはネズミの役割をとってあげることが大切である。たとえ自分自身が生まれつき、本当はライオンだったとしても。

自分にとって快適な「良い動物」を有効に使う

さて、私たちの理論がどのように役に立つかがわかってもらえたと思うが、自分の行動に自信が持てないときや、快適だと思えない状況では、自分が強くなれるところに戻るとよい。**相手があなたに望んでいるような行動からスタートし、それから徐々に、自分が快適だと思える動物のほうに移動するのである。**私たちはこれを、理論と自分の長所の「すり合わせ」と呼んでいる。もしあなたがだれかにある動物を望んでいても、相手がそこから遠くかけ離れているときには、彼らをそこに移動させるのには長く時間がかかり、忍耐が必要だということを心に留めておかなければならない。困難なことだが、動物サークルを使うときにはより複雑な配慮も必要である。

本書で取り上げた（67ページ）警察官のターバーとトーマスのやりとりについて考えてみよう。155センチしかない女性の警察官が、石のように固まった大学生（訳注：エミリーのこと）以外には、まったく援護のない状況で、183センチもある、酔っ払って怒った野獣のような男性と向き合ったのである。ターバーは、トーマスに友好的で協力的なサルになってほしいと考えた。そのため、ターバーは、トーマスの協力を促し、自分の話を聞いても安全だという気分にさせ、彼の攻撃性や、敵意ある行動については見てみぬふりをしたのである。ターバーは、トーマスが従ってくれるまで辛抱強く待った。ターバーはトーマスの言いなりにはならなかった。これは興味深い作戦である。なぜなら、ターバーは強い人間を演じているからだ。彼女の穏やかさ、優しさ、そして確固とした態度によって、トーマスは協力的になっていき（良いサル）、攻撃や暴力（悪いティラノサウルス）からは遠ざかって行った。

次の事件は、にせものの人物が、怒ったり、酔っ払ったり、放火犯を演じたのではない。現実の、名うての殺人者の例である。当時、エミリーは、危険な状況でどのように人間関係の技術を使えばよいのか、まったく何も知らなかった。

包丁を手にした殺人犯と2人きりに

Emily

仕事を始めたころ、私は小さな女の子を惨殺した男性とかかわっていた。殺人から24年が経ち、彼は刑務所から釈放された。彼は、コミュニティに戻るためのリハビリを行う施設に送られた。リハビリはほとんど不可能であった。なぜなら、彼は悪人として名をはせてしまったからである。彼は施設に監禁された。長期的な抑留の準備が整っていない施設である。施設の管理者は、彼に社会復帰の機会を与える方法を見つけるのにとても苦労をした。そこで彼に施設の料理を作ってもらうことにした。彼には料理の才能があったのである。

私はその施設で、ケース・マネージャーとして勤めていた。初めて私が彼の監督をするとき、彼は私の部屋に、30センチもある肉切り包丁を持って入ってきた。その夜の唐辛子料理を作るときに、にんじんを切るために使うのだという。彼は、警備員の部屋を通って、私の部屋にやってきた。大きな包丁を持ったままである。後になって尋ねると、警備員のスタッフは、彼が手に包丁を持っているのに単純に気づかなかったのだという。

彼が部屋に入ってきたとき、私は椅子から立ち上がった。出口は彼が入ってきたところだけである。私は包丁に目をやると、ためらいがちに、「こんにちは、ジョージ。何かあったの？」と尋ねた。私の声はほとんど聞き取れないほど小さく、私の心臓の鼓動は、貨物列車のように高まった。大きく、光り輝いた包丁ばかりに目をやっていた。

「はい、大きな問題があります」と彼は言った。

ジョージは、常にきちんと身づくろいしていて、以前のやりとりでも丁寧であった。私に向かって文句を言い始めると、彼の灰色になった髪の毛が、ゆるやかに床に落ちた。彼の頬は怒りで赤くなっているように見えた。

初めて、彼の服従的な見かけの下には、怒りがあるのだということがわかった。他の人たちのように施設から外に出ることが許されないことに彼は腹をたてていたのであった。買い物に行くことさえできず、散歩も、歯医者に行くこともできなかったのである。

彼は怒りの顔で自分の不満を並べ上げていたが、その間、手に持った包丁を右へ左へと揺らした。彼の声は、徐々に大きくなっていった。口論を望んでいることは明らかだった。私に包丁を見せることで、私を脅したいというのだということもわかった。

「ここに座って、お話ししませんか？」私は、包丁ではなく、彼の目を見つめて言った。

「座りたくありません」彼は叫んだ。

「わかりました」私は、自分の声が再び震えないように気をつけて答えた。「私は座らせてもらいますけれど、大丈夫です。あなたは座る必要はありません」

彼は、まだ包丁を揺らしながら、不公平についてさらに文句をつづけた。私はアイコンタクトをつづけようとしながらも、包丁に目をやっていた。スタッフが何か起きたのではないかと声を聞きつけてくれることを願っていたが、その願いはかなわなかった。私は、だれかが入ってきて、話をやめさせてくれることを祈る一方で、だれかが部屋に入ってきたら、その人を刺すつもりではないかという心配もしていた。ともあれ、だれも部屋に入ってこなかった。

最終的に、彼は机を回ってきて私の前に座った。それが良かったのかどうか、私にはわからなかった。包丁を振り回さなくなったものの、私のすぐそばに来ることになってしまったからである。私たちは、いつでもナイフで刺せる距離しか離れていない。

話をするにつれて、私は心が落ち着いてきて、慎重に彼の話を聞くことができ、彼の不満をひとつひとつ認めることもできた。「本当にイライラが溜まると思うわ、ジョージ。あなたが私に話してくれたことは、全部理解できる。まるでいつまでも刑務所にいるように感じるのよね。他の入居者と同じ権利が自分には与えられていないから、不公平だと感じているのよね」

「正直に言いますと、刑務所よりはマシです、エミリー」彼は言った。「少なくとも、レクリエーション用の庭では、散歩ができますし、調理場で仕事もさせてもらえていますから。ただ、この場所は不公平です」

彼は、今度は怒りではなく、諦めの声で言った。

ようやく彼は、揺らしていた包丁を彼の膝の横のポケットにしまった。私たちは目を合わせて、お互いのしていることを認識した。彼は私を脅そうとし、私は脅されまいとしていたのである。

この時点で、私は言った。「わかりました。あなたの言ったことは全部聞きました。あなたの言い分には正当な点がいくつもあると思います。私はそれを書面にして、上の人に提出しましょう。私はあなたにも、同じように不満があることを正式な書面として書いてもらいたいと思います」（彼は不満を書くのが好きであった）。私は彼を見つめ、一拍置いてから言った。「ただ、部屋から出る前に、あなたの包丁を私の机の上に置いていってもらえるかしら。私が必ずそれをスタッフに戻しておくから」

私は息を吸い込んだ。

彼は包丁を机の上に置くと、話を聞いてくれたことに対する感謝を述べ、立ち上がると部屋から出て行った。

私はそれから椅子にもたれかかり、長く安堵の息を吐いた。私の手は、木の葉のように震えていた。

私はマネージャーに電話をかけると、マネージャーは警察に電話をしてくれた。警察はすぐにやってきて、彼を逮捕した。

このときのやりとりを振り返ってみると、私たちはお互いに動物を入れ替えていることがわかる。ジョージが部屋に入ってきたとき、明らかに悪いライオンとティラノサウルスのポジションにいた。手に刃渡り30センチもの包丁を持っているのは、上に立ちたいからである（ライオン）。そして彼は明らかに怒っていた。何度も大声を出したし、口汚い言葉を使っていたし、包丁を左右に振っていた。これらは明らかに、人を脅そうとする行動である（悪いティラノサウルス）。

私は、机の下に隠れて丸くなりたいと思っていた（悪いネズミで、衝突を回避したがっている）。それから、彼と話し合わなければならないと感じた。私は、ジョージに敬意を払い、忍耐強く、謙虚であるようにした（良いネズミ）。穏やかに聞こえるような声を出し、何度か彼の名前を呼びかけた。アイコンタクトもつづけた（良いサルへと移動し始める）。

脅されているときでさえ、彼を上に立てて、友好的に振る舞うことは、私にとっては最高の作戦だったと思う。この作戦によって、私は部屋から出ることができ、その日を無事に乗り切ることができたのだ。そして、それこそが私の目標であった。私はジョージよりも上に立とうとしなかった。ただ物事をエスカレートさせなければそれで私は良かったのである。

話をするにつれ、私はさらに温かく、さらに支持的であろうとした（良いサル）。私は、彼を私の後に導くように努力した。私が下手に出て彼に合わせるのではなく、私に合わせてくれるように求めたのである。最終的に、私は最初の立場を入れ替えようとした。「あなたのナイフを私の机の上に置いていってくれるかしら？」（良いライオン）と直接的に何かを要求することは、言い方は丁寧であったとしても、本質的にはライオンの行動である。

この瞬間に、パワーの軸が傾いた。彼は大人しく従うか、それとも態度を崩さずに拒絶するか、どちらでもできたのだが、大人しく従ってくれたのである。もし彼がその日、私に100%ケガをさせるつもりであったのなら、私が何を言ったとしても、うまくいかなかった可能性が高い（脚注：後年、私はコンビニエンスストアのカウンターの後ろから18歳の若者を撃った武装強盗犯とかかわったことがある。彼は、自分は撃つつもりなどなかったのだが、若者が振り向き、笑顔を見せて『そんなことしちゃダメだよ、おじさん』と言われたので、カッとなって撃ってしまったというのである。この事例は、友好的であるからといって、暴力を振るおうとしている人物から、いつでもあなたを守ることができるわけではない、という意味だと誤解しないでほしい。何もできない、ということも時にはあるのである）。しかし、私は、彼と同じような強気な態度をとるよりも（「包丁を下に置きなさい！」「私に大声を出すのをやめなさい！」）、むしろ穏やかな態度をとり、話を聞き、彼にも穏やかになってもらうことが脱出のチャンスを高くしてくれると感じていた。

私と上司は、翌日にこの事件について話し合った。上司は私の話をじっくりと聞いて、口を開いた。「だれもケガをしなくてよかった。けれども、君は手に包丁を持っているのを見つけたら、すぐに『ジョージ、包丁を持ってきてこんなところに来ちゃダメでしょう。今すぐスタッフに戻してきなさい』と言うべきだった」。もちろん、これは素直なライオンのアプローチである。おそらく、そのほうがうまくいったのかもしれない。ジョージが引き下がってくれて、まったく何の問題も起きなかったかもしれない。もし彼がもっとネズミのような性格だったのだとしたら、明らかにそれは良い作戦だったであろう。もし私が、上司のように、もっとライオンのような人間だったとしたら、彼から包丁を取り上げることもできたであろう。

しかし、ジョージはネズミではなかった。ジョージはか弱い女性ではないし、特に、そのときにはネズミではなかった。もし彼が拒絶したら、私は5分から8分くらいは一人になってしまい、警察が到着するまで刃渡り30センチの包丁を突きつけられているのだ。私は、上司が言うような作戦ではうまくいかなかったと思っている。

さらに、私の上司は、約185センチもある戦車のような体格をした男である。しかもこの仕事に20年以上も携わっている。私はというと、157センチしかなく、23歳の女性だった。仕事を始めて2週間である。「ライオンでいく」というやり方は、私の選択肢にはなかった。

訓練のセッションでこの話をしたところ、最近ある学生が私に、今のあなたが同じ状況に置かれたとしたら、同じことをしますかと尋ねてきた。今の私は、20年の経験があり、自信もっていている。今の私なら、違ったことをするかもしれない。大声を出すようなことはしないと思うが、話を始める前に、包丁を戻してきなさいと穏やかに、しっかりとお願いするだろうと思う。

しかし、23歳の私にはそんなことはできなかった。もし彼が包丁を戻してくれなかったとしたら、リスクが大きすぎる。私はネズミになって、うまくいくことを願うしかなかった。

私がしなければならなかった選択は、「固執するのか、かわすのか」ということである。相手に従ってかわしたほうがいいのか。それとも、自分に固執して、相手を動かそうと試みたほうがいいのだろうか。私の上司なら、自分に固執するだろう。彼はしっかりと、直接的に対立するだろう（ティラノサウルス）。パワーを自分の元に取り戻そうとするであろう。ジョージは対立を望んでいたから、上司はそれに向き合ったであろう。

私は、かわすほうを選んだ。私は彼に協力的になってもらいたかった。そこで私は、まずネズミから始めた。下手に出て、ジョージに敬意を払った。それから、サルに移動し、温かく、支持的な態度を見せて、事故など起こさずに包丁を机に置かせたのである。結果として、彼は協力的な態度で、穏やかに私のオフィスから出て行ってくれたし、だれもケガなどしなかった。私にとっては、だれもケガをしないということが、一番重要だったのである。

本書を通じて、私たちはみなさんの技術の向上と、人間関係のレパートリーを広げることを促してきた。しかし、それでもあなたはあなたである。自分の強みに頼ったり、自分が快適だと感じるスタイルをつづけたり、他者が自分に従ってくれることを期待することもあるだろう。我慢できないほど不愉快な状況であるとか、危険があまりにも大きいときには、やはり自分が一番慣れている動物に向かったほうが効果的かもしれない。

それでも、必要に応じて動物を入れ替えたり、相手に応じて自分の対応を変えたりすることはあるだろう。もし自分が望んでもいないような結果しか得られないなら、次からは違う動物に変える必要があるかもしれない。ただし、動物を変えても、良い動物のサークルにとどまらなければならない。

自分が演じる役割をあらかじめ練習しておこう

困難な状況にいきなり自分を投げ込む前に、準備をしておくほうがよい。私の同僚の一人は、「舞踏室に入る10分前に、ダンスを習うのは遅い」という言葉を好んでいる。そういうわけで、私たちは、取調官たちにラポールの技術を教えるときには、できるだけ苛烈で、困難なシナリオの役割演技をやらせることにしている。役割演技には、もっとも基礎的な事例として、たとえば、素早い消火対応などがあり、もっとも困難な事例では、たとえば取調べ中に、容疑者が次のようなことを言ってきたときの対応などがある。

A. 国民は死にかけており、子どもたちは飢えている。あなたに給料を払ってくれる政府は、言ってみれば、人殺しをしているのだ。子どもを飢え死にさせるような政府のために働くことについて、あなたはどう感じるのだ？

B. 私は、自分の決断に満足しているし、神とともにあるので平和な心持ちだ。あなたも同じことが言えるのか。あなたは不安と混乱でいっぱい、という顔をしているぞ。顔を見れば、あなたの正体がわかるんだ。

C. 俺たちは、ただ普通の若者の休日を過ごしているだけだよ。あごひげを生やした3人以上のアジア人がいるのを見かけたからって、俺たちをテロリストだと思わないでくれ。そうだろ? それは人種的なプロファイリングじゃないか? お前にそんなことが許されてるのか?

それぞれに対して、あなたならどう対応するだろうか?

A. 戦争地域の国民にどんなことが起きているのか、あなたは本当に深く心配しているのですね。あなたが知っていることをもっと話してください**(相手の発言の背後にある感情を反射している。相手の議論に応じず、抵抗をかわしている)**

B. 決断? **(単純ではあるが、戦術的な反射)**

C. そう、私がここに来たのは、あなたは単なる若者の休日だと言うけれど、カバンの中には軍作業服と目出し帽が入っているからだよ。なんでこんなものを持っているんだ？　**（正直に、相手の言い分との食い違いを指摘して、両面的な反射をしている）**

ラポールの形成では、HEARの原則を思い出そう。正直さ、共感性、自律性、反射である。ラポールを維持するためには、判断を押しつけてはいけない。不確かで、事実に基づかない話をしてはならない。口論を挑発してはならない。178ページで論じたSONARのテクニックをひとつ以上使おう。また、対人有能性、感受性、融通性を見せよう。さらにまた、取調べに関連する方向に、建設的に会話を進めよう。この訓練を試みてから、取調官たちが直面している困難な事例について考え始めるとよい。

また、テロ攻撃や自然災害などの、大規模で複雑な事件が起きたと想定したシミュレーションに、自分を十分にさらすことにより、生きた訓練をしよう。私たちは、2017年3月22日のウェストミンスターにおけるテロが起きる1週間前に、そうした訓練を行っていた。ウェストミンスターのテロでは、テロリストのカリッド・マソードが、ウェストミンスター橋の歩行者に意図的に自動車で突っ込み、4人を死亡させ、50人以上を負傷させた。彼はそれから、非武装の警察官を刺して致命的なケガを負わせたが、最後は武装警官に射殺された。この事件では、1週間前に行われた私たちのシミュレーション訓練に多くの人が注目した。私たちに寄せられたフィードバックによると、わずか1週間後に、本物のテロリストと対することになったとき、シミュレーションの参加者は、「すぐに使える」という感情を持ったそうである。

明らかに、テロリストとの対決という状況は、競合者とのビジネスでの取引交渉より、あるいは、ガールフレンドの親と一緒にクリスマスの夕飯を食べることになったときのラポール形成よりも、はるかに複雑で困難である。しかし、役割演技によって、あらかじめやりとりの準備をしておけば、人間関係の筋肉を鍛えておくことができるという点では、すべて同じである。あなたは、これらの技術を練習するための機会を、自分自身で設けなければならない。重要な会話の役割演技をしておくことは、技術の向上の鍵である。そして、安全な状況で技術を磨いておけば、より難しい状況でもうまくいく。

自分にとってもっとも鍛えておくのに必要な分野を考えて、まずは、その分野の人間関係の筋肉を鍛えるといい。すでに十分に腕の筋肉を持っているのなら、腕立て伏せに時間をかける必要はない。必要な分野に取り組もう。私たちは、訓練に参加する人たちにしばしば言い聞かせる。「自分がすでにうまくできることを、わざわざ私たちに見せようとしないように。自分ができないことを向上させる訓練に時間をかけてください。そうするのが一番進歩しますから」

訓練にかける労力や時間を、わずらわしい負担だと感じてはならない。ラポールを形成することは、人とのやりとりで、ごく自然にできるようになるものだからである。すべてのことがそうであるが、努力すればするほど、得られる結果も通常は大きくなる。新しい技術を身につけることは、楽しい挑戦だと考えるようにしよう。あまりに大きなプレッシャーを自分に与えるのではなく、自分のペースで、楽しみながらやるのである。身体的な訓練と同じく、意識的に訓練の時間を見つけなければならない。**ラポール形成では、毎日、さまざまな人に話しかけようと心がけるのである。**最初は、日常のやりとりの「安全な場所」で訓練をするとよいかもしれない。カフェの店員やタクシーの運転手などを相手に話しかけるのである。そういう人とのやりとりでは、普段の自分がやらないようなことを試してみるとよい。たとえば、次にタクシーに乗ってどこかへ移動するときには、第4章で論じた反射の技術などを試してみるのである。

タクシーの運転手とのやりとりは、新しい技術を試し、それがうまくいくかどうかを確認するのに適している。それができるようになったら、より身近で大切な人とのやりとりでも技術を磨いてゆけばよい。

もし特別な技術を訓練したいのなら、具体的な目標を立てて開始しよう。もし協力的な会話、すなわち良いサルの訓練をしたいのであれば、毎日、だれかに温かい態度で話しかける、といった目標を設定するのである。もし失敗したとしても、挑戦した自分を褒めてあげよう。失敗によって、私たちはいろいろなことを学べる。挑戦しなければ人は進歩しない。大切なことは、自分が自然にはできないことに挑戦することである。

失敗を恐れずに――筋トレのような継続を

Laurence

私は最近、バーでドリンクを運んでくれる女性を相手に、慣れていないサルの訓練をしてみた。私は、普段の私ならやらないことをしたら、どんなふうに感じるのかを経験してみたかったのである。サルは、私の人間関係のサークルではあまり得意ではなかった。バーに近づくと、まだ飲み物も頼んでいないのに、自分を幸せにさせてくれるような情景（小舟に乗って、海を見つめているところ）を頭に思い浮かべた。すると、私は楽しい精神状態になり、すぐに笑顔になった。つまり、私はすでにサルの表情を見せていたのである。それから、ひどく不器用に、意図して事務的に言った（イギリスではその頃、異常な暑さであった）。「夏がようやく来ましたね」

あまりにもひどい会話の切り出し方である。しかし、女性の店員は、「ええ、夏が来てくれて嬉しいです。でも私は幸運の持ち主なので、私がお店にいないと、雨が降るでしょうね」と答えてくれた。

そこで私は言った。「この暑さの中、しばらくずっと働きつづけたのですか？」

「はい」彼女は答えた。「でも、明日が待ちきれなくて。セーリングに行く予定があるんですよ」

「すごいですね」私は、もう一度笑顔を見せて言った。「どちらに行くのですか？」

その質問に対して、彼女は熱心に語り始めた。自分が明日出かける場所について。なぜセーリングが好きなのかについて。週末に、9歳になる子どもと一緒にどれだけ出かけたかったか、などである。ひどく事務的な会話の切り出し方をしてさえ、温かく、社交的なやりとりができた。私は、心の中で2つの目標を立てていた。ひとつ目は、幸福な気持ちで、温かくはあっても、あまり相手の懐に踏み込んでいくようなやりとりをしないこと。もうひとつは、普段の自分がやらないことをやってみよう、ということである。

知り合いとの関係であれ、初対面の相手であれ、あなたの欠点と古い習慣は、何度も現われるものであることを認識しておこう。もし失敗しても諦めてはいけない。それは普通のことなのだ。最初に試みたときには、自分でもうまくいかないと感じるだろう。しかし、安全な状況で、何度も試してみよう。行動が変化するには時間がかかるのである。いろいろと新しい技術を試してみるのは、楽しいことである。訓練するほど、どんどん簡単になってくる。変化の割合については現実的になろう。ある状況で、あるひとつの技術を、1回だけ試してみたところで、あなたの人間関係は向上しない。ラポールの筋肉を鍛えつづけよう。努力すればするほど、それに見合った結果が得られるはずだ。

epilogue

ラポールで、
人間関係を
ポジティブに！

今じゃ、何でもかんでも、素晴らしいものか、クソみたいなもののどちらか。真ん中というものがない。みんな怒っている。インターネットに頭を突っ込んでみな。赤のアリと黒のアリが、クソみたいに騒ぎ立てる試合をしているみたいだよ。まるでみんなが過激派になっちまったみたいだな。

チャーリー・ブルッカー（コメディアン）
Screenwipe（イギリスのテレビ番組）

私たちは、衝突の時代に突入しているかのようだ。人々は、政治に対する考え、人種、性別、セクシュアリティなどの点で、今までにないくらいに分断されている。私たちは、文化的部族制の社会を作ってしまったようだ。あなたはその部族に賛成か反対するかである。適度な中庸の立場で外交に穴をあける余地はない。**私たちに必要なのは、ラポールによる革命だ。**相手の核となる信念と価値観を引き出すことができれば、彼らの信念や価値観は、想像以上に私たちの考えと似ていることに気づく場合が多い。似ていないとしても、私たちは賛成する必要はないが、理解はしてあげるべきである。司法心理学者として職業的な人生を歩んでいると、人との効果的なコミュニケーションの失敗をだれでも経験する。しばしば、力を行使し、脅しや暴力で、自分の思い通りに相手を動かそうとしてしまうのだ。司法心理学者として仕事をしていれば、人と結びつきを形成したり、コミュニケーションをしたりするのに失敗することなど、ほとんど日常茶飯事である。

本書によって、私たち夫婦は、すべての読者に役に立つものを提供できればよいと考えている。新しい結びつきを探すにしろ、既存の人間関係を深化させるにしろ、私たちは本書があなたのラポールの形成に役立つことを望んでいる。本書では、私たちは対人技術の目標を設定してきた。私たちはすべての読者に、私たち自身を含めてだが、本書で述べてきたルールを、愛する人に、地元の人たちに、現実の人間関係であろうが、バーチャルな関係であろうが、試していただきたいと思っている。

行動変化を起こすのは、大変である。私たちはだれでも失敗する。私たちは、失敗、誤りが許されている。大失敗でさえかまわない。一言一言、何を発言したらいいのか常に心配するようなプレッシャーを自分自身にあまりかけないようにすべきだ。けれども、失敗したときにはそれを認め、できる限り修正するように努めよう。一番大切な関係においてポジティブなコミュニケーションをとる努力をするなら、もし賛成できない人にさえ理解を示すことができるなら、私たちは人間関係の専門家として、感情的にも、目に見える形でも、大きな報酬を得ることができるであろう。いつでも毎回利益が得られるわけではないが、たいていの場合には、利益が得られる。

正直さ、共感性、自律性、そして反射というＨＥＡＲの原則は、他者とのポジティブなコミュニケーションと人間関係の確固とした基礎となる。人とやりとりをするときには、以下の４つについて自問自答しよう。

1　私は正直になっているか。それとも他者を操ろうとしていないか。

2　私は共感的で、相手の立場から物を見ているか。それとも自分の立場からだけで物を考えていないか。

3　私は相手の自律性を大切にし、相手に選択の権利を持つように促しているか。それとも自分の思い通りにするように圧力をかけようとしていないか。

4　注意深く話を聞き、深く理解を示すための反射をしているか。親密さと結びつきを形成しているか。

動物サークルを理解することは、悪い行動を避けて、人生の困難に立ち向かうためのポジティブな技術を柔軟に使いこなすために役に立つ。もちろん、絶対に大切なのは、自分のレパートリーの中から悪い行動を取り除くことである。特に、いかなる形であれ、攻撃性や、ネガティブなぶつかり合いは取り除かなければならない。それらは人間関係を完全に破壊してしまうからだ。

幸運なことに、動物サークルに関しては、新しい技術を学ぶことではなく、むしろ過去に身につけた悪い習慣を除去することのほうが、大きな利益をあげることができる。たとえば、衝突することを目指した悪いティラノサウルスの行動をとることが頭に浮かんだら、そのたびに、「そんなことをしていいのか?」と自問自答するとよい。ティラノサウルスの行動をなくすことができたのなら、他の悪い動物の行動についても同じように取り除いてゆけばよい（悪いネズミ、悪いサル、悪いライオン）。単純に悪い行動をやめるだけでも、家族、友人、愛する人とのやりとりは大きく向上する。取調べを行う警察官の訓練をするとき、私たちはまずこう考える。「この警官は何を新しく学ぶ必要があるだろうか」ではなく、「この警官は、何を忘れる必要があるだろうか」と。

「自分の動物タイプを知る」クイズ（243ページ参照）の結果に戻ってほしい。このサークルで、あなたの強みと弱点について考えよう。あなたがもっともうまくいくスタイルはどれか。それはなぜなのか。その技術はどこで身につけたのか。あなたが常に自然にそのスタイルをとってしまうのは、それが自分の性格に合っているからなのか。それとも、あなたがやりとりしなければならなかった過去の状況に基づいて発達してきたものなのか。

あまり得意でないコミュニケーションのスタイルについて考えよう。どうしてその人間関係の技術をこれまでに磨いてこなかったのか。そういう状況を避けてきたのか。とてもひどい経験をしたせいか。ひどい経験をしたせいで、人間関係を何とかしようという努力をしなかったのか。あるいは、そういう状況を乗り越えるのに必ずしも必要ではなかった、間違ったやり方を学習してしまったのか。

変化は、挑戦から生まれる。それは、人生の困難な状況への挑戦、あるいは新しい経験への挑戦から生まれることが多い。あなたがもっとも時間と労力をつぎ込むだけの価値があると感じる人間関係を選び出そう。あなたが一番気にかけている人との関係を選ぶのである。そして、その人との関係を改善するための、ほんのちょっとしたことで、ポジティブな結果を生む目標を設定しよう。目標を立てたら、しっかりと取り組みつづけよう。

いったん悪い習慣を除去できたら、次に、新しい行動を加え始めればいい。謙虚さから始めよう。良いネズミは、人の話を聞き、彼らの目標や夢をサポートすることに焦点を当てる。自分の利益やコントロールをすぐに求めることはない。自分のことではなく、相手のことを先に考えよう。広い視野を持つように努力しよう。自分のエゴ、自分の欲求を忘れよう。人をコントロールしたいとか、人に先んじたいとか、一番になりたいという欲望を持たないようにしよう。「私は、今日、素晴らしい瞬間を得られて幸せだ」という精神を持とう。自分の感覚に結びついている、小さなこと、単純なことに喜びを感じるようにしよう。鳥の歌声に耳を傾けよう。ペットの毛をやさしくなでてみよう。気持ちのいい朝日、あるいは夕暮れに身を浸そう。どんなに小さな喜びでも感じよう。そうすれば、どうでもいいことにも感謝する心を養うことができる。

謙虚さを養うと、他の行動を学ぶ道も開いてくれる。謙虚さを学んでから、サルをマスターするのに必要な社会的な温かさや、ライオンの特徴である自信や自己主張、良いティラノサウルスとして対立に必要な内面の穏やかさと強さなどに目を向けるようにすればよい。

あなたがしなければならない大切なことのひとつは、これまでに学んだ教訓を振り返ることで、記憶をリフレッシュすることである。たとえば、意見をまったく異にする上司と対立しようとする場合には、具体的に論じてある第6章のティラノサウルスの章を読み直すと良い。リーダーとしての役割をとろうとするのなら、第8章のライオンの章に戻ると良いだろう。あなたが取り組むべき具体的な内容が決まっているのなら、本書を戦略的に使ってほしい。

もちろん、自分にとってもっとも気にかかる人物に最大の力を注ぎ込もう。だれに対しても、同じだけの力を注ぐのは馬鹿げている。私たちは、ラポールの無限の貯蔵庫を持っているわけではないからである。しかし、ほんの少しでもいいから、毎日練習をしよう。あなたの生活の中で、大切な人に少しだけ話すことでもかまわない。10代の若者から皮肉などをぶつけられても、文句を言わずにぐっと我慢する練習でもかまわない。小さな赤ちゃんがクレヨンで部屋をめちゃめちゃにしても、大声を出さずに、穏やかに対応できるまでその場を離れる練習でもかまわない。深夜にツイッターで不満をつぶやく前に、20秒我慢する訓練でもいい。口から何かが出かかっても、それが次回のやりとりにネガティブな影響を与えそうだと思うのなら、それを我慢するのもいい練習になる。

これらすべての注意点を、すべてのやりとりの、すべての場合に思い出すことはできるのだろうか。絶対に無理である。本書に書かれているすべての技術をマスターすべきなのだろうか。もちろん、そうではない。私たちが第一にあなたに望んでいることは、失敗しても（日常的に）、大丈夫だということである。人間なのだから。やる気が出ないときがあっても、それもまた大丈夫である。ラポールを形成しようと努力するには、やる気が必要である。もし失敗しても自分を許してあげよう。取り組めなくとも許してあげよう。古い習慣や問題が何度も現われるかもしれないが、諦めてはいけない。努力をつづければ、必ず成果が得られるばかりか、それをするのがたやすくなってくるし、そんなに努力も必要でなくなってくる。どれくらいの重さの荷物を運べるかでなく、その重い荷物を背負って、どれだけ遠くまで行けるのかが大切なのである。

私たちができることといえば、せいぜい物事が悪くならないようにすることである。疲れているときには、余計なことを言ってしまったり、ツイッターで心ないつぶやきをしたり、メールやフェイスブックで発言をしたりする。こういう小さな、ネガティブなコミュニケーションは、他のだれかの1日を台なしにしてしまう。行動には、感染力がある。親切な運転手があなたをジャンクションまで運んでくれたら、あなたも他の人を乗せてあげたいと思うようになる。だれかに不注意で、些細なことをされたら、あなたは他の人にも同じような行為をしたくなるであろう。こうした小さくとも、不注意な行動は、他者を無視する文化を生み出す。

私たちは、その反対の文化を生み出さねばならない。私たちは、お互いに気持ちよく生きてゆける文化を生み出さねばならない。たとえ今、私たちが暮らしている場所がそうでなかったとしても。忍耐強くなろう。反射できる人になろう。人を理解しよう。口論してやりたいという衝動に屈してはならない。困難な不正や怒りから目を背けてはならない。そういう気持ちを相手に起こさせてもいけない。

人とのラポールを向上させることには、多くの利点がある。それはあなた自身の幸せ、健康、満足にもつながる。**ラポールは、人とのやりとりを向上させる鍵であり、愛する人との親密さを深める鍵であり、地域との結びつきを強める鍵であり、他者理解に役立ち、私たちが暮らしている社会全体での衝突を減らす働きをする。**

ラポールは、あなたの人生を良くするだけではない。ラポールは世界全体をも暮らしやすい場所へと変えてくれる。ラポールの努力をする価値は、十分すぎるほどにあるのである。

敵が友人になってくれれば、やっつけることもないだろう？

エイブラハム・リンカーン

献辞

人は、ありのままが美しい。そのままの夕焼けが、そのままで素晴らしいように。夕焼けを見るとき、「右の端、もう少しオレンジ色を弱くして」などと言うことはない。私は、夕焼けをどうにかしてやろうという気持ちにはならない。私は、夕焼けが広がるのを、畏怖の念をもって眺めるだけだ。

カール・ロジャーズ

ペンギン・ランダムハウス社に

私たち夫婦は、エバリー・パブリッシング社長のジョエル・リケットに感謝したい。リケットは、本書の価値を認めてくれた。また、マイク・ジョーンズにもお礼を申し上げる。ジョーンズは、最初の編集上の支援をしてくれて、私たちが本書を出版する手助けをしてくれた。エンマ・オーウェンは、詳しく、心優しい感想を言ってくれたし、ジュリア・ケラウェイは、厄介な部分の編集を最後までやってくれた。

実務家のみなさんに

私たち夫婦は、約30年間、実務家のコミュニティで仕事をしてきた。名前を挙げることはできないが、警察、軍隊、セキュリティ・サービス、ソーシャルワーカー、カウンセラーたちが含まれる。彼らは、どんな人が相手でも、どんな物事に直面しても決して諦めることはない。彼らの存在は、あまり目立つものではないが、私たち夫婦に、ポジティブでいること、お互いに助け合うこと、困難なときにも一緒に前に進むことを思い出させてくれる。緊急サービスの人たち、あるいはセキュリティ健康サービスの人たちや、武装警官たちは、毎日24時間、私たちの安全を守ってくれていることを忘れてはならない。彼らはあまり感謝されることはないが、ラポールを形成する努力をしながら、私たち市民に利益をもたらしてくれている。

アカデミックな研究者や学生に

本書のいたるところに見られる思想は、アブラハム・マズローや、カール・ロジャーズなどの思想である。彼らは個人の成長を目指すうえで、判断を押しつけたりしないやり方を採用している。自分の、あるいは他人の短所や欠点を受け入れることを2人とも勧めている。相手が何を選ぶのかに理解を示し、勇気づけてあげることで思いやりのあるアプローチをとっている。ティモシー・レアリーとウィリアム・モールトン・マーストンは、革新的で、専門領域の垣根を越えて、伝統に挑戦することを教えてくれた。より最近では、ビル・ミラーとステファン・ロールニックは、どちらも学術界の巨人であるが、私たちの研究にポジティブなコメントをしてくれた。他にも数多くの研究者や学生にお礼を申し上げたいのだが、あまりに数が多すぎてお礼を言うことができない。とはいえ、例外的に3人の名前を挙げる。実験計画を立てて、データの分析をしてくれたポール・クリスチャンセン。最初の段階で大きな貢献をしてくれたスタマティス・エルンティブ。そして、現在は教え子ではあるものの、まもなく同僚研究者となるフランシス・サーモン・ボーア。彼らと一緒に研究できたことは、私たちにとって非常に幸運なことであった。

友人や家族に

みなさんの援助に、忍耐心に、そして愛情に感謝する。みなさんと一緒に過ごす一秒一秒が、人生の旅をより豊かに、より素晴らしいものにしてくれる。物事がうまくいかないとき、みなさんの存在はとても貴重であり、私たちを助けてくれた。

最後に、私たち夫婦は、お互いに対してお礼を言い合いたい。

本書は、私たち2人によって生み出されたものである。本書の執筆は楽しく、夢中になってしまった。本書は珍しい内容の本であるが、執筆するだけの価値があったと思う。夫婦が一緒になって本を作るということは、そうあるものではないし、大変でもあった。最終的にできあがった原稿を見て、それぞれの貢献の大きさを知ることができた。もし、2人でなければ、これほどすべてがうまくいくことはなかった。2人でなければ、本書の半分も執筆することはできなかったし、2人であったからこそ、本書は完全なものになったのである。

エミリーとローレンス

脚　注

プロローグ　ラポール――人間関係を動かす原則

1 Yeung, P. (16 June 2016). CIA releases guidelines on torture of post-9/11 detainees. Independent. Retrieved from:https://www.independent.co.uk/news/world/americas/cia-torture-guidelines-post-september-11-detainees-guantanamo-bay-terrorism-a7085376.html, accessed 8 Nov. 2019.

2 US Senate Select Committee on Intelligence (9 Dec. 2014). Report of the Senate Select Committee on Intelligence Committee Study of the Central Intelligence Agency's Detention and Interrogation Program. Retrieved from https://www.intelligence.senate.gov/sites/default/files/publications/CRPT-113srpt288.pdf, accessed 8 Nov. 2019 ; American Psychological Association (no date). Report of the independent reviewer and related materials. Retrieved from https://www.apa.org/independent-review/, accessed 11 Nov. 2019.

3 Alison, L., Alison, E., Noone, G., Elntib, S. and Christiansen, P. (2013). Why tough tactics fail and rapport gets results : Observing Rapport-Based Interpersonal Techniques (ORBIT) to generate useful information from terrorists. Psychology, Public Policy, and Law, 19(4), pp.411–31.

4 Holt-Lunstad, J. and Smith, T. (2012). Social relationships and mortality. Social and Personality Psychology Compass, 6(1), pp.41–53.

第１章　親密な人間関係がもたらすメリット

1 Mechanic, M. (18 Oct. 2012). What extreme isolation does to your mind. MotherJones. Retrieved from https://www.motherjones.com/politics/2012/10/donald-o-hebb-effects-extreme-isolation, accessed 8 Nov. 2019.

2 Grassian, S. and Friedman, N. (1986). Effects of sensory deprivation in psychiatric seclusion and solitary confinement. International Journal of Law and Psychiatry, 8(1), pp.49–65.

3 Haney, C. (2018). The psychological effects of solitary confinement : A systematic critique. Crime and Justice, 47(1), pp.365–416.

4 Wellcome Collection (23 Sep. 2018). The anatomy of loneliness. Retrieved from https://wellcomecollection.org/events/W2LlgyYAACUAQah7, accessed 26 Sep 2019.

5 CBS news (20 May 2012). Live alone? You're not alone. Retrieved from https://www.cbsnews.com/news/live-alone-youre-not-alone/, accessed 26 Sep. 2019 ; Jacob, L., Haro, J. M. and Koyanagi, A. (2019). Relationship between living alone and common mental disorders in the 1993, 2000 and 2007 National Psychiatric Morbidity Surveys. PLoS ONE 14(5), e0215182.

6 Henderson, T. (11 Sep. 2014). Growing number of people living solo can pose challenges. PEW. Retrieved from https://www.pewtrusts.org/en/research-and-analysis/blogs/stateline/2014/09/11/growing-number-of-people-living-solo-can-pose-challenges, accessed 11 Nov. 2019 ; Gillies, C. M. (7 Apr. 2016). What's the world's loneliest city? Guardian. Retrieved from https://www.theguardian.com/cities/2016/apr/07/loneliest-city-in-world, accessed 11 Nov. 2019.

7 Holt-Lunstad, J. (2018). Fostering social connection in the workplace. American Journal of Health Promotion, 32(5), pp.1307–12.

8 Cacioppo, S. and Cacioppo, J. (2013). Lust for life. Scientific American Mind, 24(5), pp.56–60.

9 Wilson, R. (2005). Hallucinations and mortality in Alzheimer disease. American Journal of Geriatric Psychiatry, 13(11), pp.984–90.

10 Haslam, C. (2018). The New Psychology of Health. Routledge.

11 Yang, Y., Schorpp, K. and Harris, K. (2014). Social support, social strain and inflammation : Evidence from a national longitudinal study of US adults. Social Science and Medicine, 107, pp.124–35.

12 Maslach, C. (2004). Different perspectives on job burnout. Contemporary Psychology, 49(2), pp.168–70.

13 Compassion in World Farming (2009). Beyond factory farming : Sustainable solutions for animals, people and the planet. Retrieved from https://www.ciwf.org.uk/media/3817096/beyond-factory-farming-report.pdf, accessed 26 Sep. 2019.

14 Barker, K. (2014). Education, education, education. British Journal of Midwifery, 22(6), p.386.

15 Pomerantz, S. and Raby, R. (2018). Bodies, hoodies, schools, and success : Post-human performativity and smart girlhood. Gender and Education, pp.1–18.

16 Kupiainen, S., Hautamaki, J. and Karjalainen, T., (2009). The Finnish education system and PISA.

17 Clark, L. (2017). Beautiful Failures : How the quest for success is harming our kids. Penguin Books Australia.

18 Buettner, D. (2012). The Blue Zones : 9 lessons for living longer from the people who've lived the longest. National Geographic.

19 Housing LIN (19 Oct. 2017). Community building for old age : Breaking new ground. Retrieved from https://www.housinglin.org.uk/Topics/type/Community-Building-for-Old-Age-Breaking-New Ground-The-UKs-first-senior-cohousing-community-High-Barnet/, accessed 8 Nov. 2019.

20 Crabtree, L., Tinker, A. and Glaser, K. (2018). Men's sheds : The perceived health and wellbeing benefits. Working with Older People, 22(2), pp.101–10.

21 Freeman, H. and Lambert, C. (1965). The influence of community groups on health matters. Human Organization, 24(4), pp.353–7.

22 Baumeister, R. and Leary, M. (1995). The need to belong : Desire for interpersonal attachments as a fundamental human motivation. Psychological Bulletin, 117(3), pp.497–529.

23 Cruwys, T., Haslam, S., Dingle, G., Haslam, C. and Jetten, J. (2014). Depression and social identity. Personality and Social Psychology Review, 18(3), pp.215–38.

24 Dingle, G., Cruwys, T. and Frings, D. (2015). Social identities as pathways into and out of addiction. Frontiers in Psychology, 6.

25 Haslam, S., Jetten, J., Postmes, T. and Haslam, C. (2008). Social identity, health and well-being : An emerging agenda for applied psychology. Applied Psychology, 58(1), pp.1–23.

26 Hales, H. and Hill, B. (15 Feb. 2019). 'I hope you get cancer and die a painful death' : Smug vegan who said dairy worker could just 'get another job' after she was forced to close down her farm is hit with death threats. Mail Online. Retrieved from https://www.dailymail.co.uk/news/article-6707191/Smug-vegan-said-dairy-worker-just-jobhit-death-threats.html, accessed 8 Nov. 2019.

第2章　脅しでも攻撃でもなく、重視すべきは「言葉」

1 Alison, L. and Eyre, M. (2009). Killer in the Shadows : the Monstrous Crimes of Robert Napper. Pennant Books.

2 Gallup (2013). State of the global workplace. Retrieved from https://www.gallup.com/services/178517/state-global-workplace.aspx, accessed 26 Sep. 2019.

第3章　HEARの原則——正直さ・共感性・自律性・反射

1 Mackey, C. and Miller, G. (2004). The Interrogators. Little, Brown.

2 Cialdini, R. (2007). Influence : The Psychology of Persuasion. Collins.

3 Strohmetz, D. B., Rind, B., Fisher, R. and Lynn, M., 2002. Sweetening the till : The use of candy to increase restaurant tipping. Journal of Applied Social Psychology, 32(2), pp.300–9.

4 Mitchell, J. (2016). Enhanced Interrogation : Inside the Minds and Motives of the Islamic Terrorists Trying to Destroy America. Random House.

5 Weaver, M. (20 Apr. 2009). CIA waterboarded al-Qaida suspects 266 times. Guardian.

6 Ofcom (2012). Communications market report 2012. Retrieved from https://www.ofcom.org.uk/__data/assets/pdf_file/0013/20218/cmr_uk_2012.pdf, accessed 8 Oct. 2019.

7 Newport, F. (10 Nov. 2014). The new era of communication among Americans. Gallup. Retrieved from https://news.gallup.com/poll/179288/new-era-communication-americans.aspx, accessed 8 Oct. 2019 ; Alton, L. (11 May 2017). Phone calls, texts or email? Here's how millennials prefer to communicate. Forbes. Retrieved from https://www.forbes.com/sites/larryalton/2017/05/11/how-do-millennials-prefer-to-communicate/, accessed 8 Oct. 2019.

8 Batty, D. and Bengtsson, H. (5 Mar. 2017). Why the true scale of university harassment is so hard to uncover. Guardian. Retrieved from https://www.theguardian.com/education/2017/mar/05/why-the-truescale-of-university-harassment-is-so-hard-to-uncover, accessed 4 Nov. 2019.

9 USA Today (19 Jun. 2004). Accused priests shuffled worldwide. Retrieved from https://usatoday30.usatoday.com/news/religion/2004–06-19-church-abuse_x.htm, accessed 8 Nov. 2019.

10 Davidov, M., Zahn-Waxler, C., Roth-Hanania, R. and Knafo, A. (2013). Concern for others in the first year of life : Theory, evidence, and avenues for research. Child Development Perspectives, 7(2), pp.126–31.

11 Malti, T., Ongley, S., Peplak, J., Chaparro, M., Buchmann, M., Zuffiano, A. and Cui, L. (2016). Children's sympathy, guilt, and moral reasoning in helping, cooperation, and sharing : A 6-year longitudinal study. Child Development, 87(6), pp. 1783–95.

12 Kilpatrick, S., Bissonnette, V. and Rusbult, C. (2002). Empathic accuracy and accommodative behavior among newly married couples. Personal Relationships, 9(4), pp.369–93.

13 Cohen, S., Schulz, M., Weiss, E. and Waldinger, R. (2012). Eye of the beholder : The individual and dyadic contributions of empathic accuracy and perceived empathic effort to relationship satisfaction. Journal of Family Psychology, 26(2), pp.236–45.

14 Rogers, C. (1951). Client-Centered Therapy. Houghton Mifflin.

15 Lejtenyi, P. (2 Aug. 2017). He was a top officer in the military, and also a serial killer. Vice. Retrieved from https://www.vice.com/en_ca/article/wj5ekm/he-was-a-top-officer-in-the-military-and-also-a-serial-killer, accessed 8 Oct. 2019.

16 https://www.cbc.ca/news/canada/col-russell-williams-pleads-guilty-toall-88-charges-1.872289

17 Bettinger, T., Wallis, J. and Carter, T. (1994). Spatial selection in captive adult female chimpanzees. Zoo Biology, 13(2), pp.167–76.

18 Ross, S. (2006). Issues of choice and control in the behaviour of a pair of captive polar bears (Ursus maritimus). Behavioural Processes, 73(1), pp.117–20.

19 Torrance, E. and Brehm, J. (1968). A theory of psychological reactance. The American Journal of Psychology, 81(1), p.133.

20 Miller, W. and Rollnick, S. (1991). Motivational Interviewing. Guilford Press.

21 Foundations Recovery Network/Dual Diagnosis (no date). Motivational enhancement therapy : Description of counseling approach. Retrieved from https://www.dualdiagnosis.org/resource/approaches-to-drug-abuse-counseling/motivational-enhancement-therapy/., accessed 26 Sep. 2019.

22 Bamberg, E., Dettmers, J., Funck, H., Krahe, B. and Vahle-Hinz, T.(2012). Effects of on-call work on well-being : Results of a daily survey. Applied Psychology : Health and Well-Being, 4(3), pp.299–320.

23 Bolmsjo, I., Sandman, L. and Andersson, E. (2006). Everyday ethics in the care of elderly people. Nursing Ethics, 13(3), pp.249–63.

24 Boyle, G. (2004). Facilitating choice and control for older people in long-term care. Health and Social Care in the Community, 12(3), pp.212–20.

第5章　動物サークル——人間関係を快適にする4つのスタイル

1 Birtchnell, J. (1996). How Humans Relate : A New Interpersonal Theory. Psychology Press.

2 YouTube (24 Jul. 2012). Ramsay explodes at lying chef – Gordon Ramsay [video]. Retrieved from https://www.youtube.com/watch?v=EdxXZZ2x0dw, accessed 8 Oct. 2019.

3 Bing.com (2 Mar. 2011). Jamie's dream school : Jamie vs. nuggets [video]. Retrieved from https://www.bing.com/videos/search?q=-school+dinners+jamie+oliver+chicken+nuggests+video&view=detail&mid=89C20FBACECA26D9F2D389C20FBACECA26D9F-2D3&FORM=VIRE, accessed 8 Oct. 2019.

第6章　ティラノサウルス——率直／攻撃的

1 Cobain, I. (5 Nov. 2010). Interrogation techniques at 'Britain's Abu Ghraib' revealed. Guardian. Retrieved from https://www.theguardian.com/uk/2010/nov/05/interrogation-techniques-iraq-inmates, accessed 8 Oct. 2019.

2 https://www.newyorker.com/magazine/2004/05/10/torture-at-abughraib

3 Human Rights Watch (12 Jul. 2011). Getting away with torture : The Bush administration and mistreatment of detainees. Retrieved from https://www.hrw.org/report/2011/07/12/getting-away-torture/bush-administration-and-mistreatment-detainees, accessed 8 Oct. 2019.

4 Farber, I., Harlow, H. and West, L. (1957). Brainwashing, conditioning, and DDD (Debility, Dependency, and Dread). Sociometry, 20(4), p.271.

5 Komaki, J. (1998). Leadership from an Operant Perspective. Routledge.

6 Greer, L. and Bendersky, C. (2013). Power and status in conflict and negotiation research : Introduction to the special issue. Negotiation and Conflict Management

Research, 6(4), pp.239–52.

7 https://cfpub.epa.gov/compliance/criminal_prosecution/index. cfm?action=3&prosecution_summary_id=2468

8 Buckley, T., Hoo, S., Fethney, J., Shaw, E., Hanson, P. and Tofler, G.(2015). Triggering of acute coronary occlusion by episodes of anger. European Heart Journal : Acute Cardiovascular Care, 4(6), pp.493–8.

9 Einarsen, S., Aasland, M. and Skogstad, A. (2007). Destructive leadership behaviour : A definition and conceptual model. The Leadership Quarterly, 18(3), pp.207–16.

第7章　ネズミ――謙虚／追従

1 YouTube (29 Jan. 2017). Brian Murphy – WINx Chicago 2016 – The Reluctant Hero [video]. Retrieved from https://www.youtube.com/watch?v=VXSOOrs0flE, accessed 8 Nov. 2019.

2 Hutchinson, T. and Kirsten, W. (no date). Healthy investments. Global Centre for Healthy Workplaces. Retrieved from https://www. globalhealthyworkplace.org/documents/Healthy-Investments.pdf, accessed 12 Nov. 2019.

第8章　ライオン――責任感／独善的

1 https://www.telegraph.co.uk/comment/3562917/Colonel-Tim-Collins-Iraq-war-speech-in-full.html

第9章　サル――協力的／卑屈

1 Fredrickson, B. (2001). The role of positive emotions in positive psychology : The broaden-and-build theory of positive emotions. American Psychologist, 56(3), pp.218–26.

2 Hamilton, D. (11 Feb. 2010). Do positive people live longer? [blog]. Huffpost. Retrieved from https://www.huffpost.com/entry/positive-people-live-long_b_774648?guccounter=1&guce_referrer=aHR0cHM6Ly93d3cuYmluZy5jb20vc2V

hcmNoP3E9cG9zaXRpdmUrdGhpbmtpbmcraGVscHMreW91K2xpdmUrbG9uZ2VyJmZvcm09RURHRUFSJnFzPVBGJmN2aWQ9MWFjMDg2MzIzMjNjNGEyNGFhODdiN2Y5MzFkODExM2QmY2M9R0Imc2V0bGFuZz1lbi1VUyZwbHZhcj0wJlBDPURDVFM&guce_referrer_sig=AQAAACx1jAptFP6bVaxmUyyVLPSPQakz0ltkc1c87pxQiwThqg3Ndvw2Uauv2xcNzKtiFh8FaZz48mHdaHdzOiiZXJY-3bxV-mnQLeZTNexb7_b1YiaDiqTe2HhWEOgyCWsM07-hlFeEuiHZQIgRDb0jE4INzexBdNhpn0fN5o1BP6Yjn, accessed 12 Nov. 2019.

3 Rousmaniere, T. (2013). Steven Hayes on Acceptance and Commitment Therapy (ACT). Psychotherapy.net. Retrieved from https://www.psychotherapy.net/interview/acceptance-commitment-therapy-ACT-steven-hayes-interview, accessed 5 Nov. 2019.

4 Making Caring Common Project (no date). Retrieved from https://mcc.gse.harvard.edu/, accessed 5 Nov. 2019.

第10章　ラポールに磨きをかけ、「融通のきく人」になる

1 Mulqueen, C., Kahn, A. and Kirkpatrick, J. (2012). Managers' interpersonal skills and their role in achieving organizational diversity and inclusiveness. Journal of Psychological Issues in Organizational Culture, 3(3), pp.48–58.

2 Bernieri, F. (1991). Interpersonal sensitivity in teaching interactions. Personality and Social Psychology Bulletin, 17(1), pp.98–103.

RAPPORT 最強《さいきょう》の心理術《しんりじゅつ》
謙虚《けんきょ》なネズミが、独善的《どくぜんてき》なライオンを動《うご》かす方法《ほうほう》

著　者――ローレンス・アリソン／エミリー・アリソン
訳　者――内藤誼人（ないとう・よしひと）
発行者――押鐘太陽
発行所――株式会社三笠書房
〒102-0072 東京都千代田区飯田橋3-3-1
電話：(03)5226-5734（営業部）
：(03)5226-5731（編集部）
https://www.mikasashobo.co.jp
印　刷――誠宏印刷
製　本――若林製本工場

編集責任者　清水篤史
ISBN978-4-8379-5804-8 C0030